Jörg-Peter Findeisen

Christina von Schweden

Legende durch Jahrhunderte

Societäts-Verlag

Die Deutsche Bibliothek – CIP-Einheitsaufnahme

Findeisen, Jörg-Peter:
Christina von Schweden : Legende durch Jahrhunderte / Jörg-Peter Findeisen. –
Frankfurt/Main : Societäts-Verl., 1992
ISBN 3-7973-0514-1

1992 Frankfurter Societäts-Druckerei GmbH
Abbildung Schutzumschlag: Sebastian Bourdon,
Museo del Prado, Madrid
Satz: Ebner Ulm
Druck und Verarbeitung: Spiegel, Ulm
ISBN 3-7973-0514-1

Inhaltsverzeichnis

EINFÜHRUNG

Kaum eine Königin der Vergangenheit ist bereits zu Lebzeiten widersprüchlicher dargestellt worden, war den einen verehrungswürdiges Genie, Schutzpatronin und Mäzenatin, Ausdruck der Unmoral, Verlogenheit, ja eine Verbrecherin den anderen.

Zahllose zeitgenössische Aufzeichnungen, Briefe und offizielle Berichte spiegeln das Bild Christinas von Schweden, dokumentieren manchmal eine kluge, erfolgreiche Politikerin, desöfteren aber auch eine gewissenlose egozentrische Frau, deren wichtigste selbstgestellte Aufgabe die Gestaltung des eigenen Lebens war, ein Anliegen, das sie rücksichtslos gegen die Interessen des eigenen Vaterlandes durchsetzte, einem Gefühl folgend, das ihr Rechte einräumte, die anderen Menschen versagt blieben. Im Zeitalter machiavellischen Denkens so oder so eine faszinierende Persönlichkeit!

Schon 1656 erschien die erste deutsche Übersetzung einer französischen Lebensbeschreibung, nur wenig mehr als ein Jahr nach Christinas aufsehenerregender öffentlicher Konversion. »Gemeine, unverständliche Leute«, so glaubte der anonyme Autor einleiten zu müssen, hätten ihre Abdankungsentscheidung bewundert. Klügere, politisch Erfahrene jedoch urteilten schärfer! Es sei »die gröste Unbedachtsamkeit, die jemals eine Weibes-Person übereilet« geleitet hätte, »nichts, als weibliche Leichtsinnigkeit, die sie in allem ... Thun verspüren lassen«, verführt von einem Gottlosen, »welcher keiner Religion zugethan und ohne alle Gottesfurcht war«.[1]

Abgesehen von jener zeitgemäßen Verachtung weiblicher Größe, wohl kaum ein sehr abgewogenes Urteil! In einer Zeit, in der Glaubensfragen die Haltung der Autoren und Berichterstatter entscheidend beeinflußten, das Bild einer Persönlichkeit abhängig vom jeweiligen Bekenntnis gerühmt oder verdammt wurde, mögen solche Bemerkungen wenig treffend, sogar falsch sein, den Leser in die Irre leiten. Dieser Text verdeutlicht, daß Haß dem Autor die Feder führte. Möglich, daß hier ein französischer Calvinist, ein Hugenotte, schrieb. Vielleicht war es ein strenggläubiger Katholik, der den Libertiner und späteren Abbé Pierre Bourdelot, eben jenen »gottlosen Verführer« der Christina auch persönlich haßte. Oder war es vielleicht nur der Zweifel, das Mißtrauen, das Renegaten trifft, erlebte Schwedens Königin ähnliches wie vor ihr der große Albrecht von Wallenstein, glaubte auch ihr der Autor den Wechsel ins katholische Lager nicht? Eine Frage, die bis heute die Streitgespräche scheidet, auf die Antwort gesucht werden soll.

Katholikin aus Überzeugung, Nutznießerin der Konversion nur aus eigensüchtigen Motiven? Dem schreibenden, seine Schlüsse formulierenden Franzosen war es ein wichtiger Aspekt, der wichtigste gar. Schwer begreiflich nur, weil gerade nach jenem schrecklichen Europäischen Krieg, dem endlosen Morden im Namen des Glaubens, in dem man dreißig lange Jahre gestritten hatte, darüber mehr und mehr das auslösende Moment der Suche nach dem rechten Bekenntnis, die Sucht, es dem Andersdenkenden aufzuzwingen, vergessen worden war, in deren todbringenden Heeren Lutheraner neben Kalvinisten und Katholiken dienten, der endlich erlösende Friede nur wenige Jahre vor dem Erscheinen dieser »Lebensbeschreibung« einen allseits ersehnten Schlußstrich ziehen sollte. Ruhe in Glaubensfragen war keineswegs erreicht, die Toleranz des folgenden Jahrhunderts noch ein ferner Traum und Ökumene ein Fremdwort!

Ähnliche Biographien folgten. Es mehrten sich die Für und Wider, galten Christina neue hitzige Dispute in den folgenden Jahrzehnten, formulierten die einen das Lob einer Heiligen, Verdammnis einer Verräterin die anderen. Und wieder fragten die Menschen nach dem Warum, weshalb entsagte diese Herrscherin dem mächtigen Thron, wurde Katholikin?

Noch 1705 bemerkte Thomas Fritsch in seiner voluminösen Biographie, Christina sei »vor ein Wunder ihrer Zeit gehalten« worden. Einigen wäre sie »als ein vollkommens Muster aller Tugenden und Klugheit« erschienen, »andere hingegen alles ihr

Thun und Lassen« in den »allerhäßlichsten Farben, die sie nur erdenken« mochten, beschreiben würden.[2] Doch müsse man bekennen, obwohl Christina in allem unbeständig gewesen sei, »nachdem sie sich einmahl zu dem Römisch-katholischen Glauben bekennet, ist sie jederzeit standhaft darbey geblieben«.[3] – Nur wenig mehr als fünfzig Jahre liegen zwischen beiden Versuchen, Christinas Werden zu erfassen, weniger scharf die Ablehnung nun, da religiöse Streitfragen an Bedeutung einbüßten.

Zu den gewichtigen historischen Äußerungen über Christina zählt auch die Diskussion des Kronprinzen Gustav, bald darauf Schwedens bedeutendster König, mit seinem Lehrer, dem berühmten Physiokraten des Nordens, Graf Carl Fredrik Scheffer. 1760 hatte der vierzehnjährige Thronfolger, Neffe Friedrichs II. von Preußen, historisch höchst interessiert, Schüler des bedeutendsten zeitgenössischen schwedischen Historikers, Christinas Entscheidungen reflektiert.

Sympathisch war ihm Gustavs II. Adolf Tochter nie. Sein Sinn orientierte sich an Schwedens Größe und Macht. Christina hatte allem entsagt, was dem künftigen schwedischen Herrscher und aufgeklärten Despoten heilig erschien, sakral in dem Gedanken, daß ihn ein Glaubensbekenntnis wenig berührte, ganz der Verwandte seines großen Onkels, Krone und Glanz Schwedens ihm alles waren. Und gerade hier konnte er seiner berühmten Vorfahrin nicht folgen, mußte sein Urteil vernichtend sein. Gustav II. Adolf galt dem Kronprinzen »der größte Mann, den die Welt jemalen« hatte[4], dessen einzige Tochter dagegen bedeutete freiwilliger Verzicht auf Schwedens Größe.

Es seien »Neugierde und Eitelkeit« gewesen, die Christina »zu dieser Abdankung bewegen«. Sie »hatte von Frankreich und Italien als den schönsten Ländern Europas reden hören. Sie liebte die Künste und Wissenschaften. Sie wußte, daß besonders Italien so viele Wunderwerke der Kunst und Natur enthielt; daß es das Vaterland so vieler großer Leute sey; Sie wollte mit ihren eigenen Augen sehen, ob alles wahr sey, was man davon sagte; Sie machte sich besonders eine vortheilhafte Idee von der Stadt Rom. Sie mogte gerne reisen ... dies konnte sie aber, so lange sie Königin war, ohne grosse Unbequemlichkeiten nicht thun, und folglich brachte ihre natürliche Neugierde sie dazu, diesen

Schritt zu thun, der ihr bald nachher gereuete, wie ich glaube. Inzwischen war es nicht Neugierde allein, die Eitelkeit hatte auch ihren Teil daran. Christina wollte, daß man von ihr redete; sie wollte einzeln seyn. Sie war Königin eines ziemlich blühenden Reiches, aber es waren noch immer Monarchen genug neben ihr. Sie glaubte sich durch die Abdankung auf ewig berühmt zu machen, und daß sie nach einer solchen Handlung würde thun können, was sie nur wollte, und dennoch bewundert werden«.[5] – Die Äußerung eines Halbwüchsigen, ja, natürlich, aber welch eine Interpretation!

In seiner Antwort bedeutete auch Graf Scheffer, Christina sei offenbar »die Ehre zu herrschen« geringer erschienen, »als die Ehre, dem Reiche zu entsagen«. Sie habe geglaubt, sich über alle Herrscher durch den Thronverzicht zu erheben, über Männer, die alles anwandten, »sich einen Thron zu erwerben und auf demselben sich zu behaupten«.[6]

Bedenkt man, daß beiden damals authentische Nachrichten und Fragmente Christinas über deren Entwicklung vorlagen, die zeitgenössischen Überlegungen bekannt waren, können auch wir Nachgeborenen solche Gedanken und Spekulationen nicht ungeprüft negieren.

Gustav selbst wandte sich im März 1760 noch einmal dieser Frage zu. Wie er in seinem vorigen Brief geschrieben habe, wünschte Christina Aufsehen zu erregen, vermeinte der junge Mann erneut. Man sollte »von ihr reden ... Sie war überzeugt, daß sie nach einer solchen Handlung alles würde thun können, was sie nur wollte, ohne einigen Widerstand befürchten zu dürfen. Sie schickte Botschafter und Abgesandte ab; sie mischte sich in die Bündnisse, sie bot ihre Vermittlung an, und mengte sich in die Friedensunterhandlungen«. Zweifellos kein besonders beglückendes Zeugnis für diese Herrscherin, ausgestellt von einem, der wenig später seinem Lehrer berichtete, er lese gerade die »schwedischen Staatsunterhandlungen während der Gesandtschaft des Herrn Chanut unter der Regierung ... Christinas«.[7]

Dem bekannten Bild Christinas entsprach es wohl, auch die Historiker sahen es so, residierte die Königin doch auch nach ihrer Abdankung überall wie eine souveräne Herrscherin, registrierte die politische Entwicklung ihrer Zeit äußerst wachen Sinnes, suchte ihren Vorteil und füllte die Gesandtenberichte. Ja, Gustavs Argumente sind eine Prüfung wert!

Kein Geringerer als der selbst vom Atheisten zum Publizisten eines aktiven Katholizismus gewachsene Italiener Giovanni Papini hat vor wenigen Jahrzehnten in seinem berühmten »Weltgericht«, 1957 ins Deutsche übertragen, auch Königin Christina vor das Jüngste Gericht gerufen. In seiner Anklage verkündete der Engel der Herrscherin, »Du hast den Glauben deines Vaters aufgegeben und kämpftest dein Leben lang vergebens darum, andere Kronen zu gewinnen. Der Religion deines Vaters hast du abgeschworen, um dich der katholischen Kirche anzuschließen, aber du hast deiner Bekehrung Schande bereitet, da du wenig später die Geliebte eines Kardinals wurdest und einen deiner Günstlinge ermorden ließest. – Die Menschen waren mehr als nachsichtig mit dir, jetzt aber wird es dir nichts mehr nützen, daß du schön warst und eine Königin, eine Gelehrte und eine Dichterin; jetzt sollst du über deine Verbrechen Rechenschaft ablegen«.[8]

Kein einziges wahres Wort enthalte diese Anklage, beteuerte nur wenige Jahre danach der wohl beste Kenner der Lebensgeschichte Königin Christinas, der schwedische Historiker Sven Stolpe. »Christina war weder die Geliebte eines Kardinals noch jemandes anderen. Sie hat nie einen Günstling ermordet – sie hat vielmehr nach Recht und Gesetz einen Verräter bestraft, über den zu Gericht zu sitzen sie das Recht hatte. Sie war nicht schön. Sie war kaum eine Gelehrte und erst recht keine Dichterin.«[9] Und auch das ist ein Urteil, das provozieren muß. In unseren Tagen, da kritische Prüfung alles Vorhergesagten ein unumgängliches Gebot scheint, können solche Gedanken, mit dieser Schärfe formuliert, nur verwundert registriert werden, wissen doch viele Historiker und Schriftsteller seit mehr als Menschengedenken anderes zu vermerken, verweist ja auch Sven Stolpe, Papinis Schilderung belege, welches Bild der Christina durch Hunderte von Schmähschriften und unzählige unwissenschaftliche Biographien auf uns gekommen sei.

In der Tat sind die Darstellungen Legion, die sich dem Liebensleben – angeblichem oder wirklichem – der Königin in drastischen, ja obszönen, manchmal auch poetischen Bildern zuwenden. Fälschungen, aber auch eigenhändige Briefe Christinas drängen Fragen auf. Immer wieder ist auch mehr oder weniger offenkundig von körperlichen Mißbildungen geschrieben worden, sahen manche Forscher und Romanciers gerade darin Erklärungen für Christinas unverständliche Handlungen. Zwitterwesen, so lautete schon zu Lebzeiten ein häufig geäußerter Vorwurf. Worte dieser Art haben bis heute ihren unheimlichen Glanz nicht eingebüßt. Noch vor wenigen Jahrzehnten widmete sich eine medizinische Sachverständigenkommission auch solchen Behauptungen, als der Leichnam der Königin 1965 umgebettet wurde.

Nachweislich flüsterten bereits Christinas Römer, gewöhnlich hinter vorgehaltener Hand, Schwedens Königin sei keine rechte Frau. Manche verkündeten es auch lauter und immer wieder, aufregende Vorstellung! So mag es die Regentin gar nicht so unleidlich empfunden haben, als sie einst mit der Kalesche des französischen Gesandten in der Papststadt verunglückte. Und auch dem Gewährsmann Thomas Fritsch, der es genüßlich berichtete, schien es eine glückliche Fügung. Christina sei herausgeschleudert worden, der Rock habe, hochgewirbelt, in jener wäschesparenden Zeit, alles entblößt, was die Königin im allgemeinen verborgen hielt. »Niemand wagte zu helfen«, so der Autor, der – wohl vor allem zur eigenen Sicherheit – Christinas spöttische Reaktion über die »alberne schamhafftigkeit« der Umstehenden erwähnte. Ja, ein bißchen frivol mag es ihm und manchem seiner Leser damals aufgestoßen sein. Wer auf sich hielt in Bürgerkreisen, der redete nicht darüber, schrieb es schon gar nicht. Gut nur, daß die lebhafte, unverletzte Schwedin selbst verkündet haben soll, sie wäre »eben nicht böse, daß man mich gesehen, wie mich die Natur geschaffen hat, denn so wissen die Leute . . ., daß ich weder eine Mannesperson, noch ein Zwitter bin, wie man von mir laut aussprengen wollen«.[10]

Vielleicht haben Sven Stolpe und andere moderne Historiker diesen deutschen Erzähler nicht gekannt, ihn möglicherweise auch nicht akzeptieren können. Für den Schweden ist Christina »ein sogenannter Pseudo-Zwitter«[11], eine Argumentation, der sich gerade jener Anatom nicht anschließen mochte, der in Rom die medizinische Untersuchung leitete. Schon der Obduktionsbericht der Ärzte 1689, im Wiener Staatsarchiv und im Vatikan erhalten, beschrieb ausführlich Körper und innere Organe der Verstorbenen, bemerkenswert, »daß das Obduktionsprotokoll keine Bemerkung irgend einer Anormität in den äußeren Genitalien enthält«, kaum zu glauben, daß man dem Kaiser und seinen Vertrauten eine solche Sensation vorenthalten hätte. Die zeitgenössischen Ärzte »beurteilten sie als Frau, und es ist dokumentarisch belegt, daß sie mit größter Wahrscheinlichkeit monatliche Blutungen hatte«, leitete Carl-Herman Hjortsjö seine Erkenntnisse über die Skelettuntersuchung von 1965 ein. In vielfacher Hinsicht »wies das Skelett typische weibliche Charakteristika auf. Das galt ... auch dem in dieser Hinsicht sehr wichtigen Becken«. Alles deutet »auf ein weibliches Geschlecht« hin.[12] Und hinzufügen sollte man noch, daß Christina seinerzeit ausdrücklich vor dem Reichsrat die Ablehnung von Ehe und Schwangerschaft mit Gefühlswallungen begründete, den Herren versicherte, sie »habe fleißig Gott darum gebeten«, er möge ihr Ehewünsche eingeben, doch hätte sie solche »niemals bekommen können«.[13] Sicher keine eindeutige Erklärung, möglich aber doch auch der Schluß, daß es keine körperlichen Hindernisse waren, wenn Christina Gott so intensiv um sinnliche Eingebungen anflehte ... Aber auch das ist natürlich nur eine von vielen Deutungen! Es scheint jedoch nahezu unbegründet, fast unseriös, wollte man nach der alten Weise, »Wo Rauch, da ist ein Feuer«, weiterhin auf entsprechenden körperlichen Gebrechen beharren. Christina war, wie zu beweisen sein wird, wie es auch ihre spätere Leidenschaft zu Kardinal Azzolino belegt, zu Liebe und Hingabe fähig, fraglich bleibt, ob sie es tat, ob jemand sie wollte ...

Es waren vor allem die französischen Verbündeten Schwedens, Haßliebende zweifellos, seit Richelieus Tagen überzeugt, die merkwürdigen, barbarisch scheinenden Nordmänner, auf die man in Paris im Ringen mit den Habsburgern nicht verzichten zu können glaubte, genauer kennen zu müssen, die das Hofleben und die Entscheidungen der jungen Herrscherin mit besonderem Interesse studierten, denen wir erste interessante

Informationen über die ungewöhnliche Königin aus dem »Land der Mitternachtssonne« verdanken. Partner Frankreichs war nun kein »Löwe aus dem Norden« mehr, der die Zeitgenossen faszinierte, wie mancher verschreckte kleine deutsche Fürst den König Gustav II. Adolf nannte, untertänig gar, mit heimlichem Unbehagen. Jetzt stand Kardinal Mazarin an der Seite des großen Axel Oxenstierna mit Christina eine »Semiramis des Nordens« gegenüber. Gleich unbegreiflich, gab man Christina nach so mancher Debatte den trefflichen Namen. Und diese Wunderkönigin gebot 1648, im Endjahr der Kämpfe auf deutschem Boden, einer der stärksten Armeen Europas, selbst Frankreich zuweilen ungeheuerlich und unberechenbar erscheinend.

So waren die Berichte des französischen Botschafters in Stockholm, Pierre Chanut, eines belesenen, hochgebildeten Diplomaten der großen französischen Schule, nicht nur dem französischen Hof fesselnde Lektüre. Schon wenige Jahre später, 1674, publizierte man in Paris dessen Charakteristik Königin Christinas, »angereichert« durch Bemerkungen und weiterführende Berichte seines Nachfolgers Picques, eine Mischung aus warmherzigen, bewundernden Äußerungen Chanuts und den Anekdoten, ungeprüften Erzählungen und aufgegriffenen Vermutungen, die Picques weiterleitete, die unter Chanuts Namen, den Zeitgenossen als Freund und Vertrauten der Königin bekannt, erschienen, vielen als authentisch galten, selbst späteren Forschern häufig unbestrittenen Wahrheitswert verkörperten.

Anfang 1648 hatte Pierre Chanut, einem Befehl des Staatssekretärs Loménie de Brienne gehorchend, Christina beschrieben. Er überlasse »es den Malern, Euch das Gesicht der schwedischen Königin vorzustellen. Sie hatten ausreichend Erfolg damit, besonders auf einem großen Porträt, das im Frühling nach Frankreich geschickt werden soll. Ihr werdet auf diese Weise sehen, worauf ich nicht genug Bedeutung gelegt habe. Meine Augen haben sich niemals die Freiheit genommen, in Ruhe und Frieden die Schönheit dieser Fürstin zu betrachten. Was ich sagen kann auf der Basis des Urteils anderer ist, daß man gewöhnlich, wenn man sie zum ersten Mal sieht, nicht die gleiche Schönheit findet, wie wenn man sie bei späterer Gelegenheit sieht«.[14] Pierre Chanut, wahrlich ein Großer der Diplomatie!

Dieser erfahrene Politiker vermied offenbar bewußt jede Beschreibung der gewiß nicht schönen Christina. Selbst die schmeichelhaftesten Bilder können kaum verbergen, daß Gustavs II. Adolf Tochter neben den geistigen Gaben ihres Vaters auch das derbe Äußere erbte, der Einfluß ihrer schönen Mutter wohl auch äußerlich sehr begrenzt blieb. Ein Porträt sei »nicht ausreichend, eine Vorstellung ihres Aussehens zu geben«, hatte Chanut seinem Vorgesetzten in Paris bedeutet, wohl nicht nur eine kluge Umschreibung, ein Zurückweichen vor kritischen Reflexionen. Er hat es zweifellos ehrlich gemeint, ihm war die Königin Christina eine innere Schönheit, bemerkenswert in jenen Tagen, da gerade in Chanuts Heimat Mätressen herrschten, deren äußere Vorzüge des öfteren die innere Leere überdeckten.

Sven Stolpe unterstrich treffend, Chanuts Urteil sei dem aller anderen Zeitgenossen überlegen gewesen, doch habe selbst er übertrieben, möglicherweise das nicht einmal bemerkt. Ja, es scheint, als hätte der nicht mehr ganz junge Franzose, angezogen und gefesselt von diesem jungen Mädchen, das Bild »seiner Königin« gezeichnet, sich verleiten lassen, die junge belesene Herrscherin, die mit großer Lebhaftigkeit spielend leicht vom Lateinischen ins Französische wechselte, die antiken Autoren verstand, einen unersättlichen Wissensdurst entwickelte, in seinen Beschreibungen zu idealisieren.

»Ein erfahrener Diplomat, der viele hochgestellte Männer und Frauen kannte und sich mit artigem Lächeln deren Dummheiten anhören mußte«, so folgerte Sven Stolpe, »traf hier ausnahmsweise einmal nicht auf Halbbildung und eine leere Fassade, sondern auf eine wirkliche Persönlichkeit, einen festen Willen und eine höchst ungewöhnliche Vereinigung von Eigenschaften. Daher rührte die Begeisterung. Und die Überschätzung.«[15]

Das Gesicht der Königin »verändere sich nach den Wechseln ihrer Sinnesstimmungen von einem Augenblick zum anderen, so daß man es kaum wieder erkenne, doch behalte es allzeit etwas helles und sympathisches«. Natürlich reagiere sie bei Verärgerung mit verfinsterten Gesichtszügen, wechsele sogar die Stimmlage. Dann werde diese »gröber und stärker als es gewöhnlich sei bei ihrem Geschlecht. So allmählich und unversehens falle die Stimme dann wieder in ihre gewöhnliche Lage zurück«.[16] Meistens kleide sich die Herrscherin, recht klein gewachsen, aus Bequemlichkeitsgründen für Spaziergänge und Ausritte in Männerschuhen, wohl neben den Auslassungen über die »Männerstimme« eine Ursache für die Jahrhunderte weiterlebenden Spekulationen.

Diese Frau mit der gewöhnlich weiblichen, manchmal männlich groben Stimme, in Herrenschuhen und anderen typisch männlichen Kleidungsstücken, eine Art Jeanne d'Arc möglicherweise für den Franzosen, beeindruckte den Diplomaten vor allem durch ihre Bereitschaft, das Wissen der Zeit zu diskutieren. Er muß wirkliche Freude empfunden haben in den Debatten mit dieser Frau, sonnte sich möglicherweise selbst auch ein wenig im Glanz des klugen väterlichen Freundes. Christina hege »erhabene Gefühle für das Göttliche und eine wahre Ergebenheit für das Christentum«[17], in der Tat ein Ansatz für Fragestellungen nach der Ernsthaftigkeit ihres christlichen Bekenntnisses, vielen ihrer früheren Biographen auch Anlaß zu Zweifeln. Zu bedenken wird dennoch sein, ob sie auch hierin ihren Zuhörer täuschen konnte, nannte sich Christina doch selbst eine Meisterin der Verstellungskunst. Und diese kluge Frau wußte natürlich, wie ernst es dem Franzosen um den Glauben war, kannte die Empfindlichkeit der Oberen der römisch-katholischen Kirche, mußte dem Rechnung tragen, wenn es denn wahr wäre, was sie uns später selbst wissen ließ, daß sie schon damals ihre Konversion vorbereitete, ein Aspekt, auf den zurückzukommen sein wird.

»Was dem Evangelium nicht gemäß ist, hält sie für Hirngespinste. Sie diskutiert ohne Schärfe über die Streitigkeiten, die es zwischen Katholiken und Protestanten gibt«[18], eine Aussage, die die reife Königin durch kurze Bemerkungen glossierte, als ihr 1675 die Äußerungen Chanuts im Druck zugänglich wurden, interessanter noch, weil es sehr persönliche Reaktionen Christinas waren, nicht für eine Veröffentlichung bestimmt, wenigstens nicht zu Lebzeiten der Königin. Sie sei »niemals lutherisch« gewesen, hatte sie dort eigenhändig den Freund korrigiert, ein Einwand, der ebenso merkwürdig wie befremdlich scheint, vielleicht aus der späten Reflexion des eigenen Lebens erwachsen, als Rechtfertigung für die Konversion Jahrzehnte vorher gedacht, für Christina selbst an Überzeugungskraft aus römischer Sicht gewonnen, ohne das sie so die Geisteshaltung der zwanzigjährigen Christina erfassen konnte – und vielleicht auch nicht wollte. Sicher ist jedenfalls, daß die junge Königin ihren geistlichen Lehrer, den evangelischen Theologen Johan Matthiäe, sehr verehrte, mit den Libertinern auch über deren Zweifel an Gottes Existenz diskutierte ... Für uns Heutige wieder eine interessante Frage, nicht auszuschließen, daß Christina lächelte, als sie jene Worte schrieb, wissend, welche Verwirrung sie auslösen würde, was spätere Historikergenerationen empfinden mußten.

Wenn es denn so war, ist es der rätselhaften Schwedin tatsächlich gelungen, zwingt sie uns zu Interpretationen, muß der Forscher einräumen, daß er sich irren kann. Weitere Freude dürfte Christina empfunden haben, als sie Chanuts Schluß, sie halte »nichts von frömmelnden Zeremonien« mit der Notiz kommentierte, sie »war nie von dieser Krankheit angesteckt«[19], wohl auch eine vieldeutige Äußerung, bedenkt man, daß nicht wenige Kleriker Roms gerade mangelnde Glaubenstiefe Christinas aus dieser Nichtachtung religiöser Zeremonien ableiteten. Um so gewichtiger das Urteil des französischen Diplomaten, dessen vorgelebte tiefe Religiösität nicht wenig Bedeutung für Christinas Entscheidung zur Konversion gehabt haben dürfte.

»Ein hohes Ideal der Tugend, mit großer Begierde nach Ruhm verbunden, füllt ganz ihre Seele. Zuweilen spricht sie wie die Stoiker von der Tugend, die unser höchstes Gut in diesem Leben ausmacht. Mit vertrauten Personen redet sie über den wahren Wert, der auf menschliche Hoheit zu setzen ist, wobei man mit Bewunderung und Freude sieht, wie sie ihre Krone unter die Füße legt«[20], glaubte Chanut versichern zu können. Kardinal Mazarin, dieser große Kenner menschlicher Schwächen und Eitelkeiten, wird belustigt geschmunzelt haben, wenn solche Schwärmerei denn wirklich auf seinen Tisch gelangte, eigentlich unwahrscheinlich, daß Frankreichs Gesandter in Stockholm, dem wichtigen Außenposten französischer hoher Diplomatie, derartige Auslassungen an seine Regierung sandte. Fast scheint es, als hätte Chanut sein Ideal mit dieser Charakteristik selbst entzaubern wollen, parodiert nachsichtig eine Schwäche Christinas, wenn er fortsetzt, die Königin vergesse »bei diesem Bekenntnis ... nicht lange, daß sie Königin ist«. Christina jedenfalls scheint es nicht bemerkt zu haben oder es zu ignorieren, bestätigte stolz, »sie vergaß es nie«[21], wohl doch ein schwer verständlicher Widerspruch, möglicherweise ein Schlüssel zu jener Christina, deren Leben uns heute nach mehr als 300 Jahren noch immer rätselhaft erscheint.

Sie war in der Tat keine Durchschnittsfürstin. Christina »besitzt eine bewundernswerte, leichte Fassungsgabe und ein sehr treues Gedächtnis. Sie spricht die lateinische, französische, deutsche, niederländische und schwedische Sprache und studiert die griechische. Sie liebt die Gesellschaft gelehrter Männer, um sich in freien Stunden über alles Merkwürdige im Reich der Wissenschaften zu unterhalten«, eine Charakteristik, die Christina mit den Worten, das sei wahr, bestätigte. Es wird ihr geschmeichelt haben, daß der Franzose bescheinigte, »sie verschmäht es, ihre Belesenheit und ihre Kenntnisse zur Schau zu tragen. Es macht ihr Vergnügen, Probleme von Gelehrten verschiedener Meinung behandeln zu hören; nie sagt sie ihre Ansicht, bis alle anderen gesprochen haben, und dann immer in wenigen Worten, aber so durchdacht, daß es als Entscheidung gelten kann«.[22] Also doch eine Gelehrte, sogar die entscheidende Wissenschaftsinstanz, irrte Sven Stolpe in dieser Hinsicht?

Dem Hof zu Paris und insbesondere Kardinal Mazarin mögen vor allem Chanuts Auslassungen über Christinas Regierungsstil wichtig gewesen sein. Die nun schon bejahrte Königin bestätigte auch ausdrücklich, daß sich der Diplomat seinerzeit nicht täuschte, als er berichtete, im schwedischen Reichsrat »entdekken ihre Minister mit Mühe, auf welche Seite sie sich neigt. Sie weiß zu schweigen, und da sie sich nicht durch Berichte im voraus einnehmen läßt, so scheint sie denen, die gerne etwas bei ihr durchsetzen möchten, mißtrauisch und schwer zu überreden ... Es ist unglaublich, wie mächtig sie hier ist ... Die Reichsräte erstaunen selbst über die Gewalt, die sie über ihre Meinungen hat, wenn sie versammelt sind ... Einige schreiben diese Unterwürfigkeit ihrem Geschlechte zu«, eine Formulierung, der Christina ihr merkwürdiges Frauenbild entgegenstellt, behauptet, die »Eigenschaft des Weibes ist nicht geeignet, sich Gehorsam zu verschaffen«,[23] wohl auch und gerade dem französischen Hof unverständlich. Wieder eine jener verwirrenden Verlautbarungen, die Zweifel und Widerspruch auslösen, diese Frau und die Beschäftigung mit ihr noch interessanter werden lassen.

Erstaunlich bleibt auch die Darstellung Chanuts, die »Natur hat ihr keine Eigenschaft versagt, die einem jungen Ritter Ehre brächte, keine ritterliche Übung kann sie ermüden. Ich habe sie bis zu 10 Stunden auf der Jagd zu Pferde gesehen, Kälte und Frost fallen ihr nicht beschwerlich. Niemand in Schweden versteht sich besser darauf, einen Hasen im vollen Lauf mit einer einzigen Kugel zu schießen«, sie schlafe nur wenige Stunden, nichts gelte ihr »außer ihrer feurigen Liebe zu Ehre und Tugend«.[24]

So lebte die Legende von der gelehrten, männliche Kraft und Ausdauer verkörpernden Königin fort, vor allem in Schweden, wie Sven Stolpe resümierte. Das übrige Europa dagegen habe früh jene Christina kennengelernt, die »im Handumdrehen zu einer schamlosen Hetäre, zu einer treulosen, hochmütigen und falschen Frau, zur Schande ihres Jahrhunderts« erklärt wurde.[25]

Der Wandel im Christina-Bild könnte, ja dürfte politische Ursachen haben, gewiß auch nicht zufällig die Publikation der Äußerungen Chanuts und Picques 1674. Einleuchtend, daß Protestanten die Konversion verübelten, den »Triumph der Papisten« über Gustav Adolfs Tochter beklagten. Klar auch, daß Frankreich eine zeitweilige Hinwendung der Königin zu Spanien und Österreich mit Unbehagen verfolgte, die zahllosen ausländischen Gelehrten am Stockholmer Hof und später in Rom jede Zuneigung Christinas zu einem Konkurrenten mit bissiger Feder reflektierten. Solche Bemerkungen in Zeitschriften und Büchern wurden mit hämischer Freude von allen gelesen, die sich zurückgesetzt fühlten, bei der Intensität der Wissenschaftskontakte Christinas und ihren schnellwechselnden Interessen eine rasch steigende Zahl!

Als der Historiker Johann Arkenholtz zwischen 1751 und

1760 in mehreren dickleibigen Folianten alles zusammentrug, was damals über die schwedische Königin bekannt war und verbreitet wurde, so ganz sicher auch die Diskussion Kronprinz Gustavs mit Graf Scheffer stimulierend, begann eine neue Phase der wissenschaftlichen Analyse des Lebens und Wirkens Christinas von Schweden, eine Materialsammlung, die Richtiges und Grundfalsches, Quellen und Vermutungen nebeneinanderreihte. Arkenholtz zeigte sich unfähig, zwischen Dichtung und Wahrheit zu differenzieren, versuchte es wohl auch gar nicht. Er konnte und wollte in Christinas Konversion nur »einen törichten und unverantwortlichen Einfall« sehen, »der sie dann auch später gereut habe«, wie Arkenholtz glaubte[26], ein Argument, das immer wieder aufgegriffen wurde und schon Kronprinz Gustav selbstverständlich schien, bis heute überzeugte Eiferer findet.

Anders dagegen das Werk des deutschen Historikers Wilhelm Heinrich Grauert, der zwischen 1837 und 1842 eine zweibändige Lebensbeschreibung Christinas verlegte, »immer noch die beste Gesamtdarstellung, die wir von Königin Christina besitzen, ... ein Ruhmesblatt für die deutsche Forschung«[27], dessen Stärke darin bestehe, daß die Konversion ernsthaft analysiert wurde, wie Sven Stolpe bemerkte, deren Schwäche möglicherweise daraus resultierte, daß Grauert den eigenen Angaben der Herrscherin folgte, nicht zweifelte, wo Skepsis angebracht war.

Memorien folgen eigenen Gesetzen, Autoren leben sich in ihre Erinnerungen hinein, rechtfertigen und beschönigen, glauben später manches, was so nicht gewesen sein muß, häufig nicht sein konnte! Ein schwieriges Unterfangen, diese Herrscherin zu ergründen, folgt man nur oder vor allem ihren Reflexionen über sich selbst.

In der Vergangenheit scheiterten seriöse schwedische Wissenschaftler immer wieder bei ihren Versuchen, eine ausgewogene Darstellung ihrer interessanten Herrscherin zu schreiben; auch hier die Polarisierung in Bewunderer und schärfste Kritiker. Ende des vorigen Jahrhunderts schrieb der Historiker Martin Weibull eine Studie über Christina, ein warmherziger schwedischer Royalist. »Keine unrichtigere Darstellung« konnte geschrieben werden, wie Sven Stolpe, selbst als strengkonservativ verschrien, wohl doch nicht zu Unrecht so scharf vermerkte. Tatsächlich war »Weibull ... so sehr von Christina bezaubert, daß er die Tatsachen nicht zu erkennen vermochte«, kam, obwohl er sonst besondere Verdienste um die Christina-Forschung erwarb, »zu einem Trugbild, das ebenso weit von der Wahrheit entfernt ist wie der Inhalt der Schmähschriften«, naive Schönfärberei, wie sein Kritiker verärgert zusammenfaßte.[28]

Zur gleichen Zeit war ein anderer Schwede erfolgreicher. Der Gesandte des Königreichs in Rom, Baron Carl Bildt, ein klassisch gebildeter Diplomat, kein Pierre Chanut, obwohl auch französisch schreibend, für die schrittweise Entschlüsselung mancher Rätsel um Christina aber vielleicht sogar bedeutsamer als der Zeitgenosse und Freund der Königin, häufiger Gast fast aller großen Archive des Vatikans, sammelte er allmählich die verfügbaren Dokumente, entdeckte den Code der chiffrierten Briefe an Kardinal Dezio Azzolino. Um die Jahrhundertwende veröffentlichte Bildt das erhaltene Briefmaterial der Königin an den Kardinal, bewies, daß Christina »von einer alles verzehrenden, ja demütigenden Leidenschaft für den Kardinal besessen war«.[29] Bedauerlich, daß Botschafter Bildt zwar ein eleganter Schreiber war, aber ebensosehr »ein Snob, der es liebte, sarkastische Aussprüche über das Leben und besonders über die Frauen zu formulieren. Sein ... Buch ist in einer heutzutage unerträglichen Tendenz des Besserwissens und der Frauenverachtung geschrieben«.[30] Eine vernichtende Kritik Carl Bildts, zweifellos! Aber wohl auch in dieser Schärfe berechtigt, denn der Diplomat hatte in seiner abschließenden Wertung ein Zerrbild Christans skizziert. Sie habe als Königin »ohne weiche Regung, ohne Barmherzigkeit, ohne Gefühl für ihr Vaterland« gelebt, »alles in allem: eine egozentrische Neuropathin«.[31]

In der Tat das Kontrastbild um die Jahrhundertwende zu Weibulls Glorifizierungen. Selbstverständlich, daß auch deutsche Zeitgenossen, Männer, dem Baron beipflichteten. Wilhelm von Bülow, Autor mehrerer Darstellungen bedeutender Frauenpersönlichkeiten in der europäischen Geschichte, begrüßte überschwenglich die Charakteristik Bildts. »Baron Bildt, der in seiner gehaltvollen biographischen Einführung eine scharf beobachtende Darstellung« der Entwicklung Christinas gäbe, »mit sicherem Blick« die Haltung der Herrscherin als »eine Art Krankheitsbild« analysiere[32], so der Tenor dieser Zustimmung. Bülow war selbst gerade mit der historisierenden Schilderung »Das Weiberregiment am Hof der Königin Christina von Schweden« hervorgetreten, 1900 publiziert, wohl vor allem ein Zeitspiegel der Auseinandersetzungen um die gesellschaftliche Bedeutung der Frau um die Jahrhundertwende, letzter Ausdruck einer hilflosen Verketzerung ungewöhnlicher Frauenfiguren?

Die heutige schwedische Historikergeneration hat Bildt und seinen Gesinnungsgenossen entschieden widersprochen. In Deutschland waren es in den zwanziger und dreißiger Jahren vor allem Frauen, die Christinas Persönlichkeit schildern wollten, denen die Königin nun manchmal das Bild einer »nordischen Frau in ihrer Ursprünglichkeit und Natürlichkeit« wurde[33], aber auch das nur eine Episode. Ein Mann, der Historiker Oskar Wertheimer, bemerkte 1936 und 1948, Bildts Urteil sei falsch. Dieser habe trotz großer Quellenkenntnis Christina nicht begriffen, »ihr wahres Wesen, ihre innere und äußere Größe, übersehen«.[34]

Sicher, heutige Historiker überfordern ihre Vorgänger häufig, sind doch auch Primärquellen für sich allein wenig geeignet, eine Persönlichkeit richtig zu erfassen. Es ist ja eine Grundweisheit, daß historisches Sein nur im Komplex aller gesellschaftlichen Erscheinungen erfaßt werden kann. So mußte es der gegenwärtigen Geschichtsschreibung – nach Auswertung der Archivmaterialien – mit ihren Querverbindungen zur Psychologie, Theologie, Kunst- und Kulturgeschichte, um nur einige Aspekte aufzuzählen, vorbehalten bleiben, über Christina von Schweden ein treffenderes Bild zu entwerfen, als es seinerzeit möglich war. Und doch muß auch jetzt vor Selbstüberschätzung gewarnt werden.

Französische, deutsche und italienische Forscher erschlossen inzwischen die entsprechenden Archive weiter, ergänzten die Sammlungen ihrer schwedischen Kollegen. Zeitgenössische Charakteristiken der Königin aus Geheimdeponien in bisher unbekanntem Ausmaß erweiterten den Blick, Neues ist kaum noch zu erwarten, manches auch unwiderruflich dahin. Für die notwendige vielschichtige Ausleuchtung des Charakters der schwedischen Königin können die Historiker in Schweden und anderswo auf eine ungewöhnlich breite Materialbasis bauen, Varianten eigenhändiger Manuskripte Christinas, vor allem bedeutsam wegen ihrer unterschiedlichen Entstehungszeiten mit auffallend veränderter Sichtweise eröffnen neue Interpretationen oder belegen Vermutungen, rücken bisher noch Unbeachtetes in den Vordergrund. Eine endgültige Antwort auf alles zu erwarten, fast ein Sakrileg ...

In jüngster Zeit erschienen neue Christina-Biographien, meist von belesenen Journalistinnen versucht, die ihre Version der Deutung der Schwedin anboten, manchmal zu vordergründig Emanzipationsfragen unserer Zeit beleuchteten. Vor allem aber glaubte Sven Stolpe, ein abschließendes »ganz neuartiges Bild von Christina« vorlegen zu können. Nach gründlichen Studien aller jetzt erschlossenen Quellen hielt er für erwiesen, daß die Herrscherin »nie die loyale und überzeugte Katholikin gewesen ist, für die man sie gehalten hat«, auch gäbe es für ihre Konversion »keinerlei tiefere persönliche Krise oder geistige Erschütterung«. Sie habe »ihre Religion aus ganz anderen Gründen« gewechselt und die Abdankung »nichts mit ihrem Katholizismus zu tun«.[35] Der Weisheit letzter Schluß also? – Einiges scheint in sich schlüssig, was Sven Stolpe als Ergebnis jahrzehntelanger Recherchen anführt, aber es bleiben doch Alternativen.

So mag es das beste sein, den Leser mit den Quellen zu konfrontieren, Möglichkeiten der Interpretation vorzuschlagen – er wird dann selber urteilen! Christina von Schweden ist es wert, daß wir uns fragen, was sie bewegte, was uns berühren sollte in einer Phase ähnlich tiefer gesellschaftlicher Umbrüche mit dem Verlust an geistiger Identität ungeheuren Ausmaßes. Wie zu Christinas Zeiten suchen die Menschen drängende Antworten auf Fragen des Seins, uralt und ewig, wechseln sie Religionen, verwerfen Überzeugungen auf der Suche nach Wahrheiten, diskutieren streitbare Freigeister mit eben solchen kampflustigen Gläubigen, gläubige Christen mit ebenso überzeugten Anhängern anderer Religionsgemeinschaften, drängen sich Heilsapostel und Fanatiker in den Alltag der Menschen. Eine neue, alte Zeit, und immer wieder die gleichen Fragen!

Vielleicht verstehen uns die Nachgeborenen besser, begreifen wir Christina auf ihrem Weg vor mehr als drei Jahrhunderten. Am Ende ihres Lebens glaubte sie Antwort gefunden.

Im Schatten eines grossen Vaters

Christinas Kindheit und Mädchenjahre

König Gustav II. Adolf wußte um die Bedeutung der Stunde, als er am 19. Mai 1630 in Stockholm vor die versammelten Reichsstände trat, die Blicke der adligen Repräsentanten, der Geistlichen, Bürger und Bauern auf sich gerichtet. Er ahnte, was in den Häusern und Hütten Schwedens gegen die langwährenden Kriege des Reiches geredet wurde, offenkundig die Unruhe im Land. Die Menschen sehnten sich nach Frieden in diesem unendlich scheinenden Ringen mit Dänen, Russen und Polen, nur unterbrochen durch gelegentliche kurze Verhandlungspausen, das Ausscheiden des einen oder anderen Gegners aus der aktiven Front der Feinde, eine Atempause nur, von neuen blutigen Kampfhandlungen der verbliebenen Feinde gefolgt. Spürbar weniger wurde die Zahl der Knechte auf den Bauernhöfen Schwedens und Finnlands, ohnehin dünn besiedelten Landstrichen, immer stärker drückten die wachsenden Steuern Bauern und Bürger. Krieg kostete Geld, viel Geld sogar, mehr jedenfalls, als es das Land selbst aufbringen konnte.

Seine knapp vierjährige Tochter Christina im Arm, wandte sich der Herrscher an die aufmerksam lauschenden Ständevertreter, klug kalkulierend, daß die Geste des treusorgenden Vaters vielen der Zuhörer auch und vor allem das Bild des Landesvaters suggerierte, jenen entgegenwirkte, die ob der schier erdrückenden Kriegskosten und Verödungen des Landes heimlich murrten, manchmal auch und immer wieder besonders in Dalarna, dem anerkannten Zentrum des Landes, von Widerstand redeten, immer lauter Sorgen über die Zukunft Schwedens äußerten, oft auch schon bedeuteten, der Monarch liebe offenbar Pulver und Schwerterklirren mehr als Frieden und Wohlfahrt seines Reiches.

Solche Reden waren gefährlich in einem Land, wo seit alters Bauern und Bürger wieder und wieder in Waffen trotzten, konnten nicht nur in Dalarna und Småland, einer zweiten unruhigen Bauernlandschaft, offenen Aufruhr auslösen. Dem galt es auch nach Überzeugung Gustavs II. Adolf und seiner engsten Vertrauten energisch entgegenzutreten, war das feierliche Zeremoniell mit der Rede des Königs zugedacht.

Mit der ihm eigenen mitreißenden Rhetorik, mit klug bedachtem Gestus und anschwellender Stimmhöhe benannte der Landesherr Gott als Zeugen, er führe »diesen Krieg nicht aus eigenem Antrieb oder Lust am Kriege«, dränge nicht grundlos auf deutschen Boden. Ihn zwänge die internationale Lage, das Bündnis des Kaisers mit dem gefährlichen polnischen Erbfeind, auch die Bitten der »schwer bedrängten Nachbarn, Verwandten und Schwägern« zum Kampf. Schweden müsse im eigenen Überlebensinteresse »die bedrückten Glaubensbrüder von dem päpstlichen Joch« befreien.[1]

Das klang überzeugend, gewann an Kraft in dem Maße, wie sich der König weiter steigerte, mitgerissen von den eigenen Worten. Gustav II. Adolf verstand sich zweifellos als opferbringender Landesvater, konnte so auch die große Mehrheit der anwesenden Bauern, Bürger, Geistlichen und Herren vom Adel gewinnen. Und wer sollte denn auch nicht zustimmend nicken, als der Herrscher schließlich ausbrach, ein Krug gehe gewöhnlich so lange zu Wasser, bis er breche und »so mag es auch mir zum Schlusse beschieden sein, daß, nachdem ich in so viel Gefahren für die Wohlfahrt des Reiches Schweden mein Blut vergießen mußte – doch bisher immer durch Gottes gnädigen Schutz am Leben verschont – ich dies zuletzt doch werde lassen müssen«.[2] Wer da noch gezögert hatte, der mußte jetzt tief berührt zustimmen!

So dürften es auch jene befriedigt registriert haben, die diesen Krieg wollten. Der König hatte nahezu alle gewonnen. Wenigstens wagte niemand Widerspruch, konnte es wohl auch nicht, nachdem Gustav II. Adolf seine Tochter dem Schutz der Stände anvertraute. Wer so sichtbar das ihm Teuerste zurückließ, der bewies doch überzeugend, daß er selbst in diesem neuen Krieg alle persönlichen Interessen zurückstellte, nur dem Wohle Schwedens dienen wollte. Wer konnte da zweifeln? Der Landesvater kämpfte für die eigene Tochter, für die Kinder der Abgesandten aller Stände, für alle Schweden. So jedenfalls sollten es die Anwesenden verstehen, wollte Gustav II. Adolf gesehen werden an diesem bedeutsamen Tag schwedischer und europäischer Geschichte – und vielleicht glaubte er es auch selber, vieles spricht dafür. Seine Tochter Christina jedenfalls tat später alles, das Bild des Vaters zu vergolden. Er sei der »größte Mann seines Jahrhunderts, ja, der größte unter denen, die drei oder vier Jahrhunderte vor ihm gelebt haben« gewesen, nichts »hinderte ihn«, der »Pflicht zu leben«, sie sei stolz, »des großen Gustav Tochter« zu sein.[3]

Sie hat diesen Vater sehr geliebt, die kleine Christina, empfing von ihm jene Zuneigung wieder, die ihr die Mutter versagte, die sie möglicherweise zeitlebens entbehrte. Einige Höflinge erkannten den Abschiedsschmerz der Kleinen für ein böses Omen. Sie habe tagelang geweint, als der Vater wenige Tage nach seiner großen Stockholmer Rede nach Deutschland aufbrach. Die Tränen des unschuldigen Kindes hätten Schreckliches ahnen lassen, da sie »von Natur aus wenig und selten weinte«, wie sich Christina später erinnerte.[4]

Und auch der Vater konnte »die Tränen nicht zurückhalten«[5], der Mann, dem die kleine Erbprinzessin wenig später erste rührende Kinderbriefe sandte, den Monarchen, ihren »vielgeliebten« und »Herzliebsten Herr Vater« nannte, den sie bat, ihrer zu gedenken »und bald wiederzukommen, und mir auch was Hübsches (zu) schicken«, ein Wunsch, den sie wenig später in einem weiteren Brief in deutscher Sprache erneut formulierte, Gustav II. Adolf ihr »demüthiges Konterfey« schickend.[6] Worte, die zweifellos Höflinge dem kleinen Mädchen in die Feder diktierten, die aber ebenso sicher auch jene Gefühle spiegeln, die Christina für den fernen Vater empfand.

Und doch, als die Nachricht vom Tode des Herrschers auf dem Schlachtfeld bei Lützen im Stockholmer Königsschloß Bestürzung auslöste, fühlte die sechsjährige Christina ersten Stolz, als erregte Höflinge begannen, der Erbprinzessin zu huldigen. »Ich war damals noch so kindlich, daß ich nicht verstand, ob es Glück oder Unglück bedeutete, aber ich erinnere mich wohl, wie entzückt ich war, alle diese Menschen zu meinen Füßen zu sehen und wie sie meine Hände küssen wollten.«[7] Damals habe sie nicht begreifen können, welche Pflichten aus dem Herrscheramt schon als Kind für sie erwachsen sollten, resümierte die alternde Christina in Rom. Doch sei sie bereits »bei der ersten Gelegenheit« als wirkliche Königin aufgetreten, habe schon als Sechsjährige jene Haltung bezeugt, die einer geborenen Herrscherin entsprach. »Das warst Du, Herr, der so ein Mädchen in einem Alter so auftreten ließest, als sie noch nicht ihren Verstand zu gebrauchen wußte. Du hast meiner Stirn das Zeichen der Hoheit aufgedrückt, das Du nicht allen gibst, die Du der Ehre erwählt hast, Deine Stellvertreter unter den Menschen zu sein.«[8] Nein, bescheiden war sie niemals, diese Christina »von Gottes Gnaden«, auserwählt, als Herrscherin anderen zu verkünden, was sie, was Gott wollte, nicht einmal im Dialog mit Gott! Denn dieser wünschte, so wollte sie es glaubenmachen, daß Gustav Adolfs Tochter regieren sollte, wenn nicht in Schweden, so anderswo; damals gerade in Neapel oder Polen, als sie diese Zeilen formulierte, regieren mußte, mehr noch als andere »Auserwählte«.

Die »Gnade der Geburt«, an die jene Königin offenbar ein Leben lang begierig glauben wollte, ließ sie dann auch nach besonderen Zeichen ihrer Geburt suchen, behaupten, sie sei unter besonders aufregenden Gestirnkonstellationen angekündigt und geboren worden. Die Astrologen hätten prophezeit, die Geburt des erwarteten Thronfolgers, ein solcher mußte es sein, alle Vorzeichen deuteten es an, – verbindlich sogar, so daß sich die Mutter, Maria Eleonora, schon lange vor der Niederkunft glücklich in dem Gedanken wähnte, der Krone den Erben zu schenken, ein Irrtum, wie sich schnell offenbarte –, müsse König oder Königin das Leben kosten, überlebe dagegen der Säugling die ersten 24 Stunden, »so werde etwas Großes aus ihm«.[9] Im übrigen sei die Stellung der Sterne zur vorausberechneten Geburtsstunde im gleichen Stand wie bei der Geburt des berühmten Vaters, des Königs Gustav Adolf. Nahezu jeder Biograph Christinas beeilt sich, diese Berichte der Zeitgenossen aufzuschreiben.

Nun läßt sich in der Tat nicht bestreiten, weder Gustav II. Adolf noch Maria Eleonore erfüllten die Voraussagen der gelehrten Himmelskenner. Und ein Prinz wurde es auch nicht, wenngleich Christina zeitweilig vieles tat, wenigstens diesen

Teil der Prophezeiung zu stützen. Der damals erkrankte König genas schnell, und auch die Brandenburgerin erhob sich bald aus dem Kindbett. Der Hof und Christina wußten dennoch Merkwürdiges zu berichten. Sie sei »mit der Glückshaube geboren, und bloß Gesicht, Arme und Beine waren frei. Ich war am ganzen Körper behaart und hatte eine tiefe, starke Stimme. Dies bewirkte, daß mich die Geburtshelferinnen, die mich entgegennahmen, für einen Knaben hielten«.[10] Ein Heer von Biographen Christinas, zumeist keine Historiker, oft nicht einmal Kenner der schwedischen Geschichte, hat hilflos diese Darstellung wiedergegeben, gewöhnlich unkommentiert. Christina mußte es schließlich am besten wissen! Manchmal reflektierte man über »Siegerhaube« und die Behaarung. Eine »Schafhaut«[11] bei der Geburt, eine Deutung der Britin Georgina Masson beispielsweise, ein wenig komisch, aber bessere Erklärungen konnten auch andere nicht finden. Sven Stolpe hat so auch seinerzeit lakonisch vermerkt, was die Hofdamen der Königin »von Behaarung, Glückshaube und tiefer Stimme berichtet haben, hat nichts zu bedeuten«.[12] Und doch, ein Vergleich mit der Lebensbeschreibung Gustav Vasas, Christinas Urgroßvater, ermöglicht interessante Schlüsse.

Bischof Peder Svart berichtete in dieser, Historikergenerationen Schwedens nahezu heiligen Chronik, glaubwürdige ältere Frauen, die bei der Geburt halfen, bezeugten, der junge Gustav sei »mit Siegerhaube auf dem Kopf« und einem »roten Kreuz auf der Brust« geboren.[13] Eine »Tradition« der Vasas also, Propaganda für die Legitimierung göttlicher Vorbestimmung zu Großem! Andere Herrscher mögen manchmal ähnliche Zeichen bemüht haben. Einerlei, in der modernen schwedischen Historiographie gilt der Ahnherr der Vasa heute als sein »bester Propagandist«, niemand habe so wie er an seinem eigenen Geschichtsbild gefeilt.[14]

Selbstverständlich kannte Christina die Legenden von Gustav Vasa, war es doch gerade ihre Zeit, in der Pfarrer, örtliche Chronisten und damalige Historiker alles aufschrieben, was über ihn unter den Dächern der Bauernhütten Dalarnas erzählt wurde. Wenn es denn wirklich berichtet wurde, wird Christina nicht ungern vernommen haben, daß bei ihrer Taufe der Pfarrer gedankenverloren oder gar gottgewollt, wie es vor allem die römische Christina zu sehen wünschte, von der wir es auch nur wissen, das Zeichen des Kreuzes schlug. »Der lutherische Priester (der Oberhofprediger des Königs), der mich taufte, machte dabei mit dem Weihwasser auf meiner Stirn das Kreuzzeichen und schrieb mich, ohne recht zu wissen, was er machte, schon in diesem glücklichen Augenblick unter Deine Auserwählten ein. Denn gewiß ist, daß das, was er machte, dem gewöhnlichen lutherischen Taufzeremoniell widersprach.«[15] Zweimal ein Kreuz über den ersten Stunden großer Vasa! Da kann die sachliche Entgegnung von Johann Arkenholtz hundert Jahre später, man habe damals in Schweden beim Taufen gewöhnlich das Kreuz geschlagen, desillusionierend wirken. Christina jedenfalls und den Zeitgenossen erschien es im nachhinein ein Omen. Und doch so unterschiedlich die Entwicklung beider so »Gezeichneter«!

Christina war es Symbol für die Erlösung aus unrechtem Bekenntnis, dem katholisch getauften Gustav Eriksson Vasa leuchtete das Kreuz als Wegweiser im Kampf für eine andere Erlösung voran, er wurde in diesem Zeichen seinem Volk ein Messias, wollte es wenigstens gewesen sein, »erlöste« die Schweden auch vom Zwange Roms, befreite die römisch-katholische Kirche seines Reiches nahezu völlig ihres »irdischen Gutes«, füllte skrupellos die eigene Königstasche. So gesehen war Christinas »Kreuz« eine logische Umkehr von Anbeginn, mußte daher in den Reden und Schriften ihrer Zeit notwendige Funktion zukommen, Dichtung und Wahrheit vereint, Schlüssel zu manchem in Christinas Wesen, auch eine Erklärung für die Absicht der Memoiren, die Christina in Rom leitete. Eine Aura der Ungewöhnlichkeit, der Vorbestimmtheit durch Gottes Willen, sollten den Weg der Königin heiligen. Der Herr hatte sie auserwählt, ein Zeichen zu setzen, das wollte sie verdeutlichen, daher die breite Darstellung der ungewöhnlichen Geburt, eines Ereignisses, das wir nur aus ihren Erinnerungen so kennen. Niemand der Anwesenden hat diesen Vorgang für so ungewöhnlich gehalten, davon zu berichten, ein Warnzeichen für den Leser, der Realitäten sucht. Christina jedenfalls, will man ihr glauben, konnte bestenfalls Gehörtes berichten. Aber man muß ihr nicht glauben, allzu deutlich wirkt die Absicht der Erzählenden ...

Spannend, ja faszinierend liest sich die Geschichte der ersten Lebensjahre Christinas. Da ist die Mutter mit ihrem Hofstaat, die das Kind, folgt man der Selbstbiographie, am liebsten getötet hätte, es bewußt mißhandelten, den Säugling fallenließen, auf tödliche Verletzungen hofften, Maria Eleonore sei so verbittert gewesen, daß sie auch diesmal dem geliebten Gustav Adolf keinen Sohn geboren hatte.

Einig sind sich die Historiker, daß die Brandenburgerin eine schöne Frau gewesen sei. Der junge König Gustav II. Adolf hatte sie seinerzeit selbst auf einer romantischen Brautfahrt ins kriegsbereite Deutschland auserwählt, den Widerstand der Schwiegermutter gegen die schwedische Heirat gebrochen. Dieser Triumph allerdings war mehr als nachwirkend! Als Kanzler Axel Oxenstierna im September 1620 in Berlin den offiziellen Ehekontrakt aushandelte, Gustav II. Adolf in Stockholm bereits ungeduldig auf die attraktive Braut wartete, war schon entschieden, daß Kurfürstin Anna die Tochter persönlich dem Schwiegersohn zuführen würde. Und die Herrschgewohnte blieb auf Jahre an der Seite der Tochter, kehrte erst im April 1624 nach Brandenburg zurück.

Abgesehen davon, brachte die Brautschau dem jungen Herrscher nur bedingtes Glück. Später sollte er mehrfach den Kanzler Oxenstierna um Vermittlung gegen allzu Drängendes, Beschwerliches seines leidenschaftlichen »Hauskreuzes«[16] bitten müssen. Ihrer Emotionen wenig mächtig, glaubte und wollte Maria Eleonore immer dann zerbrechen, wenn sich der König wieder ins Feldlager begeben mußte. Hysterische Anfälle und quälende Vorwürfe der sich vernachlässigt Fühlenden mögen ihn ebenso beschwert haben wie verfehlte Hoffnungen auf einen baldigen Thronfolger. Eine Fehlgeburt, der frühe Tod der Tochter Christina Augusta und eine neuerliche Fehlgeburt belasteten das Privatleben des Königs spürbar.

So mag es auch Flucht in den Kriegeralltag gewesen sein, die Gustav II. Adolf wieder und wieder von der Gattin forttrieb. Verwunderlich jedenfalls, daß der Monarch seiner Schwester Katharina unmittelbar nach Christinas Geburt bedeutete, er erwarte keinen Erben mehr, so den Trost, das nächste Mal könne es sein Junge sein, zurückweisend. Zieht man hinzu, daß Gustav II. Adolf sofort befahl, »alle jene Freudenbezeigungen anzuordnen, die bei der Geburt eines männlichen Thronfolgers üblich waren«[17], berücksichtigt, daß die Königin seinerzeit bei einer Fehlgeburt mit einem Knaben niederkam, der König im Feldlager von Riga 1615 einen illegitimen Sohn zeugte, dann stellen sich in der Tat Fragen zum Eheleben Gustavs II. Adolf. Die Bemerkung eines Christina-Kenners, Maria Eleonore habe den Gatten »mit jener Liebe, die quälen konnte«, tyrannisch verfolgt[18], könnte treffen, erhellt manches.

Sven Stolpe, frei von Rücksichten auf deutsche Geschichtstraditionen, hat schärfer geurteilt. »Diese Ehe, über die man aus ungezählten Briefen Maria Eleonores nach Schloß Stegeborg und an ihre deutschen Verwandten gut unterrichtet ist, hat die deutsche offizielle Geschichtsschreibung lange als glücklich darzustellen versucht. Sie war jedoch das genaue Gegenteil. Sie scheint dem König in keiner Weise Glück oder Ruhe geschenkt zu haben. Sie vermehrte vielmehr von Jahr zu Jahr seine Sorgen, verstärkte seine Unruhe und machte ihn oft ganz verzweifelt.«[19] Dem ist wenig hinzuzufügen. Andererseits wird man gerechterweise einräumen müssen, daß Maria Eleonore überzeugt war, Gustav Adolf zu lieben. Die schöne Märkerin blieb fast krankhaft – wo ist da die Grenze – diesem Mann zugetan. So blieb ihr Verhältnis zur Tochter Christina zumindest bis 1633 äußerst belastet, der Gatte ihr alles, das Mädchen nichts. Sie folgte Gustav II. Adolf in den deutschen Krieg, ließ die Tochter in der Obhut der Schwägerin Katharina, der Gemahlin des Pfalzgrafen Johann Kasimir, der auf Geheiß Gustavs II. Adolf auf Schloß Stegeborg bei Norrköping residierte, zurück. Hier verbrachte die Erbprinzessin glückliche Kinderjahre, hörte sicherlich das Lob ihres Vaters, dem die Pfalzgrafenfamilie besonders verbunden blieb.

In ihren Erinnerungen erzählt Christina auch einige Erlebnisse mit dem Vater vor dessen Abreise nach Deutschland, so recht geeignet, die Zuneigung und Bewunderung des Kindes für den Vater zu illustrieren.

Glaubt man an die Verwechslung, den angeblichen Irrtum bei

Christinas Geburt, scheint es wohl verständlich, daß die Hebammen ängstlich überlegten, wie sie König Gustav II. Adolf erklären sollten, ihr Freudengeschrei über die Geburt eines Prinzen sei verfrüht gewesen. Unverständlich allerdings, wie so erfahrene Frauen sich getäuscht haben sollten, anzunehmen, daß auch im fernen Stockholm Geburtshelferinnen nicht so naiv waren, die Höhe oder Tiefe der Stimme eines Neugeborenen für das Entscheidende zu nehmen ... nun ja, Christina hat es so berichtet!

Es sei Prinzessin Katharina gewesen, die dann das kleine Mädchen zum wartenden König getragen hätte, »auf eine solche Weise, daß der König selbst sehen und erkennen konnte, was sie ihm nicht zu sagen wagte«[20], der bekanntermaßen stark kurzsichtige Gustav II. Adolf als genauer »Schauender«, besserer Kenner als ein Haufe erfahrener Frauen? Der Vater habe ohne äußere Überraschung und Verstimmung das kleine Wesen in seine Arme genommen, es geherzt und seiner beunruhigten Schwester entgegnet, er danke Gott für dieses Mädchen. Er hoffe, daß sie ihm »so gut wie ein Junge werde. Ich bitte Gott, daß er sie mir bewahre, nachdem er sie mir gegeben hat«.[21]

Zweifellos eine liebenswerte Geste, muß man doch verstehen, daß auch Gustav II. Adolf auf einen Thronfolger gehofft hatte in einer Welt, der eine Frau wenig galt, als souveräne Herrscherin eines kriegerischen Reiches nahezu undenkbar schien. Bleiben auch berechtigte Zweifel an dem überlieferten »Mißverständnis«, kann man es doch als höchstwahrscheinlich vermuten, daß keine der Hofdamen wagte, Mutter und Vater das Resultat zu berichten. Ein strahlendes Lächeln war von Maria Eleonore nicht zu erwarten, ein gnädiger Empfang durch den König kaum zu erhoffen. Belohnung für diese Botschaft schien unwahrscheinlich. So ist es nur zu erklären, daß die Zögernden schließlich Katharina bewegten, dieses zu wagen.

Sven Stolpe hat seinerzeit vermeint, es sei unverständlich, »warum Christina ihre Erinnerungen hätte verfälschen wollen, und da sie im übrigen ein besonders gutes Gedächtnis hatte, sind wir wohl berechtigt, ihre Darstellung – mit entsprechenden Vorbehalten – als richtig anzusehen«.[22] Dem wird widersprochen werden müssen!

Die Absicht, in die Wiege gelegte Größe anzudeuten, prägte auch die folgenden Zeilen in Christinas Bericht. Liest man Gustavs II. Adolf angeblichen Schlußsatz, ahnt man, warum die Königin ihrer Geburt solche Bedeutung beimessen wollte. Der Herrscher soll das Neugeborene lächelnd mit der Bemerkung zurückgereicht haben, es werde ein schlaues Mädchen, »denn sie hat uns alle genarrt«.[23]

Es spricht schon einiges dafür, daß Christina in dieser Geburtsschilderung vorherbestimmte Ungewöhnlichkeit darstellen wollte. In diesem Geiste setzt sie ihren Dialog mit Gott in der Autobiographie fort, ein überschwenglicher Dank an ihren Schöpfer, sie »ohne die Schwächen meines Geschlechts« als »Frau zur Welt kommen zu lassen«. »Du hast durch Deine Gnade mich ganz männlich gemacht, gleich meinem übrigen Wesen. Du hast Dich meines Geschlechts bedient, um mich vor den Lastern und Ausschweifungen zu schützen, die bezeichnend sind für das Land, in dem ich geboren wurde. Und nachdem Du mich verurteilt hattest, dem schwächeren Geschlecht zuzugehören, hast Du mich gleichwohl erwählt, mich freizumachen von dessen gewöhnlichen Schwächen. Du hast mich auch dadurch von dieser althergebrachten Abhängigkeitsstellung befreit, daß Du mich für den Thron bestimmt auf die Welt kommen ließest, auf dem ich souverän herrschen sollte. Von meiner frühesten Kindheit an hast Du mich die große Unabhängigkeit bewußt werden lassen, die ich auch zu bewahren wußte und bis zu meinem Tode bewahren werde.«[24] In der Tat konnte sie es nicht deutlicher ausdrücken!

Christinas wichtigstes Anliegen blieb die für jedermann nachvollziehbare Beweisführung ewiger Souveränität, gottgewollt, unkündbar. Das war schon eine Geschichte wert! Es blieb der göttliche Auftrag an die »Frau Christina«, sich allzeit männlich zu bewegen, »Herrscher« zu sein, sich niemandem unterzuordnen, eben ein großer König! Was äußerlich nicht zu leugnen war, mußte auf abenteuerliche Weise umgedeutet werden. Ja, Christina hatte schon sehr vitale Interessen, ihre »Erinnerungen« an die früheste Kindheit zu gestalten.

Glaubhafter scheint die Erwähnung, daß König Gustav II. Adolf hastig eine Reise in die Erzgruben von Falun abbrach, als ihm die Erkrankung seiner kleiner Tochter berichtet wurde. War sie auch ein Mädchen, so blieb sie doch seine einzige Erbin auf dem schwedischen Thron, und im übrigen liebte der Vater seine Christina zweifellos sehr.

Stolz und glücklich soll der Monarch reagiert haben, als die Kleine beim Salutschießen der Festung Kalmar begeistert in die Händchen klatschte und das Dröhnen und Krachen der Geschütze genoß. Der Kommandant hatte, berichtet Christina, vorher ausdrücklich die Genehmigung des Landesherrn und Vaters eingeholt, Sorge geäußert, die noch nicht einmal Zweijährige könnte erschrecken. »Laßt schießen, sie ist ein Soldatenkind, sie muß sich daran gewöhnen!«[25]

Vielleicht war es so, möglicherweise ist auch das wieder eine gewünschte Legende, erfüllte seine Funktion. Als die Autorin ihre Erinnerungen überarbeitete, Passagen strich, andere hinzufügte, schwärmte sie seit längerer Zeit davon, als Amazone an der Spitze eines Heeres in Neapel zu siegen, irgendwo eine Schlacht zu erleben, sich in Pulverdampf und Kampf zu bewähren, wie berühmte Zeitgenossen unabhängig voneinander in sehr persönlichen Aufzeichnungen notierten. Da war die natürliche soldatische Neigung schon der kleinen Christina wohl geeignet, Erinnerungen an die Siege des Vaters wachzuhalten, dem Leser solcher Bemerkungen die Erkenntnis aufzudrängen, sie, die Königin, sei eben die Tochter des bedeutendsten Kriegers des Jahrhunderts.

Und die Erinnerungen waren zur Veröffentlichung gedacht. Schon kurze Zeit nach der Ankunft der Königin in Rom war sie gebeten worden, ihre Erlebnisse aufzuzeichnen. 1658 teilte sie einem Priester mit – die Historiker meinen, es sei der spätere Kardinal Sforza Pallavicino gewesen, »der ihre Lebensgeschichte schreiben sollte« –, sie habe »ihrem Versprechen gemäß«[26] mit der Abfassung auf italienisch begonnen, leide aber unter ihren mangelhaften Sprachkenntnissen und hätte einiges wieder verbrannt. So solle ihr der Priester Fragen stellen, sie werde antworten und er könne es dann ausformulieren. Christina bot ihm sogar ihren damaligen Briefwechsel zur Einsicht an.

Es scheint, als hatte der Klerus ein besonderes Interesse, die

Entwicklung der Tochter Gustavs II. Adolf, des schon damals in Protestantenkreisen verehrten »Glaubenshelden«, zur Konvertitin darzustellen, erinnert sei hier an Papst Alexanders VII. ausdrückliche Forderung, Christina müsse sich vor ihrem Eintreffen in Rom öffentlich zur Religionsveränderung bekennen. Um so befremdlicher, daß Christinas »Selbstbiographie Glaubwürdigkeit zugebilligt«, sie bis in die Gegenwart »auch von ernsthaften Forschern, stets als verläßliche Quelle zitiert« wurde.[27] Seit geraumer Zeit weiß man allerdings in der schwedischen Historiographie, daß Urgroßvater Gustav Vasa die entscheidenden Ereignisse um seinen Triumph auf dem Reichstag zu Västerås über die römisch-katholische Kirche 1527 ganz bewußt und außerordentlich dreist fälschen ließ. Das hat dort zu einem Umdenken und Umschreiben dieses Abschnitts der Nationalgeschichte geführt.

Vielleicht ist es für uns heute weniger bedeutsam, was Christina dachte und wollte, was ihre Freunde im Vatikan wünschten, die ihrerseits die auf Unabhängigkeit bedachte Königin nur bitten, behutsam lenken konnten. Die quellenkritische Auseinandersetzung kann nur das Bild von ihr relativieren, der Schwedin etwas vom Glanz des Unerklärlichen, Ungewöhnlichen nehmen. Das allerdings hat sie immer verhindern wollen. Sie war einzigartig, so ihre Überzeugung, wollte das auch nach ihrem Tode bleiben. Und so schilderte sie denn auch weiter ein Kind, das zur Königin bestimmt, »ganz Herrscherin« auftrat ...

Aufschlußreich für eine Charakteristik der Königin erscheinen Christinas Bemerkungen über ihr erstes Zeremoniell als Monarchin, der Empfang einer russischen Gesandtschaft zu Beginn des Jahres 1633. Die vielköpfige russische Abordnung bärtiger, fremdartiger Männer könne die Sechsjährige verwirren, eine weinende Regentin auf dem schwedischen Thron dem Ansehen des Landes schaden, fürchteten Reichsrat und Hof. So meinte man, die kleine Christina vorbereiten zu müssen, »ermahnte mich, ohne Furcht aufzutreten«, erinnerte sich die Königin 1681. Lächelnd habe sie ihre Vormünder gefragt, warum sie bärtige Männer scheuen solle. »Sagt mir alles genau und überlaßt mir das weitere«,[28] will sie dem Reichsadmiral, Karl Karlsson Gyllenhielm, ihrem Onkel, und dem Reichsmarschall Jakob de la Gardie bedeutet haben, wohl doch vor allem die »Erinnerung« einer herrschgewohnten gereiften Königin knapp fünfzig Jahre später, kaum die Reaktion eines sechsjährigen Kindes, das zwar durch die Geburt zur Regentschaft bestimmt, doch sehr plötzlich auf den Thron gesetzt werden mußte, lange bevor die Erziehung zur Herrscherin beginnen konnte. Der frühe Tod des Vaters überraschte alle. Die wenigen Wochen seit der Nachricht ermöglichten kaum jene Prägung des von Christina angeführten angeblichen Herrschergestus bei dem kleinen Mädchen. »Überlaßt mir das weitere« steht im Widerspruch zu jener ebenfalls von ihr berichteten kindlichen Freude über die unerwarteten Handküsse der Höflinge.

Es ist nicht auszuschließen, daß es gerade jene, dem Hofe engverbundene Herren im Reichsrat waren, die der heranwachsenden Christina später gern und oft erzählten, wie überzeugend schon ihr erstes Auftreten in der Öffentlichkeit gewesen sei, um ihre Eigenliebe wissend, ihr schmeichelten, welche außergewöhnlichen Anlagen die Vasatochter bereits 1633 offenbarte, die rechte Erbin der Krone Schwedens. Auch heiligte der Zweck die Mittel, denn warten, bis Christina gewachsen, volljährig sein würde, konnte man keinesfalls. Eile tat not, die Stände des Reiches für eine schnelle Huldigung der Tochter Gustavs II. Adolf zu gewinnen.

Nicht wenige im Hochadel wünschten die Zeiten der Wahlmonarchie zurück, in Schweden seit längerem, seit Gustav Vasas Tagen, nur noch Geschichte, in anderen europäischen Staaten jedoch gang und gäbe. Die Stimme für den Herrscher konnte Gold wert sein, viel Gold sogar für manchen einflußreichen Freiherrn und Grafen. Im übrigen wußte man dort wohl, welche Möglichkeiten, eigene Rechte auszudehnen, die stetig wiederkehrende Zeremonie des Königseides versprach, vor allem, kürte man den rechten Kandidaten. Auch hatten manche von den hohen Herren hautnah in Deutschland erlebt, wie souverän dort mancher kleine Reichsfürst, ja selbst der gewöhnliche Gutsherr sein eigen Land genoß ... Und dann war da noch der andere Vasa! Schon wurde in Warschau unüberhörbar ein neuerlicher Anspruch auf den schwedischen Thron verkündet, formulierten die dortigen Juristen die alten Rechtstitel, ritten Kuriere durch Europa, trugen gesiegelte Dokumente mit sich in den Satteltaschen, »König von Polen und Schweden«, eine gefährliche Verheißung. Das konnte Bürgerkrieg bedeuten, mußte es werden, so sicher wie das Amen auch in den schwedischen Dorfkirchen. Von der Kanzel herab sagten die Pfarrer es jedem, daß sie für das Evangelium fürchteten. Geistlichkeit, Bauern- und Bürgerstand wünschten eine schnelle Entscheidung, hatte man nicht mehrfach dem seligen König die Thronfolge seiner Tochter gelobt, war er nicht auch deshalb für alle in den Krieg gezogen, hatte sein Blut vergossen, noch frisch die Erinnerung an jene große Stunde des Abschieds im Reichstag.

Es habe Gott gefallen, dem Reiche Schweden »den König und Vater des Vaterlandes« zu nehmen[29], heißt es im Beschluß des geschwind nach Stockholm berufenen Ständetages zu Beginn des Jahres 1633. Getreu den Verlautbarungen des Erbvertrages von 1604 und deren Bestätigung »zu Stockholm am 4. Dezember 1627« sei unbestritten, »daß, wenn Seine Königliche Majestät ohne männliche Erben abgehe, sie dann seine Tochter als Königin anerkennen wollten«.[30] Man habe einstimmig Christina für die »erkorene Königin und Erbfürstin Schwedens« erklärt, die fünf Reichsämter, den Drosten, Schwedens obersten Richter, den Marschall, Admiral, Kanzler und den Schatzmeister zu Vormündern bestimmt, sie beauftragt, im Geiste des verblichenen Königs fortzuregieren, die Interessen der jungen Regentin wahrzunehmen, schließt das Protokoll dieser Zusammenkunft der Repräsentanten des schwedischen Volkes.

So war sie nun Königin, die kleine Christina. Sie denke, sie hätte sich, wäre sie älter gewesen, nicht so schnell über den Verlust des Vaters getröstet. Und doch, auch das muß gerechterweise benannt werden, stand gerade Christina, wenigstens die reife, ältere Frau der Memoiren, jenseits bestimmter Konventionen, fuhr fort, »Kinder, die erwarten, einen Thron zu erben, trösten sich leicht über den Verlust eines Vaters«[31], sprach aus, was andere wohl im Innersten verschlossen.

Damals konnte Christina wahrlich nicht ermessen, welche Wende ihres jungen Lebens die Schlacht bei Lützen einleitete. Später, viel später erst wird sie es verstanden haben, daß der Tod Gustav II. Adolf »zu ihrem größten Unglück hinderte«, sein dem

Kinde gegebenes »Wort zu halten«[32], die Tochter dahin zu führen, wo sie vergnügt und zufrieden leben konnte.

Als ein Ehrengeleit den Leichnam des Königs im Sommer 1633 nach Schweden zurücktrug, kehrte auch Maria Eleonore heim, mit ihr Trauer und Leid für die kleine Erbprinzessin, vorbei der Glücksrausch der Huldigungen, der Verbeugungen und Handküsse. Die Mutter ließ alle Gemächer der neuen Wohnstatt im Schloß zu Nyköping mit schwarzem Tuch ausschlagen, die Fenster verhängen, die Räume Tag und Nacht nur durch Kerzenlicht erhellen. O ja, Maria Eleonore genoß die Trauer, ergab sich ganz ihrem Schmerz, war nur mit Mühe, vielem Zureden und sanfter Gewalt von der monatelang aufgebahrten, einbalsamierten Leiche zu trennen, verteidigte bis zum Sommer des Jahres auch das in einer goldenen Kapsel eingefaßte Herz ihres Gatten als ihr gehörig. »Sie weinte nahezu Tag und Nacht, und an manchen Tagen steigerte sie ihren Schmerz auf eine so eigentümliche Art, daß man ihr nicht zusehen konnte, ohne das tiefste Mitleid zu empfinden.«[33]

Wohl fühlte auch die Tochter zunächst Respekt und wohl auch ein wenig Liebe für die klagende Mutter, später dann wurde Christina alles »lästig«, wie sie notierte[34], vor allem die plötzlich aufkommende Gefühlswallung und Hinwendung Maria Eleonores zu ihr, ebenso hemmungslos wie sie früher durch Gleichgültigkeit, ja Abneigung die Tochter gequält hatte. Die Königinwitwe schickte Katharina, die Pfalzgräfin, fort, wollte nun selbst Mutter sein, liebte die Tochter »jetzt zärtlich, weil sie fand, daß ich das lebende Bild des verstorbenen Königs sei«.[35] Christina mußte im Trauerzimmer der Mutter schlafen, fand kaum einen Augenblick der Ruhe vor der genüßlich Leidenden, trauerte pflichtgemäß mit, litt tatsächlich unter den auferlegten Zwängen. Einziger Freiraum wurden ihr die Unterrichtsstunden. »Das führte dazu, daß ich so große und erstaunliche Fortschritte machte.« Um aus dem »Trauergemach zu entkommen«[36], wünschte sie beständig, neue Lektionen zu hören, Bücher zu lesen, in der Tat eine höchst individuelle Lernmotivation. Selten wurde ein Kind auf eine so nachhaltige Weise zum Lernen angeregt, wurden Lesen, Schreiben und Diskutieren das schönste Spiel, im übrigen das einzige, fehlten in dieser traurigen Umgebung doch Spielgefährten, erklang kein unbeschwertes Kinderlachen. Erst 1636 brachte die Rückkehr Kanzler Axel Oxenstiernas aus Deutschland Christina neue Freiheit und wohl auch ein wenig Kinderglück.

Nur kurze Zeit nach seiner Landung auf pommerschem Boden hatte König Gustav II. Adolf den Kanzler in einem sehr persönlichen Brief beschworen, für den Fall eines Unglücks seiner Familie das zu tun, »was Sie wünschen, daß Gott es für die Ihrigen im gleichen Falle tun würde, wenn es ihm gefällt, daß ich Sie überlebe und daß Ihre Familie meiner bedarf«. Sollte er fallen, seien die Seinen »bemitleidenswert, meinetwegen und in mancher anderer Hinsicht. Sie gehören dem schwachen Geschlecht an: die Mutter ohne Rat, die Tochter im zartesten Alter; unglücklich, wenn sie sich selbst regieren, gefährdet, wenn Andere sie regieren«.[37] Gustav II. Adolf wußte um die Schwächen seiner Frau, waren sie doch auch offenkundig genug. In ihrer Autobiographie lobte Christina auch den Vater, Maria Eleonore keinen Einfluß auf die Regierung eingeräumt zu haben. Sie »war eine Fürstin, die viele gute Eigenschaften besaß, aber keine, die notwendig sind zu regieren ...«. Es »war vielleicht der größte Beweis der Liebe, den mein Vater ihr geben konnte, daß er sie von der Regierung ausschloß; denn sie hätte zweifellos alles verdorben«. Doch war es »ziemlich grausam« von der Vormundschaftsregierung, »sie ganz von mir zu trennen«.[38]

Es ist sicherlich auch Axel Oxenstierna nicht leicht geworden, Maria Eleonore nun auch diesen Halt zu nehmen, kannte er doch besser als viele andere diese äußerst sensible Frau, galt gerade er doch der Brandenburgerin lange Zeit als Mittler zu Gustav II. Adolf, an den sie sich wandte, anfangs hoffnungsvoll, später verzweifelt und haßerfüllt, wenn sie glaubte, ohne den Gatten nicht weiterleben zu können. Nur die Erkenntnis, die Königinwitwe nicht ändern zu können, fürchten zu müssen, sie werde die Erbprinzessin verderben, ließ Oxenstierna schließlich die harte Entscheidung fällen.

Schon seit geraumer Zeit vermerkten die Reichsräte beunruhigt den wachsenden Einfluß der Mutter auf Christinas kindliches Gemüt, glaubten Abneigung aller schwedischen Traditionen beobachten zu müssen, meinten frühzeitig zu fühlen, daß

Christinas Wißbegier gefährliche Schranken aus der geistigen Leere der Mutter erwuchsen. Daher bedingten die Stände bereits im Sommer 1634 Maria Eleonore lediglich ein »körperliches Erziehungsrecht« zu, was immer man auch in Stockholm darunter verstand. Gewiß war nur, die geistige Erziehung legte man gleichzeitig in die Hände der Vormünder, glaubte sich auch darin König Gustav II. Adolf verpflichtet.

Im März 1635 drängte Gabriel Oxenstierna den Kanzler und Bruder im fernen Deutschland, Mutter und Tochter zu trennen. »Die Mutter hindert über die Maßen die Erziehung unseres jungen Fräuleins, leitet sie zu aller Widerwärtigkeit, wie auch zum Haß gegen uns persönlich und gegen die Nation an.« Christina kenne »die Fehler ihrer Mutter und klagt häufig über sie vor ihren Vertrauten«.[39]

Etwa zur gleichen Zeit diskutierten auch die Ständevertreter diese Frage, stimmten der Forderung zu, die kleine Christina solle »von dem gegenwärtigen Zustand des Vaterlandes und der Regierung glimpflich sprechen, ihre Vormünder und den Rat des Reiches nach Gebühr respektieren, sich gegen alle Untertanen leutselig betragen, die schwedischen Sitten und Gebräuche beibehalten und in ihnen sorgfältig dressiert werden«.[40]

Unter Axel Oxenstiernas, des fast allmächtigen Kanzlers Einfluß, verfügte der Reichstag am 25. August 1636, daß »die Gegenwart der Königin-Witwe für eine richtige Erziehung der jungen Königin mehr schädlich als nützlich ist, da diese täglich sehen und hören muß, was sie gegen unser Volk aufstachelt und dasselbe bei Ihrer Königlichen Majestät theils verächtlich, theils verhaßt macht«,[41] sie deshalb getrennt werden sollen, sich Maria Eleonore auf Schloß Gripsholm als Witwensitz begeben müsse.

Dem war eine bewegte Diskussion im Reichsrat vorausgegangen. Axel Banér, einer der engsten Vertrauten Gustavs II. Adolf, von diesem seinerzeit als Gouverneur seiner Tochter gewünscht, erstrebte eine Trennung ohne Härten, andere waren da wesentlich bestimmter. Das Vaterland sei berechtigt, eine königliche Erziehung seiner Erbprinzessin zu fordern, so der Tenor der Mehrheit. Vor allem sei es Zeit, »dem Übel zu steuern«, nachdem man tatenlos zwei Jahre zugesehen habe, äußerte der einflußreiche Claes Fleming. Der große Gustav Adolf habe die Räte wiederholt offiziell und auch vertraulich unterrichtet, er wünsche keine Regierungsverantwortung seiner Gattin. Da der Reichsadmiral und illegitime ältere Bruder des toten Königs, Karl Karlsson Gyllenhielm, eine Trennung befürwortete, Reichsmarschall Graf de la Gardie ebenso dachte, blieb schließlich nur noch zu bestimmen, ob die wahren Gründe, Maria Eleonores Unfähigkeit, oder Umschreibungen protokolliert, dem Reichstag ein verschleierter Antrag vorgetragen werden sollte. Und auch hier siegten jene, die für schonungslose Offenheit plädierten. Axel Oxenstierna bedeutete, daß man »vor der Nachwelt eine so ungewöhnliche Maßnahme« nur durch die Wahrheit rechtfertige.[42]

Erneut nahm die Pfalzgräfin Katharina den Platz der Mutter ein, waren ihre beiden Töchter und Söhne Lern- und Spielgefährten auf Schloß Stegeborg. Bei seiner Abreise nach Deutschland und erneut kurz vor der Schlacht bei Lützen hatte Christinas Vater verfügt, die Tochter solle wie »ein Mann« erzogen werden[43], um ihren Aufgaben als künftige Königin Schwedens gewachsen zu sein. Der Reichsrat entsprach diesem Wunsch, bestätigte im März 1635 als Erzieher den erfahrenen Kavallerieoffizier Axel Banér und den Höfling Gustav Horn, ernannte als eigentlichen Lehrer Johan Matthiäe am 27. August 1635.

Der religiös als tolerant geltende Theologe hatte an deutschen Universitäten studiert, sich in Leiden weitergebildet, England und Frankreich bereist, als Rektor die Adelsakademie in Stockholm zwischen 1625 und 1629 geleitet. Als Lateinlehrer Christinas konzipierte er ein spezielles Lehrbuch, das noch heute Fachleuten als pädagogisch-didaktisch wohl durchdachtes Werk gilt. Matthiäe unterrichtete ab 1636 die junge Herrscherin systematisch in Sprachen, Religion, Geschichte, Arithmetik, Astronomie und Geographie. Seinen Aufzeichnungen ist zu entnehmen, daß Christina täglich etwa 12 Stunden lernte, seit 1639 sich auch Axel Oxenstierna drei bis vier Stunden am Tag der staatspolitischen Bildung widmete. Auf Weisung des Reichskanzlers nahm die Heranwachsende seit 1642 an den Beratungen des Reichsrates teil.

Sicher hat der alte Johan Matthiäe erschrocken auf die ersten

Nachrichten der Konversion seiner einstigen Schülerin reagiert, in einem Brief vom 7. Dezember 1655 an Christina tiefe Trauer, »Schmerz und Sorge« angeführt, der Königin seine Angst und die vieler ehrlicher schwedischer Protestanten benannt. Er könne es nicht glauben, denke, sie reise nach Rom, den Papst für ein einheitliches christliches Bekenntnis zu gewinnen. Er erinnere sich »sehr wohl der weisen Unterredungen über die Natur und den Zustand der verschiedenen Religionen, mit denen Eure Majestät mich oft beehrte, und denke an die scharfsinnigen Anregungen, wie nach dem Urteil Eurer Majestät die Wunden der christlichen Kirche geheilt werden können«.[44]

Christina bewahrte ihrem alten Lehrer immer Sympathien, verstand offenbar wohl, was sie dem einfühlsamen protestantischen Theologen verdankte. Hier dürften erste Ansätze für die spätere Konversion zu suchen sein, in den Kindertagen natürlich zunächst als Frage nach dem Sinn der Religion formuliert, erste Zweifel an der lutherisch-orthodoxen Auslegung der Bibel.

So gesehen irrten die Eiferer möglicherweise nicht, als sie 1664 Bischof Johan Matthiäe ablösten, seine Gedanken über ein konfessionsfreies Christentum verdammten, ihm auch den »Irrtum« Christinas anlasteten. Tatsächlich wies ihm die Königin dann auch aus Rom bis zu seinem Tode 1670 eine Pension an, wohl neben damaligen politischen Zielsetzungen auch wirkliche Dankbarkeit. »In seiner Art gab es nichts von Pedanterie. Man mißtraute ihm, sagte ihm starke Neigungen zur reformierten Lehre nach. Ich weiß nicht, ob man ihm in diesem Unrecht tat, anders wäre das der einzige Fehler, den man ihm vorhalten könnte«, schrieb Christina in ihren Memoiren das Hohelied dieses außergewöhnlichen Geistlichen.[45]

Dem Kind in Stegeborg ist das alles noch nicht bewußt gewesen. Als Neunjährige, so will sie sich erinnern, habe sie eine scharfe Auseinandersetzung mit Johan Matthiäe gehabt. Sie hätte, berichtete sie in einem frühen Fragment der Selbstbiographie, glücklicherweise erhalten geblieben, dem Lehrer Zweifel an der Darstellung des Jüngsten Gerichts vermeldet, gefragt, ob die Erzählungen »von der Religion ... alles bloß Märchen wie das vom Jüngsten Gericht« seien?[46]

Zweifel seien ihr gekommen, weil sie als kleines Mädchen tief erschüttert die schauerlichen Bilder des göttlichen Strafgerichts vernommen, Matthiäe nach der Predigt tränenüberströmt voller Angst befragte, ob der angedrohte Weltuntergang »heute nacht sein« werde. Dieser habe sie damals getröstet, das Paradies versprochen, so sie nur »ihren Lehrern gehorche«, »zu Gott bete und fleißig arbeite«. Ein Jahr später hörte sie erneut diese Predigt, ängstigte sich schon weniger, bat wiederum den Lehrer um die Datierung des Gerichtstages, nahm erneut nur Ausflüchte wahr, nun ernsthaft »auf eigene Weise nachgesonnen und zu zweifeln begonnen«, auch dem geliebten Lehrer mißtrauend. Im dritten Jahr hörte sie die Worte nur noch unbeeindruckt, sei dann schließlich mit ihren Zweifeln zu Johan Matthiäe gegangen.[47]

Natürlich liest sich das alles recht »systematisch aufgebaut«, wiederum sehr funktionell, kaum der Denkweise eines Mädchens zwischen sieben und neun Jahren entsprechend. Gesteht man Christina aber ein solch analytisches Verhalten zu, fragt sich nicht, warum sie diese »Erinnerungen« nicht in den letzten biographischen Versuch aufnahm, dann muß es den Lehrer tief getroffen haben, falls dann auch das stimmt, was uns Christina weiter berichtet, sie ihm wirklich vorgehalten hätte, auch er sei ein Lügner, erzähle solche unwahre Geschichte ... Der Geistliche habe sie scharf zurechtgewiesen, die Rute angedroht. Sie hätte Besserung gelobt, dem Lehrer gleichzeitig »mit so gebieterischer Miene« bedeutet, er würde eine entsprechende Bestrafung seiner Schülerin »bitter bereuen« ...[48]

So schließt dieser erste Darstellung des religiösen Wandels, den uns Christina in Rom geben wollte, nicht ohne auch diesmal die künftige »geborene Herrscherin« herauszustreichen, zu versichern, Matthiäe habe danach »vor mir gezittert«.[49] Eine unmittelbare Anknüpfung an die Änderung des Bekenntnisses läßt sich allerdings wohl kaum entnehmen, drohte doch auch der römisch-katholischen Christina das Fegefeuer des Jüngsten Gerichts. Eher wird man diese Zweifel als Wegzeichen einer beginnenden allgemeinen Suche nach dem Sinn jeglicher Religion verstehen müssen, leiteten diese Jahre bei Matthiäe vielleicht einen geistigen Prozeß ein, der Christina allmählich aus der protestantischen Bindung fort zu libertinischen Ideen und atheistischen Fragestellungen führte, bevor dann am Ende die Überzeugung zu konvertieren reifte.

Der Tod Katharinas im Dezember 1638 mag auch hier eine Lücke gerissen, die pubertierende Christina familiärer Wärme und Geborgenheit gerade in jenen kritischen Mädchenjahren beraubt haben. Damals beklagte auch Axel Oxenstierna in seinem Beileidsschreiben an den Pfalzgrafen Johann Kasimir, einen Opponenten, dem der Reichskanzler gewöhnlich mißtraute, ihn bekämpfte, den Verlust für Christina. Sie »hat jetzt die eigentliche Mutter verloren und die einzigste Frau, die ihre Erziehung hätte vollenden können«.[50] Eine Formulierung, die auch die junge Königin gebrauchte! Christina versicherte Johann Kasimir im Februar 1639, sie werde dem Pfalzgrafen »nicht genugsam die große Treue und Dienste vergelten« können, »so Euer Liebden seelige, in Gott ruhende Hertzliebe Gemahlin mir bewiesen hat als eine rechte Vaterschwester ... als eine natürliche Mutter«.[51]

Der Verlust mußte Oxenstierna um so mehr betrüben, als dieser bedeutendste schwedische Politiker der Großmachtzeit mit Sorge beobachtete, daß Christina in allen weiblichen Eigenschaften so überhaupt keine Neigungen entwickelte, die Ratschläge anderer Frauen nicht achtete, Reiten, Fechten, Turnen und Schießen dagegen mit Hingabe lernte. Natürlich wünschte der Kanzler keine zweite Maria Eleonore, männliche Tugenden Christinas blieben Erziehungsziel, eine Frau aber sollte das Mädchen natürlich trotz allem werden, wichtigste Aufgabe der Vasa-Tochter blieb auch und gerade in Axel Oxenstiernas Verständnis die Sicherung der Erbfolge. So erfreulich das sichtbare Pflichtgefühl des jungen Fräuleins stimmte, manches beunruhigte den Reichskanzler zunehmend.

Die Zeitgenossen bemerkten auch, keineswegs immer besonders beglückt, vor allem dann, wenn sie betroffen waren, daß die junge Königin gewöhnlich nur wenige Stunden schlief, sich auch im Winter um vier Uhr morgens erhob und den Tag begann. Es war für ihre Umgebung keine leichte Zeit, diese Jahre, in denen sich Christina intensiv und pflichtbewußt auf das künftige Herrscheramt vorbereitete. Die Vormünderregierung mag solchen Ernst durchaus mit Zufriedenheit gesehen haben, wünschte die Erbprinzessin gründlich vorbereitet, Schweden gemäß der Traditionen des Vaters und damit in erster Linie des Hochadels regiert, die Herren standen nicht frühmorgens in kalten Räumen, sie wiesen an! Immer wieder mußte Johan Matthiäe die Herren Reichsräte über die Lehrpläne und Fortschritte Christinas unterrichten. Prüfungen, durch Johan Skytte, Gustavs II. Adolf alten Lehrer, waren so auch Kontrollinstrumente der standes- und machtbewußten Räte. Nicht allen gefiel, daß sich Christina besonders Johann Kasimir, dem Fremden, dem Deutschen, zuwandte, mit ihm die politischen Probleme des Landes diskutierte, seine Erläuterungen über die europäische Entwicklung Oxenstiernas wohlberechnete staatspolitische Ausbildung ergänzten, manchmal wohl auch kreuzten. Der Pfalzgraf galt einigen der Herren als Anhänger erweiterter Königsmacht und Gegner allzu freizügiger Belohnungen des Hochadels durch die Krone. Als Finanzbeauftragter Gustavs II. Adolf hatte er bis zum Tode des Schwagers einen beträchtlichen Staatsschatz angehäuft, war jedoch 1633 auf Betreiben Axel Oxenstiernas durch dessen Verwandten Gabriel Oxenstierna im Amt ersetzt, in Schweden nur als eine Art »Privatier« geduldet.

So mag es auch neben der gefühlsmäßigen Zuneigung erster Trotz der jungen Königin gewesen sein, dem Pfalzgrafen eine umfangreiche Korrespondenz zu widmen, in ihm ein Gegengewicht zu dem alles vereinnahmenden, alles wissenden, stets belehrenden Reichskanzler zu finden. Christinas sprichwörtlicher Hochmut duldete kluge Köpfe neben sich vermutlich schon damals nur als Illustration eigener Größe. Strafen, Zurechtweisungen, ob von Katharina, Matthiäe oder Oxenstierna ausgesprochen, folgte sie nur widerwillig, wie die Zeitgenossen wohl registrierten.

Der ihr stets loyal entgegentretende, nach 1633 politisch nahezu bedeutungslose Pfalzgraf war ein solcher Mann, wie ihn sich Christina wünschte. Sich wohl bewußt der Feindschaft des schwedischen Hochadels, ein Geduldeter nur, suchte er in der jungen Königin eigene Sicherheit, blieb immer der treue, demütige Untertan der Krone. Als gleichberechtigte Partnerin erörterte Christina schon als Zwölfjährige mit ihm innen- und außenpolitische Probleme des Reiches, berichtete ihre Sicht auf Veränderungen des deutschen Kriegsschauplatzes, las befriedigt intime Neuigkeiten über europäische Höfe, Intrigen im eigenen Hochadel, kleine Bosheiten gegen die alles dominierenden Oxenstiernas. Überraschend die hier dokumentierten Einsichten! Immerhin hatte auch Kanzler Axel Oxenstierna, ganz sicher frei von devoter Unterwürfigkeit, in einem Brief Christina Ende 1639 geschrieben, er und die Reichsräte könnten »nicht mit Worten Ausdruck geben«, wie befriedigt sie Christinas wachsende Einsichten und Kenntnisse bemerkten, »ohne den Schein der Schmeichelei auf uns zu ziehen«.[52]

Deutlich werden erste gewichtige Ansichten über Möglichkeiten und Grenzen schwedischer Macht, als Christina um 1640 über einen dem Lande notwendigen Frieden nachdenkt, dem Pfalzgrafen solche Überlegungen entwickelt, wissend, daß der Reichskanzler die Fortsetzung der Kampfhandlungen wünscht. Ein Jahr später äußert sie tiefe Besorgnis um den Bestand der schwedischen Armee, als die Nachricht von schwerer Erkrankung Feldmarschalls Johan Banér die Stockholmer Behörden beschäftigt. »Hier achtet man es wenig; man meint, er sei bald zu ersetzen; aber die Kerls lassen sich nicht aus dem ermel schütten; stirbt Banér, so wird es übel dahergehen.«[53] Sie ist tatsächlich gut informiert, kennt Ränke und Streitigkeiten der Unterbefehlshaber, ihre Forderungen nach Einsetzung eines kollektiven Führungsorgans, weiß auch, daß Frankreichs Richelieu Fäden spinnt, die kampferprobten Truppen in seine Dienste zu ziehen.

Christinas spätere Behauptung, sie habe durch ihr direktes Eingreifen die Armee zusammengehalten, ihr Name und Wille einigte die Generäle, mag überzogen erscheinen, lächerlich gar, wir sollten es mit Nachsicht vermerken, nicht vergessen, daß Axel Oxenstierna einsichtig genug blieb, notwendige Entscheidungen zu treffen, mit Lennart Torstensson einen befähigten General als Nachfolger zu benennen. Immerhin, den Kanzler beeindruckten Christinas außergewöhnliche politische Talente doch so, daß er sie zu Beginn des Jahres 1643 zu den Reichsratssitzungen holte, die Königin fortan als stimmberechtigt mitwirkte, ein Umstand, den Christina selbst in ihrer Biographie einige Jahre vordatiert, Gedächtnislücke oder Absicht? Der Leser mag selbst entscheiden, sich aber erinnern, mit welchem Anspruch göttlicher Eingebung und Weihe Christina ihr Regententum begründete und verteidigte.

In diese Jahre relativ ungestörter, harmonisch scheinender Reifezeit zur Königin fällt auch die erste Jugendliebe, eine mehr kindlich anmutende Mädchenschwärmerei für ihren vier Jahre älteren Cousin, dem jungen Pfalzgrafen Karl Gustav. Und auch das mag eine durchaus schlüssige Erklärung für das langjährige ungetrübte Verhältnis zu Johann Kasimir ergeben. Sieben Jahre Überzeugung, im Sohn Katharinas und des Pfalzgrafenvaters den künftigen Gatten gefunden zu haben.

So viel scheint heute unbestritten, trotz der Vermutungen vom Zwitter oder Pseudohermaphroditen, bemerken schwedische Historiker zu Recht, daß Katharina zu Zeiten von einer ehelichen Verbindung ihres Sohnes mit der Pflegetochter träumte, nicht ungewöhnlich in der Geschichte der schwedischen Monarchie. Gustav Vasa ehelichte zweimal nahe Verwandte, Gustav II. Adolf, Christinas Vater, initiierte schon früh ein Eheprojekt, das Christina aus machtpolitischen Gründen in ähnlich familiäre Beziehungen eingebunden hätte ... im übrigen auch ein Beleg für die körperliche Normalität Christinas. Wer sollte es denn besser wissen als die Pflegemutter, die selbst vier Kinder geboren hatte, Christina in einer Zeit großzog, in der weder Etikette noch falsche Scham den nahen Umgang mit der kleinen Erbprinzessin unterbanden.

Pfalzgraf Johann Kasimir seinerseits förderte eifrig die Verbindung seines Sohnes mit der bereitwillig scheinenden jungen Christina, sah darin wohl die einzige Alternative, die Familie zu Rang und Ansehen zu bringen, zu europäischen Ehren, wollte er nicht der landesflüchtige Zweibrückener bleiben, dessen deutsches Fürstentum möglicherweise für immer verloren sein konnte, kaiserlicher Besitz oder Bayern angegliedert, spanische Enklave gar.

Manches über das frühe Ehegelöbnis Christinas und Karl Gustavs wissen wir heute relativ sicher aus der protokollartigen eigenhändigen Niederschrift des jungen Pfälzers vom 15. Juni

1648. Im Beisein des Grafen Magnus de la Gardie, seines Schwagers und damaligen Günstlings Christinas, und Bischof Johan Matthiäe kämpfte Karl Gustav um sein »Recht«, hielt Christina den Jungmädchenschwur vor, pochte als heimlicher Verlobter der Königin auf Eheversprechungen. Christina bedingte sich damals weitere Wartezeit und Prüfungen aus, war nun nur noch bereit zu versprechen, keinen anderen als den Pfalzgrafen zu ehelichen, bot ihm statt dessen die Thronfolge und Würde eines Erbprinzen an, angesichts ihrer Jugend kaum sonderlich tröstend für den, der mehr wollte als warten! Christina soll verärgert abgewinkt haben, als Karl Gustav vor beiden Zeugen versicherte, er wäre nur hier in Schweden, weil er auf Christinas Ehegelübde vertraue. »Das, was ich in der Jugend versprochen, ist aus jugendlichem Unverstand geschehen«, soll die Herrscherin erwidert haben. Sie hätte damals »nicht über einen Bauernhof zu verfügen gehabt, viel weniger über meine Person«.[54]

Nein, geleugnet hat Christina nie, daß sie und Karl Gustav seinerzeit schwärmerische Gefühle verbanden. Über ihre Person hat sie allerdings auch später niemanden anders entscheiden lassen, auch das ist erwiesen. Leider sind nur Briefe aus der Spätzeit dieser Beziehung erhalten, als Karl Gustav auf Wunsch Christinas in Deutschland um die Ehe kämpfen, durch Mut, militärisches Geschick sich der Krone an der Seite Christinas als würdig erweisen sollte. Backfisch-Geplänkel eher, denn die Gedanken einer reifen Herrscherin, so ganz in Widerspruch zu dem, was Christina die Welt später wissen lassen wollte.

Karl Gustav, den die erwachsene Christina manchmal ironisch ob seiner Korpulenz ihren »kleinen Bürgermeister« titulierte, seine wirklichen geistigen Qualitäten bewußt oder unbewußt herabsetzte, bereiste zwischen 1638 und 1640 Dänemark, Holland, Frankreich, erlebte Paris, die damalige Hauptstadt Europas, mußte dann 1641 in Stockholm erfahren, daß ein bedeutender Teil des schwedischen Hochadels die Pfälzer ablehnte, an die Verbindung mit Christina, der künftigen Herrscherin, so nicht zu denken war. Die Regentin gehörte dem Reich, eine Ehe mit ihr schloß die Zustimmung der Stände ein. Christina, selbst verärgert über den Schimpf, der Karl Gustav in der Hauptstadt widerfuhr, schrieb dem Vater, Johann Kasimir, »Jedermann sei erstaunt über die Fatalitäten«, die Karl Gustav geschehen. Er solle nicht länger in Stockholm bleiben, damit er daraus keinen Schaden nehme.[55]

Noch scheint sie an eine Ehe mit dem junge Pfälzer gedacht, vielleicht aber sich schon damals nur noch Vater und Sohn verpflichtet gefühlt haben, Zeit gewinnen wollen. Wenig später, so belegen es die Erinnerungen Karl Gustavs, überzeugte sie den heimlich ihr Versprochenen, er müsse sich Lennart Torstenssons Armee anschließen, in Deutschland die Reputation finden, die man ihm in Stockholm verweigerte.

Drei Jahre Hoffnung, das sind auch ebenso viele Jahre Briefwechsel zwischen beiden, von Karl Gustav wohlweislich bewahrt, dokumentieren die Ernsthaftigkeit, mit der der Pfalzgraf an das Gelöbnis glauben wollte, spiegeln möglicherweise ein neues, ein weibliches Spiel der Christina, wer will das sicher entscheiden? Glaubte sie an ihre Reize als Mädchen und künftige Frau, vertraute sie dem Cousin? Wollte sie lediglich ausloten, die Geistesstolze, ihres intellektuellen Könnens Wohlbewußte, welche mädchenhaften Möglichkeiten ihr blieben?

Am 1. Mai 1643 bedeutete Christina dem Verlobten, er könne fern sein, wo auch immer, sie vergäße ihn nicht, »verbleibe getreuwe ... bis im tott«.[56] Am 5. Januar 1644 ließ Christina den jungen Kriegshelden wissen, sie hätte seine Briefe erhalten, sei unzufrieden mit dem, was er ihr zu schreiben wage. Sie begreife, daß er manches »der Veder nicht anvertrauwen wolle«, empfehle daher, er solle seine Briefe an sie über die Schwester schikken, einen Code benutzen, denn »es ist wol von nothen das wir uns wol vorsen undt mit unseren sachen heimlich umgehen denn nie so vil dar gegen gewest als jetz«.[57] Obwohl sie verstehe, daß Karl Gustav sie jetzt oder in einem Jahr »offentlich zu begeren« wünsche, bitte sie doch um Geduld »biß ich die Kron auf dem Kopf und E.(uer) L.(iebden) besser erfarenheit im krig bekommen« haben. Er solle des alten Sprichworts gedenken, es werde gut, was lange währt. »Ich versichere E. L. das mir kein Zeit ... zu lang werden sol nach E. L. zu warten ...«, ihre Liebe sei so stark, »das sie in Ewigkeit nimmer aufhoren kan als durch den tot«, mächtige Worte zweifellos, geeignet, Karl Gustav hoffen zu lassen.

Da mochte der Brief vom 15. Juli 1644 zwar »treuwe« als Gegenleistung für eigene Treue fordern, auch eine heimliche Warnung sein, sicher blieb der junge Pfalzgraf allemal, bekannte Christina doch auch diesmal, wie sehr sie ihm zugetan bliebe, eine Versicherung, die sich im September 1644 erneut so las, Christina bleibe »getreuwe ... bis im tot«.[58]

Um so überraschender für den Pfälzer, daß 1645, kurz nach Christinas Mündigkeitserklärung alles anders sein sollte, Liebe, wenn es denn jemals solche war, nun nicht mehr gelten würde. Schließlich hatte auch seinerzeit Prinzessin Katharina, immerhin eine Vasa, die Ehe mit Johann Kasimir gegen den Willen der damaligen Königinwitwe durchgesetzt, war es mehr gewesen als eine der üblichen dynastischen Hochzeiten, hatte König Erik XIV. nicht einmal hundert Jahre vorher sogar ein Mädchen aus dem Volke geheiratet, aus den untersten Schichten, wie man erzählte ... Er hat es nie verstehen wollen, vielleicht auch nicht können, der junge Mann, warum Christina nun anders dachte. »Treu« war er keineswegs geblieben, brachte sogar einen »Bankert« mit heim nach Schweden, unterschied sich da keineswegs von Gustav II. Adolf, wie er und viele mit ihm meinten, mußte erstaunt erfahren, man habe Christina von seinen Ausschweifungen berichtet. Schuldgefühle kannte er vermutlich nicht, wenigstens deuten seine Reaktionen in eine andere Richtung. Es war Empörung, vielleicht auch wirkliche Verzweiflung, daß Christina nun alles verändert sehen wollte. Jedermann wußte schließlich, was Mann und Frau schied, daß es ein ander Ding war, was einer wie er tun, was eine wie Christina denken durfte. Christinas »Verrat« blieb ihm unverständlich, ebenso unbegreiflich, wie Generationen von Historikern und Biographen. Merkwürdig eigentlich, daß niemand Christinas Enttäuschung ernstnahm, nicht undenkbar, daß jene verbriefte Ablehnung der Ehe auch hier wurzelte, fast gleichzeitig mit der quälenden Zusammenkunft 1648.

Andererseits scheint auch das erwiesen, war Christinas Enttäuschung über Karl Gustavs »Lagerleben« wohl nur letzter Anstoß noch, die Ursachen liegen zweifellos tiefer, neue Gesichter tauchten um Christina auf, glatter, schöner als Karl Gustav, erfolgreicher auch, wie es Christina und ihrer Umgebung scheinen konnte. Im Königsschloß zu Stockholm versammelte sich nun die große Welt, galt Christinas Hof als einer der prächtigsten Europas, staunten die Zeitgenossen über den Pomp dort, fragte sich mancher Schwede bang, wer alles bezahlen sollte, denn reich war das Land nie.

Schweden

Ein Reich im Umbruch

Schweden zähle »so viele weitgestreckte und gewaltige Landschaften, die von Lappen, Moskovitern, Svear, Göten, Värmern, Dalkerlen, den Menschen in den Bergbaugebieten und Nordmännern bewohnt sind, ein Land, das in seiner Ausdehnung in Länge und Breite größer als ganz Italien, Spanien und Gallien zusammen ist«[1], schrieb 1555 der schwedische Geistliche Olaus Magnus im römischen Exil, Reminiszenzen an die ferne verlorene Heimat, erste umfangreiche Informationen über das in weiten Teilen Europas noch gänzlich unbekannte Land.

Es entsprach dem Geist dieser Epoche des Umbruchs in Europa, daß der fromme Mann in Rom ein wenig übertrieb, es mit der territorialen Ausdehnung so genau nicht nahm. Möglich, daß viele seiner Leser selbst nur sehr unvollkommene Raumvorstellungen hatten, im übrigen, wer wußte schon in Schweden selbst genau, wo das Reich endete; zu unscharf waren die Grenzen im Norden fixiert. Kaum ein schwedischer Reisender war bisher dorthin vorgedrungen, dichter Wald und ferne, auch im Sommer häufig eisbedeckte Berge schirmten diesen Raum jenseits des Horizontes von der Welt des mittelalterlichen Schwedens ab. Dort konnten wohl nur die Lappen leben, jenes Wandervolk mit Zelten und Rentierherden, dem Stockholmer ebenso unbegreiflich wie den Bauern Süd- und Mittelschwedens. Wahrlich, es schien ein merkwürdiges Riesenreich, von dem Magnus berichten konnte.

Begierig griffen viele auf dem Kontinent nach diesem umfangreichen Werk über das Land im Norden mit fürchterlich kalten Winden und langen hellen Sommernächten. So jedenfalls lebte Schweden in den Erinnerungen des alten Mannes im sonnigen Süden weiter, vermittelte er seinen Lesern das Bild des verlorenen Vaterlandes, Olaus Magnus, der 1554 vom Papst ernannte Erzbischof von Uppsala, ein Kirchenfürst nur dem Namen nach, Gegner des Luthertums und der Reformation in Schweden, ein großer Mann der Feder zweifellos. Um so unverständlicher, daß seine lateinisch geschriebene »Historia über das nordische Volk« in Schweden erst Anfang unseres Jahrhunderts publiziert wurde, nun nur noch ein bewegendes Dokument schwedischer Selbstdarstellung.

Das »mächtige Geschichtswerk bestehe aus einer seltsamen Mischung exakter Beobachtungen wie auch zeitbedingter Anleihen an die gelehrten Schriften des Mittelalters und der Renaissance«[2], würdigten die Herausgeber der jüngsten umfangreichen Auflage 1982 das Schaffen des Olaus Magnus. In der Tat ein Werk, so recht geeignet, den Sprung Schwedens in die Neuzeit zu illustrieren, das Land Christinas in seinen Wurzeln zu begreifen.

Abgesehen von den recht verschwommenen Größendarstellungen und den üblichen zeitgemäßen Berichten über Fabelwesen sind es vor allem die Beschreibungen der Lebensgewohnheiten der Schweden, ihrer Kriegstechniken, des Alltags im hohen Norden, die den Wert des Werkes bestimmen. Neben der Schilderung eines höchst barbarisch anmutenden Lebens der Fischer und Jäger in jenem unvorstellbar weiten kalten Land mit Pferderennen auf den zugefrorenen Seen, den verschiedenartigsten Schneeformen und Eiskristallen, Bildern, die das Reich der Mitternachtssonne den Deutschen, Italienern, Spaniern und Franzosen noch fremdartiger scheinen ließen, finden sich auch einige Bemerkungen über den Reichtum des Landes. »Die Gruben der nordischen Länder sind ziemlich viele, verschiedenartig und reich«,[3] hatte der gelehrte Schwede wissen lassen. Man fände »unerschöpfliche und weitgestreckte Gruben sowohl im oberen Svealand als auch in Götaland und Värmland nahe der norwegischen Grenze«. In der Umgebung des ausgedehnten Mälaren-Sees bei Stockholm betriebe man »unerschöpfliche Silber-, Kupfer- und Eisenerzgruben, unmöglich, deren Wert zu schätzen«. Deshalb seien Schwedens Könige zu keiner Zeit »den übrigen Fürsten Europas in der Frage aller Arten von ... Reichtum unterlegen«.[4] Stolze Worte in einer Zeit, in der auch die deutschen Fürsten und großen Handelshäuser einen bedeutenden Teil ihres Reichtums dem Silberbergbau

Sachsens und Tirols, den Hütten und Eisenhämmern zahlreicher deutscher Wirtschaftszentren einer neuen Ära dankten, Ankündigung auch, daß dieses Land im Norden bald eine größere Rolle spielen würde. So führte Olaus Magnus bereits moderne Verhüttungsverfahren in seiner Heimat an. Schwedisches »Eisenerz läßt sich nicht anders schmelzen als mit Hilfe von Wasserrädern, die die Blasebälge antreiben«[5], erfuhr der aufmerksame Leser. Nein, ganz so barbarisch konnte dieses Land nicht sein ...

Er schrieb aus der Erinnerung, hatte das Land mehr als drei Jahrzehnte nicht mehr betreten dürfen, eine Entwicklung nicht bemerken können, die Schweden Wege in den Kreis der europäischen Mächte öffnete. Vielleicht hätte Olaus Magnus solche Veränderungen auch gar nicht erkannt. Äußerlich hatte sich nicht viel geändert in den Jahren nach seinem Weggang.

Seit etwa 1350 hatte Schweden seine relativ sicheren Grenzen erkämpft, die es noch zu Olaus Magnus' Zeiten verteidigte. Von der Stadt Kalmar an der Ostseeküste im Süden erstreckte sich das Land bis Lappland im Norden, besaß mit dem Hafen Älvsborg an der Mündung des Göta-Flusses in die Nordsee einen schmalen Streifen Land zwischen den dänischen Provinzen Südschwedens und Norwegens, dehnte sich im Osten bis zur Festung Viborg an der russischen Grenze aus, erfaßte so weite Teile des heutigen Finnlands.

Weniger sicher sind Angaben über die Zahl der Einwohner. Olaus Magnus versuchte erst gar nicht, hier Summen zu nennen, wußte sie wahrscheinlich auch nicht. Allzu häufig verödeten ganze Landstriche durch Pest und Hungersnöte. Auch im übrigen Europa zählte man, wenn überhaupt, nur die Steuerzahler.

Die moderne schwedische Historiographie rechnet auch in Schweden mit einem Bevölkerungsanstieg gegen Ende des 15. Jahrhunderts, eine Entwicklung, die hier in der zweiten Hälfte des folgenden Jahrhunderts kulminierte. Die wenigen vorhandenen Quellen belegen für diesen Zeitraum eine auffällige Siedlungsnahme in weiten Teilen Schwedens und Finnlands, eine Tendenz, die ab 1620 stagnierte, wahrscheinlich eine Folge der ununterbrochenen Kämpfe Schwedens gegen Dänen,

Russen, Polen und des schwedischen Eingreifens in das große europäische Ringen auf deutschem Boden, den Dreißigjährigen Krieg.

Während man zwischen 1350 und 1400 nur mit 315000 Menschen im schwedischen Kernland rechnete, schätzen die Historiker deren Zahl um 1571 aufgrund erhaltener Steuerregister auf rund 750000. Zum gleichen Zeitpunkt könnten in Finnland etwa 250000 Einwohner gelebt haben, so mutmaßen sie. Eine größere Bevölkerungsdichte gab es nur in den Ackerbaugebieten Süd- und Mittelschwedens. Vor allem die nördlichen Waldgebiete waren damals nahezu unbewohnt. Trotzdem stieg bis 1630 im eigentlichen Schweden die Bevölkerungszahl auf schätzungsweise 900000.

Wenig nur berichtete Olaus Magnus über Städte in Schweden und ihre Gewerbe, selbst doch nun zu Hause in einer der größten Weltstädte seiner Zeit. Das Reich war ein Bauernland, wahrscheinlich lebten nicht einmal fünf Prozent in den wenigen Städten. Um 1500 sollen in der Hauptstadt Stockholm ungefähr 6000 bis 7000 Einwohner gelebt haben. Deren Zahl stieg bis 1580 lediglich auf 8000, bis 1620 auf 10000. Für 1660 rechnen die Historiker mit 40000 Einwohnern in Stockholm, nun bereits das Zentrum einer europäischen Großmacht. Doch blieb die Residenz zunächst die einzige bedeutende Großstadt des Reiches.

Åbo, das heutige Turku am Finnischen Meerbusen, zählte um 1600 als zweitgrößte Stadt des schwedischen Reiches weniger als 4000 Bewohner, war bis 1660 nur auf 6000 angewachsen. In der Erzbischofresidenz Uppsala, häufiger Aufenthaltsort Königin Christinas, dürften um 1600 nicht mehr als 2000 Menschen gelebt haben. Im 16. und 17. Jahrhundert konnten Impulse für eine schnelle moderne Entwicklung des Landes, der Anschluß an den westeuropäischen Markt, kaum von den wenigen Städten ausgehen.

Wie in allen feudalen Staaten Europas erschütterten Machtkämpfe zwischen der Krone und Hochadelsgeschlechtern das Land, noch verschärft durch Auseinandersetzungen zwischen dänischen und schwedischen Adelsgruppierungen, die um Landübertragungen durch die Krone in diesem Teil des nordischen Unionsreiches stritten. Der 1364 von einigen Fraktionen des schwedischen Adels ins Land gerufene mecklenburgische Herzog Albrecht war schließlich als schwedischer König nach langen Kämpfen 1389 der Dänin Margarethe I. unterlegen. Sie konnte sich auf die unzufriedenen schwedischen Adelsfamilien stützen, versprach den Aufmüpfigen großzügige Landschenkungen aus dem Besitz der Krone, schriftliche Zusagen über erbliche Lehen gab sie jedoch nicht, eine kluge Regentin, in Dänemark noch heute als bedeutende Herrscherin geehrt. Ihr Neffe, Erich von Pommern, wurde 1397 in Kalmar zum König der Union der Nordischen Reiche gekrönt, vereinigte Dänemark, Norwegen und Schweden, regierte vor allem im Interesse seines dänischen Kernlandes, vergab zahlreiche schwedische Burgen an seine Vertrauten, gewöhnlich Dänen und Deutsche.

Bald mehrten sich wieder die Auseinandersetzungen zwischen rivalisierenden schwedischen und dänischen Aristokraten, fanden die Unionskönige offenen Widerstand, erwuchsen ihnen besonders in den schwedischen Reichsverwesern gefährliche Konkurrenten um die Macht in Schweden.

Der Kampf Dänemarks gegen die Hanse führte den Reichsverwesern bald das Handelsbürgertum der schwedischen Hafenstädte und vor allem die einflußreiche Schicht der Bergwerkseigner, die Besitzer der Eisen- und Kupfergewerke zu. Einige schwedische Historiker sahen in der zentralisierten Handelspolitik der Reichsverweser eine entscheidende Ursache für die Zuspitzung der Konflikte mit den Dänen, registrierten unüberwindliche Widersprüche zwischen ökonomischen Interessen der Dänen und einer eigenständigen schwedischen Warenproduktion für die europäische Nachfrage auf dem Eisen- und Kupfermarkt. Manche Fachleute vermerken sogar »Keime kapitalistischer Manufakturen«[6] eine eigene, marktorientierte Getreideproduktion in Süd- und Mittelschweden, vor allem einen schnell wachsenden »Metallexport aus dem Bergbaugebiet«[7]. Damit seien Kräfte in Schweden gewachsen, die »in staatlicher Selbständigkeit mehr Sinn als in einer nordischen Union sahen«, wie es der Wirtschaftshistoriker Jan Peters vor einigen Jahren bilanzierte.[8]

Gewiß, die Forschung steht hier noch immer vor zahlreichen offenen Fragen, unklar auch die Möglichkeiten der Hanse in diesem Prozeß, auffällig jedoch die Tatsache, daß der Unionskönig Christian II. neben zahlreichen schwedischen Aristokraten bedeutende Vertreter des deutschen Handelspatriziats in Schweden hinrichten ließ: Dänemarks Wirtschaftspolitik und die offenbar störenden schwedischen Interessen, könnte man folgern. Zweifellos ein Grund mehr, das Werden Schwedens am Beginn der frühen Neuzeit stärker in dessen Einbindung in die gesamteuropäische Entwicklung zu betrachten. Als erwiesen kann jedenfalls gelten, daß sich die Kämpfe zwischen den Unionskönigen und den schwedischen Reichsverwesern Ende des 15. und zu Beginn des 16. Jahrhunderts zu verheerenden Kriegszügen der dänischen Truppen in Schweden ausweiteten, die Steuerbelastungen aller zahlungspflichtigen Bevölkerungsgruppen ständig wuchsen, sich jetzt vor allem schwedische Hochadelsgeschlechter und dänische Unterdrücker gegenüberstanden. So jedenfalls argumentierten die Reichsverweser und ließen es überall im Lande kundtun. Nationale Stimmungen wuchsen im schwedischen Volk, geschürt von jenen, die dabei wohl in erster Linie Dänen und Deutsche aus den Schlössern der Krone vertreiben, sich und ihre Familien hineinsetzen wollten. Sie gaben sich denn auch besonders schwedenstolz. Bauern und Bürger waren es müde, beständig die herumstreifenden Heere unterhalten zu müssen, die große nationale Erhebung jedenfalls blieb zunächst aus. In manchen Landschaften Schwedens reagierten die arbeitenden Menschen wenig oder gar nicht auf die Appelle des Adels.

Das war Mitte des 15. Jahrhunderts anders gewesen. Der bedeutendste Bauernkrieg Schwedens wurde sowohl unter nationalem als auch sozialem Vorzeichen geführt. Die Ablehnung dänischer Steuerbedrückungen und Übergriffe der Bauern gegen gesteigerte Ansprüche ihrer schwedischen Herren einte die Bauernhaufen, in deren Reihen auch Bergknappen kämpften. Obwohl es dem Hochadel gelang, die Bauern ihrer beiden glänzenden Führer zu berauben, den Kampf teilweise in einen Krieg gegen die dänischen Söldnerhaufen zu lenken, den Aufstand schließlich zu ersticken, wirklich zerschlagen konnten sie die Bauern nicht, wollten es möglicherweise mit einem Seitenblick auf die gefährlichen dänischen Feinde auch nicht; vielleicht einer jener Gründe, warum es hier weder zur Ausbildung der Leibeigenschaft noch zu jener feudalen Abhängigkeit der Bauern vom Adel kam wie in weiten Teilen des kontinentalen Europas, Schwedens Bauern stets ein Volk in Waffen blieben. Und auch das mag eine Folge der dokumentierten Kampfkraft schwedischer Bauern gewesen sein: Seit dem 15. Jahrhundert gab es in Schweden eine Ständeversammlung, die auch Bauern und Bürgern Mitspracherecht einräumte.

Es war wohl ein selbstbewußtes Bauerntum, das in Schweden und Finnland dem Boden das Lebensnotwendige abrang. Um 1500 dominierten dort die freien steuerzahlenden Bauern. Die Steuerregister weisen für das eigentliche Schweden 52% freie Bauernhöfe aus, 22% des bebauten Landes bewirtschafteten Adelsbauern, 21% war in Kirchenbesitz. Die Krone gebot nur über 5% der erschlossenen, landwirtschaftlich genutzten Fläche. In Finnland besaßen Adel und Kirche damals nur 2 bzw. 2,5% des bewirtschafteten Landes, die Krone verfügte gar nur über 0,5%. Alles andere Ackerland wurde von freien steuerpflichtigen Bauern bearbeitet, zweifellos Ausdruck der geringen Ergiebigkeit des finnischen Bodens für Ackerbau und Viehzucht in jener Zeit.

Aber auch in Schweden fanden sich auffallende regionale Unterschiede. Überall dort, wo gewinnbringende Landwirtschaft möglich war, hatten sich die Feudalgewalten einen größeren Anteil an Grund und Boden gesichert. So waren in Südschweden die freien Steuerbauern bereits eine Minderheit, dominierten hier die Pachthöfe des Adels und der Kirche. In Östergötland sind um 1520 nur noch 11% der landwirtschaftlichen Nutzfläche im Besitz freier Bauern. Auf 35% des entsprechenden Landes saßen Adelsbauern, die Kirche eignete 43%. Die Krone bezog hier Einkünfte von 11%. Dagegen gab es in Norrland ähnlich wie in Finnland fast keine Adelshöfe und Kirchenländereien.

Die Reformation brachte kaum Veränderungen im Verhältnis der freien Steuerbauern und der abhängigen Pachtbauern. Letztere lieferten ihre Naturalabgaben und Geldleistungen nun vor allem an die Krone oder einzelne Adlige, selten belasteten Hofdienste die Bauern.

Anders stellte sich die Lage der Bauern um 1650 dar. Damals besaß der Adel 65% des bebauten Landes in Schweden und 58% in Finnland. Die Krone, die um 1560 Steuern und Naturalien von fast 80% aller Höfe des Reiches empfing, war nun auf Leistungen von 35% der landwirtschaftlich erschlossenen Fläche beschränkt, eine Tendenz, die in der zweiten Hälfte des 16. Jahrhunderts begann, als das Königtum adlige Leistungen in Verwaltung und Kriegsdienst mit Landverleihungen honorierte.

Zwischen 1600 und 1650 wurde die sogenannte »Donationspolitik« das übliche Zahlungsmittel der Krone an den Adel und verdiente höhere nichtadlige Beamte. Zunächst wurden die Kronhöfe vergeben, später häufig auch die Steuer der freien Steuerbauern. Dabei unterschieden die adligen Nutznießer nur selten zwischen Höfen, bei denen sie nur Eigentümer der Steuer waren, der Bauer Eigentümer des Hofes blieb und den Adelshöfen, auf denen der Bauer nur als Pächter saß.

Die finanziellen Schwierigkeiten der Krone bei Ende des Dreißigjährigen Krieges und die Günstlingswirtschaft einer hochadligen Vormundschaftsregierung nach 1632 bzw. der Königin Christina bedingten einen Höhepunkt in den Veräußerungen der Domänen um die Mitte des 17. Jahrhunderts. Die Forderungen an die Regierung stiegen mit dem Friedensschluß 1648 ins Unermeßliche. Hatte der Krieg selbst im ausgesogenen Deutschland bislang im gewissen Maße die Armee ernährt, forderten nun die Befehlshaber Entschädigungen für vorgeschossene Zahlungen, mußten gefährlich unruhige Soldaten entlohnen und verabschieden.

Ein Regiment ausländischer Infanterie kostete das Land jährlich etwa 90000 Reichstaler, eine einzige Kompagnie geworbener Reiter sogar 25000, eine schier erdrückende Last für den Steuerzahler. Und Schweden unterhielt Zehntausende Soldaten, benötigte diese Armee zur Sicherung seiner Eroberungen seit dem Ende des 16. Jahrhunderts. Kontributionen waren nur schwer und unzureichend aus den verheerten Landstrichen Deutschlands zu pressen, wo es nichts mehr gab, war auch durch härtesten Druck kaum noch etwas zu holen. Die Zölle der preußischen Häfen und die französischen Subsidien deckten den Geldbedarf nur ungenügend. Im übrigen zahlten die Franzosen unregelmäßig und immer zögerlicher. Unruhen erschütterten das mächtigste Land Europas, alle Bevölkerungsschichten waren gleichermaßen erregt, Frankreichs Herren rechneten selber nur zu genau.

Nun bei Kriegsende präsentierten auch ausländische Kreditgeber Schuldbriefe, Geld zur Bezahlung fälliger Wechsel und vor allem neues wurde gebraucht, nur zu gewinnen durch weitere Donationen. Christina, manchmal zu Unrecht für diese Politik geschmäht, hatte kaum eine Alternative. Problematisch war nur, daß das Land der Krone Eigentum der solcherart Belohnten wurde. Waren im Mittelalter die Lehen in Schweden in der Regel nicht erblich gewesen, an eine bestimmte Funktion als territorialer Sachwalter des Königs gebunden, so wurden nach 1560 umfangreiche Verleihungen mit der Vergabe des Freiherren- oder Grafentitels ausgesprochen, die erblich wurden und nun auch bedeutenden Landbesitz in Nordschweden und dem nördlichen Finnland einschlossen.

Doch konnte auch im 17. Jahrhundert ein adliger Pachtbauer nach Zahlung seiner Schulden beim Grundherrn den Hof verlassen und sich andernorts niederlassen. Ebenso war der Adel keine festgeschlossene Gemeinschaft. So sanken verarmte Adlige in den Bauernstand ab, während die Nobilitierungen des 17. Jahrhunderts die Zahl der Adligen erheblich steigerten. Allein nach 1650 wuchs der Ritterstand um etwa 1450 Familien, vor allem Vertreter des reichen Bürgertums und besitzende Ausländer, die in Großunternehmen wie Manufakturen, Hütten und Bergwerke investierten. Andererseits gebot nur eine verhältnismäßig kleine Schicht des Adels, die Grafen und Freiherren – die sich scharf von der Mehrheit des niederen Adels abgrenzten – über die einflußreichen Ratsämter, entschied die Politik Schwedens. Und sie bestimmte zu ihren Gunsten, wohin die Steuergelder flossen, wie sich Schwedens Außenpolitik orientierte.

Das war leicht, so lange Christina noch minderjährig war, im Reichsrat nur eine Stimme hatte, eigentlich doch nur geduldet war. Und selbst nach 1645 wußten die Räte Positionen zu behaupten. Während die Königin Frieden wünschte, tat die Gruppe um Reichskanzler Axel Oxenstierna zunächst alles, den

Krieg zu verlängern, die schwedische Beute, vor allem den eigenen Anteil zu vergrößern. Land um die Ostsee, von Preußen bis Pommern, bedeutete auch Grund und Boden für die Aristokratie.

Schweden hatte lange, sehr lange Grenzen und seit 1648 noch einige Gegner mehr. Überall mußte der Staat um seine Eroberungen bangen, Geraubtes verteidigen: Livland, Estland, Ingermanland, Karelien, auf deutschem Boden Teile Pommerns, Hoffnung und Ziel des aufstrebenden Brandenburg-Preußen, die Herzogtümer Bremen und Verden, die Städte Wismar und Stettin. Geld, immer wieder Geld für die Armee, das blieb Christinas Sorge, bewegte auch Axel Oxenstierna. Die auf ständigen Landerwerb orientierte Politik des schwedischen Reichsrates bedingte stetige Angst vor Gegenwehr der Beraubten, selbst feudale Räuber und nur zu bereit, Schweden das Gewonnene wieder abzujagen, sich selbst Teile Finnlands und Schwedens einzuverleiben. So barg jeder Frieden neuen Krieg in sich. Stets galt es, auf neue Heerzüge vorbereitet zu sein, über eine schlagkräftige Armee zu verfügen.

Schon zu Beginn der zwanziger Jahre des 16. Jahrhunderts entwickelte sich in Schweden eine Heeresorganisation, die auf einer Art Landwehr aufbaute. Kriegserfahrene Adlige wurden für die einzelnen Regionen ausgewählt, hier kampfgeübte ehemalige Soldaten unter den Bauern und Knechten zu sammeln, mit ihnen stets verfügbare Landschaftskontingente ähnlich der Schweizer und deutschen Landsknechtsfähnlein aufzustellen. Jene »Knechte« lebten in Friedenszeiten auf den Bauernhöfen, erhielten ein bestimmtes jährliches Entgelt und wurden nur im Kriegsfall aufgeboten.

1536 wurde eine Verfügung erlassen, auf ähnliche Weise die Reiterei zu organisieren. Adlige, Bürger und vermögende Bauern wurden aufgerufen, Reiter auszurüsten, gegen bestimmte Freiheiten deren Verpflegung und Entlohnung zu übernehmen. Der Reichstag zu Västerås 1544 bekräftigte diese Heeresorganisation. In den folgenden Jahrzehnten regelten weitere Bestimmungen die Größe der Fähnlein der »Landesknechte« und »Landesreiter«. Die Kampfkraft dieser Truppen war jedoch relativ gering; in Kriegszeiten wurde das Aufgebot durch geworbene Söldnerverbände ergänzt.

Neue Anordnungen zu »Ausschreibungen« in den einzelnen Regionen Schwedens zu Beginn des 17. Jahrhunderts fixierten Zahlen für jedes Kirchspiel, legten fest, daß vor allem Knechte, Häusler und Kleinbauern ausgewählt, die größeren Bauern nicht rekrutiert werden durften. Englands damaliger Botschafter in Schweden, Bulstrode Whitelocke, notierte 1654 in seinen Aufzeichnungen, man unterhalte neben geworbenen Truppen, »die auf stetigem Fuß sind, ... 50 000 Mann Landtruppen, nämlich 12 000 Cavallerie und 38 000 Infanterie, die im ganzen Land verstreut liegen, und innerhalb von 14 Tagen zusammengerufen werden können«. In Schweden ständen auf diese Weise 25 000 Soldaten, im benachbarten Finnland seien es 28 000.[9] Die Kosten für die Krone beliefen sich nach 1620 auf 1,2 Millionen Taler jährlich und belasteten die königliche Kammer, ständige Steuerausschreibungen waren die Folge. Und doch reichten die Staatsfinanzen zu keiner Zeit, mochte Olaus Magnus auch hundert Jahre vorher stolz den Reichtum schwedischer Könige verkündet, Gustav Vasa tatsächlich einiges »gespart« haben, jetzt wenigstens waren die Kassen leer. »Im Frühjahr 1651 war es so übel um die Staatsfinanzen bestellt, daß viele Beamte und Angestellte ihren Lohn für das verflossene Jahr noch nicht ausgezahlt bekommen hatten.«[10] Zu dieser Zeit entlohnte die schwedische Krone die Arbeiter der Rüstungsmanufakturen teilweise in Naturalien, mußten auch hohe Beamte und ausländische Kreditgeber als Entgelt Kupferladungen in ihre Speicher fahren lassen, erhielten selbst die Gesandten fremder Mächte Abschiedsgeschenke in Form von Kupferballen. Botschafter Whitelocke empfing als, zugegeben, großzügiges Abschiedsgeschenk Christinas »Zweihundert Schiffspfund Kupfer«.[11] Und immer von neuem bezahlte die Königin mit Grund und Boden aus dem Fonds der Krone. Allein 1651 ließ Christina Lehnbriefe an Grafen und Freiherren über »mehr als 2200 Höfe« der Krone ausfertigen, unterschrieb im Jahresverlauf »noch weitere 200 Schenkungsbriefe«.[12] Mochte es an Geld auch fehlen, Schweden blieb trotz allem ein weites Land, riesige Wälder dehnten sich ins Unermeßliche aus, Säge und Axt erschlossen noch immer neue Flächen. So blieb Schwedens Militärmacht gefürchtet, auch nach 1648.

Die Kanonen der Waffenschmieden des in Schweden nobilitierten »Kanonenkönigs« Louis de Geer aus den Niederlanden wurden früh auf den europäischen Schlachtfeldern zum Symbol einer neuen Zeit in Schweden, rückten das Land aus dem Schatten seiner peripheren Lage plötzlich ins Licht großer europäischer Politik, erfüllten die Ankündigungen des Olaus Magnus. Schwedens Könige waren alles andere als belächelnswerte »Schneekönige« aus fernen unbedeutenden Regionen. »Bet, Kindchen, bet, es kommt der Schwed!« Und Gustavs II. Adolf Schweden kamen sogar bis zum Bodensee, dröhnten auch in Bayern schwedische Kanonenschläge, krachten Musketen aus Gewehrmanufakturen des nördlichen Eisenlandes. Hervorragend ausgerüstete Armeen begründeten den Großmachtanspruch dieses skandinavischen Staates, vergangen der Ruf Dänemarks als erste nordische Macht.

Schwedisches Eisen, Kupfer, Holz und Teer wurden geschätzte Produkte überall in Europa. 1638 landeten schwedische Siedler auf nordamerikanischem Boden, gründeten Neuschweden, 1650 hißten Soldaten Christinas an der Goldküste das schwedische Reichsbanner mit den drei Kronen.

Sicher ist es selbst der Mehrheit der gebildeten Zeitgenossen, vielleicht nicht einmal Christina, kaum bewußt geworden, daß mit dem Entstehen großer zentralisierter Manufakturen im Bergbau, Hüttenwesen und Textilgewerbe die moderne Ära auch in Schweden begonnen hatte, zu dominierend waren die Waffenerfolge, wurden die Grenzen des Reiches vor allem durch Krieg und Diplomatie verändert, siegten die berühmten alten Geschlechter des Hochadels als Feldherrn und Generäle auf den Schlachtfeldern Europas, brachten die Offiziere und Soldaten umfangreiche Beute ins Land, wuchsen an der Stelle kärglicher Holzhäuser des Adels steinerne Paläste der Aristokratie und Gutshäuser des kleinen grundbesitzenden Adels.

Und doch waren mit den sogenannten »Brukspatroner« – den Hüttenbesitzern – und dem »skepsbroadel« – den Großkaufleuten an den Schiffsbrücken Stockholms – vor allem in der ersten Hälfte des 17. Jahrhunderts Unternehmer gewachsen, die auf neue Weise produzierten und handelten. Das in Stockholm und Göteborg lebende reiche Handelsbürgertum, häufig geadelt, noch öfter aber einem neuen Adel auch materiell und geistig verbunden, verfügte über bedeutende Kapitalien. Gemeinsam mit zahlreichen, sich in Schweden ansiedelnden ausländichen Unternehmern, aber auch mit weitsichtigen Aristokraten investierten sie in Berg- und Hüttenwerke, beherrschten bald den europäischen Eisen- und Kupfermarkt. Schwedens Heere wurden hier ausgerüstet und später, mit der beginnenden Uniformierung, auch eingekleidet.

Es waren kluge Männer, Axel Oxenstierna und die meisten Reichsräte hinter ihm, politisch erfahren, kühle Rechner auf ihren Gütern und in den Hütten und Gruben, Teilhaber an den königlichen Handelskompagnien, Kanonengießereien und Tuchmanufakturen. Sie kannten die Gesetze der Kreditwirtschaft, wußten, daß ausländische Kaufleute und Unternehmer nicht allein für schwedisches Land und Gutshöfe kommen würden. Geld wollte wieder Geld zurück! Und wo Geld bar nicht zu haben war, ließ sich in der Tat auch weiterhin schwedisches Kupfer gebrauchen. Vor allem die holländischen Handelsherren beluden ihre Schiffe mit Kupfer und später auch mit Eisenprodukten. Bis zur Jahrhundertmitte stieg vor allem die Fertigproduktion von Eisen- und Kupferwaren. Mit ausländischem Kapital entstanden Messinghütten in Nyköping und Norrköping, nachdem die Vormundschaftsregierung den Rohkupferexport 1636 völlig unterband. Ein Jahr später richteten die Räte das Bergkollegium ein, dessen wichtigste Aufgabe die Organisation und Kontrolle der Herstellung hochwertigen Stangeneisens sein sollte, mit dessen Hilfe zahlreiche neue Eisenhütten entstanden, zunächst als Betriebe der Krone, später verkauft oder vermietet.

Das neue Unternehmertum, ob in den Hütten oder Textilmanufakturen, benötigte viele kleine Warenproduzenten in den wachsenden Städten und Kirchspielen des Landes. Eine Armee von Spinnern, Webern, Holzknechten, Schmieden und Gießern wurde gebraucht, vieles für die – selbstverständlich zahlenmäßig noch immer wenigen – Manufakturen wurde unter den Dächern der bäuerlichen Hütten vorgefertigt.

Es war ein einflußreiches Unternehmertum in den Eisen- und Kupferhütten, den privaten Waffenschmieden und ersten großen Textilmanufakturen, nicht mehr auszusparen in den politischen Kalkulationen derjenigen, die Schwedens Geschicke lenkten. Gedeih und Blüte des Landes waren unlösbar mit dessen Entwicklung verbunden, ihm mußte man Wege weisen, Schutz auf ausländischen Märkten garantieren.

Der bedeutende deutsche Historiker und Staatsrechtler Samuel von Pufendorf prägte das mitteleuropäische Geschichtsbild über Schweden wesentlich durch seine 1685 erschienene Schrift über das Werden des Landes, der – wie er meinte – ältesten Monarchie Europas, »nach der Sintflut vor anderen Teilen Europas besiedelt«[13], glorifizierte auch die Jahre der kurzen Herrschaft Christinas als ganz besonders glänzend für das Reich, lobte die Anstrengungen der Regentin »für die Hebung des Überseehandels«, die Förderung von Handwerk und Gewerbe »und den Fortschritt der Technik«[14], eine Darstellung, die Pufendorf nicht abhielt, in einer »Historischen Nachlese« nach dem Tode Christinas festzustellen, die Königin verspielte als Herrscherin nahezu alle Erfolge der schwedischen Waffen, »erschöpfte ... die gemeinsame Cassa dermassen«, daß viele ruiniert wurden, führte »die Sachen so übel, daß, wenn sie länger regiret hätte, man sie entweder absetzen und dethronisiren müssen, oder sie hätte das Königreich totaliter ruiniret«.[15] Schwierig zu bestimmen, welchem Historiker der Leser vertrauen sollte, dem frühen oder späten Pufendorf? Alter macht weise, so sagt man. Hier war es möglicherweise erhaltener Lohn aus der Pfälzer Kasse, nachdem Christina nichts mehr vergüten konnte, Karl XI. aus dem Hause Pfalz-Zweibrücken das Land und dessen Finanzen saniert hatte.

Er hatte gute Gründe, Samuel Pufendorf, König Karl XI. dankbar zu sein. Dieser hatte ihn 1694, kurz vor beider Tod, in den Freiherrenstand erhoben, nachdem der Deutsche das »unteilbare Souveränitätsrecht des absoluten Fürsten ... auf einen ursprünglichen Herrschaftsvertrag« des Monarchen mit dem Volk gründete[16], den Absolutismus des schwedischen Königshauses auch philosophisch rechtfertigte. Und im übrigen verstand er wohl nur zu gut, daß der jeweils regierende Monarch der größte sein wollte. Jetzt waren andere Zeiten. Karl XI. bekundete keine besonderen Neigungen zu der verstorbenen

Tante, die ständig betont hatte, sie und Gott hätten seinem Vater die Krone geschenkt.

Er hätte trotzdem gerechter urteilen können, der neue Freiherr, Christinas Verdienste sachlicher werten müssen. Bauern und Bürger empfanden die folgenden Jahrzehnte nach Christinas Thronentsagung mit den neuerlichen Kriegsbelastungen durch Karl X. Gustav, ihren Erben, und während der Jugendjahre Karls XI., dann allerdings lauter und überzeugter als jemals die ehemalige Königin. Das aber gerade in jenen Jahren, als Pufendorf seine »Nachlese« schrieb. So mag auch das ihn zur Revision bewegt haben. Um 1660 und einige Jahre später herum jedenfalls gedachten Schwedens Bauern und Bürger Christinas durchaus mit Wehmut. Illusion, Vergangenheitsverklärung? Vielleicht! Aber es waren auch zehn Jahre des Friedens, ein unschätzbares Geschenk der Königin an ihr Volk.

Tatsächlich vereinbarte Christina Handelsverträge mit Spanien, Portugal und England, berief ein Handelskollegium zur Förderung der wirtschaftlichen Entwicklung des Reiches, ordnete die Zölle, das Post- und Münzwesen neu, begünstigte durch Privilegien und staatliche Monopole das Entstehen neuer Leinwandwebereien, Zuckerraffinerien, selbst der Seidenfabrikation, dem Lieblingskind fast aller Monarchien dieser Zeit. 1645 verfügte die Königin zur Begünstigung der einheimischen Schiffahrt die Zollfreiheit auf schwedische Produkte und Schiffe, unterstützte so den Export. Axel Oxenstierna entwikkelte 1651 sein Programm für ein Commerzcollegium als staatliches Beratungs- und Kontrollinstrument privater unternehmerischer Initiativen, wünschte die Privatisierung der staatlichen Handelskompagnien. Zolleinnahmen dienten dem Reich mehr als staatliche gewerbliche und Handelsaktivitäten, verkündete der Reichskanzler. Das Land solle seine Einnahmen aus der Akzise und den Zöllen gewinnen, tüchtige Unternehmer das ihrige tun.

Konsequent war er, Axel Oxenstierna, der alte Kanzler der Königin, zeitweilig wenig beliebt bei Christina. Auch die Domänen sollte die Krone dem Adel überschreiben. Ein reicher Adel bedeute ein reiches Land, eine blühende Gutswirtschaft zöge ebenso das Geld ins Land, dessen sich die Regierung über die

Akzise bedienen könne, fast modern die Argumentation. Schwer zu entscheiden, ob hier nur der Graf und Besitzer umfangreicher eigener Ländereien oder auch der Reichskanzler sprach? Die Gewerbepolitik der Regierung jedenfalls war insgesamt nicht weniger erfolgreich als die anderer spätfeudaler Staaten Europas. So versiebentfachte sich beispielsweise die Zahl der Schiffstransporte schwedischer Produkte aus den Häfen Göteborg und Stockholm zwischen 1615 und 1650.

Möglich, daß Christina, die Vielbeschäftigte, gewöhnlich nur ihren Namen unter die Verordnungen setzte, Axel Oxenstierna und andere die Papiere erstellten; alle grundsätzlichen politischen Entscheidungen traf aber jedenfalls sie, verwundern könnte es auch kaum, wenn sie, die Belesene, mit den Gelehrten ihrer Zeit Schriften aller Art diskutierend, auch die ökonomischen Überlegungen kannte. Darüber berichten die Zeitgenossen nichts, hielten wahrscheinlich nur die Erörterungen politischer und philosophischer Fragen durch die Herrscherin für erwähnenswert, galt sie doch persönlich als eine schlechte Haushälterin. Sicher ist aber, daß sich in der schwedischen Staatskanzlei, unter den Reichsräten, viele Bewunderer der englischen und holländischen Wirtschaftsentwicklung, Kenner französischer staatlicher Reglementierungen von Handel und Gewerbe fanden. Wie die dortigen Ökonomen strebten auch Schwedens Wirtschaftsfachleute nach einer positiven Handelsbilanz im Ex- und Import des Landes.

Die Sache schien ja auch relativ einfach, mußte man doch nur die Ein- und Ausfuhrlisten der Zollstationen miteinander vergleichen. Hatten die Kaufleute mehr schwedische Produkte im Ausland abgesetzt als Waren aus Holland, England, Deutschland, dem Osten und Süden Europas ins Land gebracht, dann hatte das Land gewonnen, würde der Geldstock in Schweden wachsen. Wer da seinerseits alte Privilegien hervorsuchte, diese Entwicklung aufhalten wollte, den Kopf hochreckte, der mußte gebeugt werden, wie alt und berühmt auch immer der Name sein mochte ... Christina sah sich zunehmend zwischen die Fronten gestellt, hier der Adel, dort die nichtadligen Stände, vor allem die Bauern. Sie suchten die Hilfe der Regentin, plädierten laut für erweiterte Rechte der Krone, wünschten die Beschränkung adliger Privilegien und besonders die Rücknahme der Donationen. Die Krone sollte wieder über das Land verfügen, die Steuern in die Staatskasse fließen, die zusätzlichen Belastungen der verbliebenen Steuerbauern aufgehoben, wenigstens aber gemindert werden. Viele Bauern tragen die schwere Last leichter, so der bäuerliche Tenor.

Manchmal nutzte Christina ihre Macht, drohte dem aufmüpfigen Adel, dämpfte vor allem Axel Oxenstierna, dessen souveräne Stellung im Reichsrat sie störte, dessen Entscheidungsfreiheit sie mehr und mehr einengte. Erste Bestrebungen zur Erweiterung der Königsmacht gegenüber Reichsrat und Ständen am Beginn der Neuzeit lassen sich bereits vor 1550 nachweisen. Vorübergehenden frühabsolutistischen Tendenzen folgten Perioden neuerlicher Triumphe des Hochadels. Wohl lassen sich erst nach 1680 stabile absolutistische Herrschaftsformen konstatieren, Christinas Regentschaft aber war ein wichtiger Schritt dorthin.

Auf dem Wege zum souveränen Königtum

Es muß wirklicher Haß gewesen sein, ein kaum verlöschender Rachedurst, der Lennart Torstensson beflügelte, ihn immer wieder vorwärts trieb. Mehr als ein gutes halbes Jahr verbrachte er auf Befehl des bayerischen Kurfürsten im feuchten kalten Kerkergelaß der Festung Ingolstadt, vergaß nie die eigene und die Schlappe seines königlichen Feldherrn gegen den großen Wallenstein. Eine gute Zeit war das nur für die Kaiserlichen gewesen und auch nur so lange, wie sie den bei Nürnberg gefangenen General hinter Schloß und Riegel wußten. Mochten sie ihn, den schwer an Rheuma erkrankten jungen Artilleristen auch in der Hoffnung auswechseln, er würde nie mehr ein Heer befehligen können, als gebrochener Mann in die Heimat getragen werden, getäuscht hatten sie sich dennoch. Tragen mußten ihn seine Soldaten in den folgenden Jahren immer häufiger, wurde die Bahre zum Befehlsstand, und als er im Herbst 1640 endlich vermeinte, das Lagerleben nicht mehr ertragen zu können, nun doch zu

Hause in warmen Stuben sich pflegen lassen zu müssen, da mögen sie nicht nur in Wien und München erleichtert aufgeatmet haben. Und dann war er doch wieder da, an der Spitze einer Armee, trat 1641 an die Stelle des genialen Johan Banér. Noch einmal erinnerte sich die weiter wachsende Zahl der Feinde Schwedens voller Schrecken jener Zeiten überraschender militärischer Erfolge der Heerscharen unter dem blaugelben Banner der Drei Kronen, fürchtete vor allem den Feldherrn, der sein Kommando wieder auf der Bahre liegend übernahm. Christina irrte, als sie seinerzeit den alten Pfalzgrafen ihre Sorgen wissen ließ, Schwedens Ärmel waren weit genug, neue Kerle wie Banér herauszuschütteln. Dabei bat Torstensson Ende 1642 verzweifelt Axel Oxenstierna um den Abschied, er leide so unter dem Rheuma, »daß er sich viele Male den Tod eher als das Leben wünsche«.[1] Vergeblich, der Reichsrat beorderte den Kranken zu einem Blitzschlag gegen Dänemark. Und der General gehorchte, marschierte in Eilmärschen nach Jütland, überraschte die Dänen, war eher dort als die Stockholmer Kriegserklärung in Kopenhagen.

Im Januar 1645 siegte er bereits wieder bei Jankau über die Kaiserlichen, triumphierte mit seiner Artillerie, sein »größter Sieg als Feldherr«[2], Kampf auch mit sich selbst und seinem Leiden. Tagelang konnte er, nun nahe Wiens, nicht einmal das Schütteln auf der Bahre ertragen. »Es ist mir fast unmöglich, länger hier auszuharren«[3], flehte er Oxenstierna um die Erlaubnis an, endlich die Pflicht quittieren zu dürfen, siegte der Schmerz über den Haß, verlor Schweden auch den fähigsten und diszipliniertesten Oberbefehlshaber seit des großen Königs Tode. Carl Gustav Wrangel, sein Nachfolger, siegte weiter, der Krieg in Deutschland wollte trotzdem nicht enden. Gut nur, daß Torstensson den Dänen die Lust an neuerlichen Schlachten gegen die Schweden genommen hatte. Und doch, allmählich zog Unruhe im Reichsrat in Stockholm ein, dachten einige Räte nun ernsthaft an Frieden. Immer öfter erinnerten sich die Herren des Geschehens bei Nördlingen, philosophierten laut über den Wechsel aller Dinge im Leben, meinten mehr und mehr, das Gute läge dicht bei dem Bösen und mit den Geldern für die Armee stände es nicht zum Besten. Wie schnell könne sich alles ändern ...

Schon im Sommer 1644 hatte Kardinal Mazarin eilig Schwedens Einsatz in Dänemark durch einen Friedensvermittler beenden wollen, wünschte die kampfkräftige schwedische Armee auf den deutschen Kriegsschauplatz zurück, war sich einig mit Hollands reichen Großkaufleuten, die ihre Geschäfte in der Ostsee gefährdet sahen. Es handelte sich besser mit zwei einander belauernden Konkurrenten, die jeder dem anderen so wenig wie möglich gönnten, immer bereit blieben zu tun, was dem andern schadete. Balance zwischen Dänemark und Schweden, so lautete der holländische Auftrag an Mazarins Friedensboten.

Das verstand man auch in Stockholm, war den Holländern, bisher erklärten alten Freunden, mehr als gram, wußte auch Frankreich wenig Dank. Nur zögerlich entschied sich Schwedens Reichsrat für Friedensverhandlungen, fast wider Willen und eher der Furcht gehorchend, sonst den Bogen zu überspannen, allein gegen alle Gegner zu stehen, aus Siegern zu Verlierern zu werden, fand sich erst am 8. Februar 1645 in dem kleinen dänischen Ort Brömsebro im heutigen Südschweden mit einer Delegation unter Reichskanzler Axel Oxenstierna ein, von Dänemarks Reichshofmeister Corfitz Ulfeldt und dessen Beratern erwartet.

Schwierig genug erschien den Schweden das Unterfangen, galt ihnen doch die Devise, Dänemark zu »weitreichenden Zugeständnissen« zu zwingen, wünschte man in Stockholm die Aufhebung des drückenden Öresund-Zolls für schwedische Schiffe, Gebietsabtretungen größeren Umfangs, eventuell die Zahlung von zwei Millionen Reichstalern und als Pfand dafür einige Festungen auf fünfzig Jahre. Lächerlich fast, so schien es Axel Oxenstierna, die Forderung des besiegten Dänemarks auf eine Million Reichstaler Schadenersatz für den schwedischen Überfall! Und Garantien für einen Frieden in Zukunft wollten die Dänen auch nicht unterschreiben.

War Dänemarks Reichsrat zu Kompromissen bereit, verweigerte der alte König Christian IV. jedes Entgegenkommen, lehnte die schwedischen Ansprüche in scharfer Form ab. Er hatte seine Gründe, gewichtige, sehr schmerzliche gar, kostete ihn die Verteidigung seines Landes in der Seeschlacht auf der »Kolberger Heide« zwischen den Inseln Fehmarn und Lolland auf dem Großen Belt ein Auge, blieb er ein »verbitterter und enttäuschter Mann«.[4]

Anders Königin Christina! Auch sie wünschte Gewinne aus diesem Krieg, drängte aber Axel Oxenstierna und die Kriegspartei im Stockholmer Rat zur Eile, mahnte notwendiges Nachgeben an, registrierte zufrieden, aber auch beunruhigt, das Äußerste erreicht zu haben, den Wechsel der Holländer auf die schwedische Seite. »Es konnte auch nicht in Schwedens Interesse liegen, daß sich die Holländer auf den dänischen Inseln festsetzten«, resümieren die schwedischen Historiker in ihrer Nationalgeschichte.[5] Tatsächlich verstanden das junge Mädchen auf dem schwedischen Thron und ihre Vertrauten die Ankunft einer starken holländischen Flotte in den Gewässern um Dänemark nicht nur als Druck auf König Christian IV.

Hatten zunächst Oxenstierna und Ulfeldt nur über die französischen und holländischen Vermittler verhandelt, begannen beide Delegationen jetzt Direktverhandlungen, drängte Christina in mehreren Briefen ihren Kanzler zum Abschluß eines Friedensvertrages. Sie habe ihm ja bereits in ihrem letzten Brief »zum Theil meine Gedanken über den Friedensschluß eröffnet, und ist mir sehr lieb, daß ich hierinnen Ihre Meynung getroffen«, schrieb die Regentin am 12. April 1645. Scheinbar auf Oxenstiernas Bedenken eingehend, bemerkte sie zwar, es »wird also rathsam seyn, den Friedensschluß nicht gar zu sehr zu beschleunigen«, ließ ihn aber gleichzeitig unmißverständlich wissen, welchen Part sie ihm künftig bei Entscheidungen zubilligte. Seine Verfahrensweise gäbe ihr »genugsam zu erkennen, daß Sie meinen Willen in allen Stücken wohl verstanden haben … die Sache mit Ernst und Eifer zu Ende gebracht werden muß«.[6] Der fast allmächtige Kanzler sollte verstehen, daß sie, die Königin, die letzten Entscheidungen fälle, er ihr »Helfer«, Ausführender ihres Willens sei. Ein erstes Aufbegehren gegen Oxenstierna, zunächst noch vorsichtig verborgen hinter Floskeln gemeinsamer Auffassungen, sollte dem erfahrenen Politiker Brücken schlagen, wollte ihm wohl derzeit nur signalisieren, welchen Herrschaftsanspruch die gerade erst mündig Gesprochene zukünftig formulieren würde. Und noch am 20. Juni 1645 betonte sie denn auch, eigentlich einer Meinung mit Axel

Oxenstierna zu sein, »auf Halland und Blekinge bestehen« zu bleiben, »an keinen Frieden« zu denken. Doch bewege sie, »daß ... die meisten unserer Reichsräthe ... um dem Kriege ein Ende zu machen«, für einen Frieden selbst ohne besondere Garantien eintreten, angeblich ausstreuten, »dieses Spiel sey bloß ... durch meinen als einiger andern Ehrgeiz fortgesetzt worden«. Daher wäre sie weniger entschlossen, Oxenstiernas einleuchtende Gründe zu akzeptieren.[7] In der Tat ein kluges Taktieren und der Versuch, hinter allerdings fadenscheinigen Argumenten, vor Oxenstierna Positionen zu verschleiern, den Kanzler zu bewegen, den Friedensprozeß zu beschleunigen. Sei es nun, daß Christina erkannte, sie könne diesen erfahrenen Politiker so nicht über ihre wahren Absichten täuschen oder ob sie lediglich vermeinte, nun als Königin zu weiteren Weisungen berechtigt zu sein, am 24. Juni 1645 folgte die Erklärung, sie fände »bey Fortsetzung des Krieges so viel Schwierigkeiten ... daß wir in der That viel wagen, wenn wir die angebothenen Bedingungen ausschlagen«.[8] Auch jetzt noch eine Einheit mit ihrem Kanzler vortäuschend, ist die Entscheidung doch klar.

Am 13. August unterzeichneten Oxenstierna und Ulfeldt den Frieden von Brömsebro, gewann Schweden die damals dänischen Provinzen Härjedalen, Jämtland, die Inseln Gotland und Ösel, die Landschaft Halland als Pfand auf dreißig Jahre und die ersehnte Zollfreiheit im Öresund. Dieser Friede war der »Wendepunkt in der Geschichte Skandinaviens«, beendete die »Vorherrschaft Dänemarks im Norden«, so die ältere moderne schwedische Historiographie.[9]

Bei Erhebung Axel Oxenstiernas in den Grafenstand, scheinbar die Anerkennung seiner verdienstvollen Verhandlungen in Brömsebro würdigend, erklärte die junge Herrscherin in ihrer Laudatio, schon Gustav II. Adolf hatte an Oxenstierna »einen großen Minister ..., dem er zu befehlen die Ehre hatte«, dem der Reichskanzler bei allen Gelegenheiten Beweise »des ihm schuldigen Gehorsams, zu geben wußte«. Auch jetzt, so schloß sie ihre Rede, habe er niemals »die Ehrfurcht, die Sie Gott und mir, als ihrer rechtmässigen Beherrscherin schuldig waren, aus den Augen gesetzet«.[10] Deutliche Worte, die Axel Oxenstierna um so besser verstand, als Christina zur gleichen Zeit ein weiteres tat, die Machtpositionen der Familie Oxenstierna auch auf andere Weise zu erschüttern. Sie opponierte bald offen und selbst für das Ausland ersichtlich, gegen Axel Oxenstiernas Sohn Johan, den zweiten Sonderbeauftragten der Krone bei den Friedensverhandlungen in Osnabrück.

Die außenpolitische Lage Schwedens schien schwierig genug und bedurfte wohl der Gelassenheit eines Axel Oxenstierna, möglicherweise der bedeutendste Politiker des Jahrhunderts, die Forderungen Schwedens zu präsentieren, dem keineswegs vernichteten Gegner eine Maximalrechnung vorzulegen. Frankreich seinerseits beargwöhnte den Machtzuwachs Schwedens mit zunehmender Sorge. Bereits Ende 1631 hatte Gustav II. Adolf Frankreichs Wunsch, Bayern zu schonen, sein kategorisches »Das wird nicht sein!« entgegengehalten. Und dabei war es geblieben, obgleich Frankreichs Gesandter Hercule de Charnace Drohungen vortrug, einen Marsch französischer Truppen gegen die schwedische Rheinarmee nicht ausschloß, andeutete, daß Frankreich den »Juniorpartner« keineswegs an seiner Grenze dulden wollte. Überraschend für Richelieu die Antwort des Königs, Ludwig XIII. möge »zusehen, daß er meiner Armee nicht zu nahe kommt, oder er muß ein recontre mit mir halten«. Es war klar, Schweden wußte seine Siege einzuordnen.[11]

Nach den neuerlichen Erfolgen Banérs und Torstenssons zeichnete sich für Kardinal Mazarin die Gefahr eines protestantischen Blocks in Mitteleuropa mit Schweden als führender Kraft ab. Seinen Bevollmächtigten für die Gespräche in Münster gab Frankreichs mächtigster Politiker die Weisungen, Frankreichs einziger Kriegsgrund war »die absolute Notwendigkeit, die Macht das Hauses Österreich einzuschränken, die sich auf Kosten der übrigen Fürsten täglich erweiterte, die sich auch auf unsere Kosten zu steigern versuchte, um sich schließlich zur allein gebietenden Herrscherin zu erheben. Aber bei der augenblicklichen Situation hat man Grund, die zu große Macht der protestantischen Partei in Deutschland zu fürchten; denn sie wird von der Krone Schwedens gestützt, die zu großer Bedeutung gekommen ist und die großen Vorteile verschmäht, die ihr durch den Frieden geboten werden. Schweden erkennt nämlich die Leichtigkeit, durch den Krieg die protestantische Partei mehr und mehr zu heben, um die katholische Partei zu stürzen. Hat uns daher der maßlose Ehrgeiz des Hauses Österreich gezwungen, uns aller Mittel gegen ihn zu bedienen, so dürfen wir jetzt nicht ruhen, weil wir erkennen, daß der Eifer und die Leidenschaft, durch welche die Protestanten sich furchtbar zu machen suchen, nicht weniger Besorgnis erregen; umsomehr, da wir außer den politischen Gründen gegen Österreich nun auch an die Verteidigung unserer Religion gegen die Protestanten denken müssen«[12], Worte, die zweifellos auch Schwedens Königin, wenn nicht im Wortlaut so doch in Grundzügen bald bekannt gewesen sein dürften. Wenigstens spricht das enge Verhältnis Christinas zu Frankreichs Gesandten in Stockholm, Pierre Chanut, wie auch ein Vertrauensverhältnis des ersten Beauftragten Christinas, Johan Adler Salvius, zu seinen französischen Gesprächspartnern dafür. Die eine Seite gab, um von der anderen zu nehmen. Gezielte Indiskretionen wie auch vertrauliche Informationen, Geschenke sogar, bedingten das Wechselspiel der Kräfte in Münster und Osnabrück. Beide, Franzosen wie Schweden, wußten, welche Gegensätze zu kalkulieren waren, wie man in Stockholm und Paris vom Verbündeten dachte ...

Christina verfolgte mit Unbehagen die neuerliche Hinwendung Frankreichs zu Bayern. Sie und die Reichsräte erfuhren betroffen, daß Marschall Henri de Latour d'Auvergne de Turenne jenseits des Lechs verhielt, als Schwedens Feldmarschall Wrangel in Bayern einmarschierte, eine Warnung, so glaubte die Königin. Der im März 1647 zwischen Frankreich und Bayern vereinbarte Waffenstillstand erschütterte auch manchen innerhalb der Kriegspartei um Axel Oxenstierna. Das Risiko, Schweden könne plötzlich allein einer Welt von Feinden gegenüberstehen, schien nicht mehr auszuschließen zu sein. Da mochte der Reichskanzler vorübergehend fast allein stehen mit seiner Forderung, bis zum bestmöglichen Frieden weiterzukämpfen.

Botschafter Chanut nahm befriedigt zur Kenntnis, daß Christina bedeutete, sie sei bereit, auf Osnabrück, Minden und Halberstadt zu verzichten, halte jedoch an Bremen, Minden und Pommern fest.

Am 10. April 1647 sandte die Königin ihren beiden Beauftragten in Osnabrück den strikten Befehl, die Bemühungen um einen Friedensschluß zu intensivieren, drohte Salvius und Johan Oxenstierna für weitere Verzögerungen. »Sie können versichert seyn, daß so dann weder das Ansehen noch der Beystand großer Häuser mich hindern werde, der ganzen Welt zu zeigen, wie sehr mir dergleichen vernunftloses Verfahren mißfallen«[13], meinte Johan Oxenstierna, wie sie Salvius in einem zweiten, mitgesandten Brief versicherte. Wohl sei das Schreiben an beide adressiert, doch »meyne ich ihn ... nur allein«,[14] zielte in Wahrheit auf Axel Oxenstierna. Und boshaft schon, gewiß nicht königlich, der Nachsatz im Schreiben an Salvius: »Lassen Sie mich wissen, was der G. J. O. für ein Gesicht macht bey Ueberlesung meines Schreibens an Sie beyde.«[15] Nein, ehrlich war das nicht! Und würdevoll war es weder für die Herrscherin noch für Axel Oxenstierna. Christina erteilte ihrem Vertrauten den Befehl, die Partei des Axel Oxenstierna am französischen Hof »bloßzustellen«, wünschte, Salvius möge den Gesandten d' Avaux in Münster über ihre Auffassungen zu Oxenstierna informieren. Eine merkwürdige Art, schwedische Außenpolitik zu fundieren, die Interessen ihres Reichs zu sichern!

In Paris nahm man die Nachricht zurückhaltend auf, die »Einigkeit in Schweden sei nicht so fest begründet, wie man verbreite, die Trennung komme von oben, und die Spaltung, die unter den Regenten des Reiches herrsche, – durch die Großjährigkeit der Königin sei ihre Autorität erloschen – werde Neuerungen am Hofe veranlassen; Salvius und seine Partei suchten begreiflich zu machen, daß die Krone auch ohne den Großkanzler bestehen könne«, hatten Frankreichs Delegierte Mazarin vermeldet[16], deutliches, und wohl auch bedrückendes Dokument für die verschlagene, wenig verständliche Politik der Regentin gegen den eigenen Kanzler. Wohl nur nachvollziehbar, versteht man, daß Christina aus dem mächtigen Schatten Axel Oxenstiernas heraustreten, eigene Positionen auf den Sturz ihres bedeutendsten Politikers bauen wollte, Zeugnis auch der Arroganz der Achtzehnjährigen, das Reich künftig nach eigenem Ermessen lenken zu können. Kardinal Mazarin allerdings überzeugte die Königin mit solchen Bemerkungen nicht. Er antwortete Botschafter Chanut auf ähnliche Argumente nach

Stockholm, der »Kanzler Oxenstierna ist ein so vollendeter Minister, daß er immer noch großen Anteil an der Regierung haben wird, selbst wenn er das Ansehen verloren zu haben scheint«.[17]

Bemerkenswert, weil es einer formulierte, der Axel Oxenstierna nun keineswegs in herzlicher Freundschaft zugetan war, zu unterschiedlich die beiden Männer, zu verschieden auch die Interessen beider Reiche. Mochte sie zutreffend sein, diese Äußerung Mazarins, die Notwendigkeit reflektieren, daß Schweden gerade in diesen Jahren auf Oxenstiernas Erfahrungen nicht verzichten konnte, Christinas Einsichten traf er nicht, der kluge kühle Rechner in Paris. Die junge Königin bemühte sich weiterhin, den »Grafen« Oxenstierna sichtbar zurückzustoßen, öffentlich zu bekunden, wie entbehrlich er ihr sei. Selbst im fernen Deutschland registrierten Journalisten der ersten Wochenzeitungen im November 1649, die Königin habe das Begräbnis der Gattin Axel Oxenstiernas »wegen Unpäßlichkeit« versäumen müssen.[18] Kaum vorstellbar, daß der Redakteur die Nachricht gedruckt hätte, wenn er das Unwohlsein Christinas geglaubt hätte. Der Text wurde interessant erst durch den solcherart offenkundigen Bruch zwischen beiden. Der Höfling Johan Ekeblad hatte in einem Brief am 23. Oktober 1649 seinem Bruder berichtet, die Herrscherin habe sich bei Axel Oxenstierna als erkrankt entschuldigen lassen, dabei sich jedoch um die Vorbereitungen eines Balletts gekümmert... Das hatten viele bemerkt, so war es offenbar auch jenseits der Ostsee bekannt geworden, und natürlich verstand es auch der alte Oxenstierna zu deuten.

Am 29. Juni 1647 bereits hatte der Kanzler seinem Sohn Erik in einem persönlichen Brief die Intrigen Christinas gegen den Bruder berichtet, angeführt, es habe deshalb zwischen »Ihro Majestät und mir einigen Wortwechsel« gegeben, nur durch die Vermittlung des Feldmarschalls de la Gardie konnte der Streit bereinigt werden.[19] Tatsächlich hatte der Reichskanzler sogar seinen Abschied erbeten, ihn auch erhalten, doch zwang eine verärgerte Mehrheit im Reichsrat die Regentin, die Zustimmung zurückzunehmen. Mazarin kannte den Wert und die Mehrheitsverhältnisse im Rat offenbar besser als Christina. Er scheint die junge Dame auf dem Stockholmer Thron nicht eben sonderlich geschätzt zu haben, der allmächtige französische Minister, Meister zahlloser geheimer Informationsquellen, und der bekannte Bericht Chanuts hatte nicht bewirken können, daß Frankreich sonderliche Rücksichten auf die Gefühle der jungen schwedischen Vasa nahm. Mazarin titulierte den Bewerber um die polnische Königskrone 1648, Prinz Johann Casimir Vasa, »einen König in Schweden«[20], keine einfache Aufgabe für Chanut, der Königin darzustellen, es sei lediglich ein Mißverständnis und ein Fehlgriff des französischen Gesandten in Polen gewesen.

Vielleicht erschienen Mazarin die politischen Entscheidungen der schwedischen Königin weniger klug durchdacht in ihren Auswirkungen auf Schwedens europäische Positionen als sich Christina vermutlich selbst wertete. Ihre Zugeständnisse im Frieden zu Osnabrück kommentierte wenig später die Mehrheit der Reichsräte, ganz der Überzeugung Axel Oxenstiernas verbunden, als »übereilet«. Das Land habe seine »erhaltenen Vortheile gar zu wohlfeil weggegeben«. Man hätte »den Krieg« um bessere Gewinne fortsetzen sollen.[21] Andererseits hatte Frankreich – und auch das muß gerechterweise angeführt werden – Schweden damals kundgetan, es müsse seine Truppen für den Krieg gegen Spanien aus Deutschland abziehen, die Zahlung der Subsidien einstellen. Krieg ohne den mächtigen Alliierten, bar nahezu jeder Möglichkeit, die zehntausende Söldner zu entlohnen, die Geld und keineswegs Kupferbarren heimtragen wollten, schier aussichtslos für das ausgesogene Schweden. Gut für Königin Christina und ihre auf Frankreich bauende Poltik blieb jedoch, daß Mazarin seinerseits Hoffnungen auf Schwedens Hilfe gründete. Druck auf den Kaiser, die spanischen Habsburger in ihrem Ringen mit den Bourbonen allein zu lassen, so wünschte es Paris, so hatte es Chanut Christina übermittelt, nicht ganz unberührt hören müssen, daß die Königin Mazarin antworten ließ, die »Spanienklausel« würden ihre Bevollmächtigten in Osnabrück dem Kaiser nur gegen Gewährung bisheriger französischer Allianzhilfe abringen ... Und Johan Oxenstierna hatte noch dazu gerade in diesen Tagen einen Sonderfrieden mit dem kaiserlichen Gesandten Maximilian von Trautmannsdorf ausgehandelt, Grund genug also selbst für Mazarin, Christina wieder entgegenzukommen, auch wenn wenig später Wien die Instruktionen für Trautmannsdorf änderte, als man dort die Differenzen zwischen den Gegnern bemerkte. Erst Turennes und Wrangels Sieg bei Zusmarshausen und die Eroberung Prags 1648 erzwangen das kaiserliche Einverständnis. Am 24. Oktober 1648 sah Christina ihre Politik gekrönt, die Friedensdokumente zu Münster und Osnabrück beendeten den Krieg, von ihr auch später immer wieder vor allem als ihr Verdienst charakterisiert. Für das gequälte Deutschland war es die notwendige Atempause vor neuerlichen Kriegsbränden, endlich der ersehnte Frieden auch für Schwedens arbeitende Menschen aller Stände, die der beständigen Rekrutierungen und Sondersteuern mehr als überdrüssig waren, die kein Appell weiter aufmuntern konnte. Es war nicht ihr Krieg, war es nie gewesen. Verloren hatte die Kriegspartei und vor allem Axel Oxenstierna als Haupt der aristokratischen Opposition.

Der Fakt, daß Mazarin Marschall Turenne auch weiterhin in Deutschland belassen mußte, drängt allerdings Fragen auf. Schwedens Heer blieb eine feste Bastion im Spiel der europäischen Kräfte um 1648, weitergehende Gebietsansprüche der Siegermacht nicht aussichtslos. Im übrigen vergab der Kaiser nichts, was ihm selbst gehörte, Christinas Forderungen belasteten vor allem die anderen, kleineren deutschen Gewalten. Frankreich, der Kaiser und die übrigen europäischen Mächte besorgten eher den Machtzuwachs der schwedischen Krone, stritten nicht eigentlich um das eine oder andere Territorium mehr. So gesehen konnte die kriegsentschlossene schwedische Fraktion im Friedensvertrag nur einen unnötigen Verzichtsfrieden kritisieren, mußte sich aber auch plötzlich beiseite geschoben, überflüssig, ja angefeindet fühlen.

Es scheint, als wäre gerade das Christina das wesentlichste Ziel gewesen, hätte ihre außenpolitische Orientierung auf die rasche Beendigung des europäischen Krieges vor allem dem Ziel innerer Machterweiterung gedient. Schon Christinas Biograph Alfred Neumann bemerkte 1936, es sei seltsam, »daß der Krieg es war«, der Axel Oxenstierna »unentbehrlich und unangreifbar machte; daß die Gegenpartei mit einem Schein von Recht behaupten durfte, der Kanzler wolle Krieg, um an der Macht zu bleiben. So wollte die Königin Frieden, um an die

Macht zu kommen«.[22] So gesehen waren Christinas Entscheidungen dem Lande möglicherweise dienlicher, als es Mazarin wahrhaben wollte. Und auch das wird man berücksichtigen müssen, soll das Urteil gerecht sein: Christina hatte sich mehrfach gegen Mazarin erklärt, sogar am französischen Hof zugunsten der Adelsopposition um den Prinzen Condé für die Verbannung des Kardinals plädiert, trotz höflicher französischer Zurechtweisung, später unverhohlenem Ärger in Paris und Compiègne, wiederholt in dem von Mazarin bekämpften Kompromiß mit Frankreichs Hochadel die Lösung suggerieren wollen. Freund konnte und wollte Mazarin Christina so nicht sein. Und doch blieb das Bourbonenreich interessiert am Geschehen um den skandinavischen Partner, der »Mohr« hatte so vollständig denn doch seine Pflicht noch nicht getan, wurde noch gebraucht. Und man vermerkte in Frankreich befriedigt, daß sich Christina in dieser Zeit energisch um Frankreichs Neigungen bemühte. Sie hatte Salvius bereits am 6. Juli 1647 angewiesen, »die Forderungen der Franzosen« zu unterstützen, den Kaiser zur Neutralität im spanisch-französischen Krieg zu zwingen. »Dieses, glaube ich, erfordert so wohl mein eigenes als Frankreichs Bestes«, argumentierte die Herrscherin, meinte damit wohl vor allem ihren Vorteil in der innerschwedischen Auseinandersetzung mit der Kriegspartei, wünschte sich Frankreichs, und auch und vor allem Mazarins Hilfe zu sichern, indem sie Salvius beschwor, »Frankreich auf eine gute Art (zu) schmeicheln ... Gelegenheit ergreifen, mich bey denen Franzosen beliebt zu machen«. Ende des Jahres folgte die eindringliche Mahnung, Frankreich gegen den Kaiser in der Spanienproblematik zu unterstützen, denn »ich empfehle Ihnen das Beste von Frankreich wie mein eigenes«.[23] Verständlich, daß die französische Führung zufrieden bemerkte, daß Schwedens Königin den Reichsrat vergrößerte, vor allem frankreichergebene Familien zu Rang und Einfluß kamen. Ende Januar 1651 entzog Christina Axel Oxenstierna die Leitung der Reichskanzlei und das Präsidium im Reichstag. Ein gefährlicher Gegner ihrer auf erweiterte königliche Souveränität, auf eine Art absolutistischer Herrschaft zielenden Bestrebungen blieb der Kanzler allemal. Am 4. März wagte er es, die Königin im Rat offen zu kritisieren, ein wenig übereilt Pierre Chanuts Botschaft nach Paris, Christina »besitze nun praktisch die absolute Gewalt«[24], realistischer der Nachsatz, doch sei Widerstand zu erwarten.

Der aber kam anders, als es Chanut und Frankreichs Herrschaft erhofften. Zunächst belohnte Christina ihren Vertrauten und Befürworter einer französischen Orientierung, Johan Adler Salvius, mit der Reichsratswürde, verteidigte seine Berufung gegen Oxenstiernas erbitterten Widerstand, ein neuer Sieg der Königin, in ihrer berühmt gewordenen Bemerkung, eine Königin könne nicht fragen »nach 16 Ahnen, sondern nach dem, was zu leisten ist«. Sie brauche ihn, weil er »ein fähiger Mensch« sei.[25] Allen, die es wissen sollten, bedeutete die Königin, sie wolle sich nicht »an einige wenige Familien und Personen« binden.[26] Sie steigerte in den folgenden Jahren zielstrebig die Anzahl der Grafen- und Freiherrengeschlechter von 13 auf 81 Familien, verbreiterte so die Basis, auf die sie sich in der Auseinandersetzung mit der alten Aristokratie zu stützen suchte.

Zweifellos leitete Christina mit dieser Ehrung ihrer Vertrauten bzw. der Absage an die einseitige Privilegierung einiger weniger mächtiger Geschlechter nach 1648 eine neue Etappe im Ringen um eigene Machtpositionen ein, tat das bewußt, folgte einem offenbar wohldurchdachten Konzept.

Zunächst brachte der Westfälische Frieden kaum Erleichterungen für das Land, der Ausbau der neuerworbenen, meist kriegszerstörten Landschaften wie Pommern, Bremen und Verden kostete wiederum vor allem Geld, ließ sich nur durch größere Garnisonen behaupten, die nun kein Krieg in Feindesland weiterhin ernährte. Die vereinbarten fünf Millionen Reichstaler Entschädigung durch die deutschen Reichsstände trafen nur zögerlich aus den deutschen Territorien ein, flossen auch zu erheblichen Teilen in die Taschen hoher Offiziere und anderer Kriegsgewinnler, selbst die Krone erhielt wenig genug davon; ein Grund mehr für Christina, unzufrieden zu sein mit dem bestehenden System der schwedischen Verwaltung, dessen Exponent Axel Oxenstierna und sein Anhang waren und blieben. Die Königin, von Anbeginn an eine schlechte Haushälterin, benötigte ständig mehr Geld für ihre persönlichen Interessen, steigerte die Ausgaben ihrer Hofhaltung von 167000 Taler Silbermünze 1644 auf 520000 im Jahre 1653, immerhin »12 Prozent sämtlicher Ausgaben der Krone«.[27]

Die finanziellen Belastungen und die mit den Nobilitierungen und Anerkennungen verdienstvoller Generäle und Beamter verbundenen Donationen verschärften die Spannungen zwischen privilegierten adligen Familien und den nichtadligen Schichten, traditionell in Schweden seit langem auf eigene politische Mitsprache fixiert, auf entsprechende Rechte pochend, die nur mit lautstark artikuliertem Unwillen Versuche des Adels registrierten, auf Kosten der Bauern und letztlich auch der beiden anderen Stände, Bürger und Geistlichkeit, die eigenen rechtlichen Befugnisse grundlegend auszuweiten. Oxenstiernas Behauptung, ein reicher Adel bedeute ein reiches Land, mochte dem Adel angenehm in den Ohren klingen, überzeugte aber weder die Bauern und Bürger noch die Geistlichkeit, war wohl auch wirklich nur seine sehr aristokratische Sicht auf die Dinge.

So war es wahrscheinlich auch nur für diese Kreise der Ratsaristokratie einsichtig, daß die während der Kriegsjahre hier immerhin auch für den Adel geltenden Extrasteuern nun nur noch den nichtadligen Schichten auferlegt werden sollten, vor allem der sichtbar reich gewordene Hochadel wieder bar solcher Lasten auf seinen Gütern wirtschaften dürfe. Axel Oxenstierna hatte damals empfohlen, der Adel sollte einen einmaligen finanziellen Beitrag in Geld leisten, dessen Höhe nach der individuellen Pflicht des einzelnen Landadligen zum »Rüstdienst«, der militärischen Beauflagung des Adels, berechnet werden könnte. Weitere steuerliche Belastungen dürfte die Krone nicht verfügen. Nein, sonderlich großzügig waren sie nicht, die das Land tragenden reichen Adligen, leicht zu verstehen, daß Christinas Zurückhaltung so gar nicht weichen wollte. Schon forderten Axel Oxenstierna und andere bedeutende Reichsräte das Recht des adligen Gutseigners, über seine Bauern »sowohl jene auf altem Adelsboden als auch die, deren Steuern erworben waren, die königlichen Steuerhöfe; uneingeschränkt zu herrschen«, Recht zu sprechen. Bereits kurz vor dem Reichstag, der Christina für mündig erklärte, gegen Ende des Jahres 1644, hatte der einflußreiche Per Brahe, der spätere Reichsdrost, verkündet, auch die »Kurfürsten, obwohl sie nahezu mit der Krone gleichgestellt seien, kontributieren jährlich an den Kaiser und sind doch freie Stände«[28], und er meinte damit zu sagen, auch er und seinesgleichen im Hochadel Schwedens seien der Krone ähnlich gleich, sollten ebenso wie die deutschen Fürsten nur einmal zahlen, in Maßen natürlich, und dann unbehelligt bleiben, wie die deutschen Kurfürsten gegenüber dem Kaiser. Auch das eine sehr aristokratische Auffassung, die im übrigen ein wenig nach »Wahlreich« klang und allzu großer Machtfülle der kleinen Souveräne, kaum geeignet, den Nichtadel zu überzeugen, weder die unmittelbar betroffenen Bauern, deren Phantasie durchaus reichte sich vorzustellen, was »uneingeschränkte« Herrschaft der adligen Herren ihnen bedeuten sollte, wie auch die Städter, deren steuerliche Belastungen in gleichem Maße wachsen mußten, wie der Adel seine Bauern ihnen entzog und diese nun für ihre Herren zahlen sollten. Auch die Geistlichen verstanden wohl, daß ihr Anteil am bäuerlichen Gewinn schmaler werden würde, wenn der Adel auch das ihrige aus den Bauern preßte.

Und selbst Christina konnte einer solchen »Gleichmacherei« wenig abgewinnen!

Schnell summierten sich die Klagen gegen den forsch zur »Tagesordnung« übergehenden Adel, der seine Bauern auf Kosten der freien Steuerbauern schonte, bei den »Ausschreibungen« für den Militärdienst vor allem die letzteren auswählte, wissend, daß so bald auch dieser Hof zum Gutsboden geschlagen werden konnte, wie der Bauernstand bereits 1644 räsonierte. »Der Adel, wenn er die Höfe kaufe, dränge unter allen denkbaren Vorwänden die Steuerbauern aus ihrem Geburtsrecht und, nachdem er die Rente darauf erhöht habe, besetze er das bäuerliche Eigentum mit Häuslern«.[29] Schließlich erhob sogar Erzbischof Johannes Lenaeus 1650 die Stimme gegen diese adlige Verfahrensweise, warnte vor den politischen Folgen für den Bauernstand als solche, besorgte in Bälde einen Reichstag ohne bäuerliche Vertretung »und ohne eine solche müßten auch Priester und Bürger leicht untergehen«. Dann stände der Monarch alleine mit dem Adel hier, Bilder, die den Erzbischof an die aristokratische »Herrenwelt Dänemarks und der baltischen Provinzen« erinnerten.[30]

Einig waren sich die nichtadligen Stände auch, daß den Adelsbauern die gleichen Pflichten auferlegt werden müßten wie den freien Steuerbauern. Die Krone benötigte Geld, das schien sonnenklar, war immer so und auch gottgewollt. Doch meinten einige, zunächst vorsichtig und dann immer fordernder und lauter, mit ständig wachsender Ruferzahl unter den Ständerepräsentanten, die Krone könnte auch andere Wege suchen als die beständige Steigerung der Steuern und die Aushöhlung der schwindenden Zahl der Steuerpflichtigen. Man solle Güter einziehen, »reduzieren«, was die Krone in den vergangenen Jahren und Jahrzehnten vergeben hatte. »Die verkauften Güter und Renten der Steuerbauern sollten entschädigungslos eingezogen werden, weil die Käufer durch die ›fast übermäßigen Tagewerke und andere Auflagen‹, die sie den Bauern abforderten, in Wirklichkeit bereits die Kaufschillinge ersetzt bekommen hätten«.[31]

Bald wurde diese »Agitation gegen den Hochadel ... reichsumfassend«, verbreitete man um 1650 Broschüren und Flugblätter zu dieser Thematik überall im Lande, argumentierte, die »Reduktion« stimme überein »mit der schwedischen Rechtstradition«[32], eine gefährliche Diskussion, wie Axel Oxenstierna und auch jene, der französichen Partei zugeordnete Aristokraten begriffen. Und es ließ sie aufhorchen, als sich der Gedanke verbreitete, Christian I., der »Tyrann«, Henker des schwedischen Hochadels im sogenannten »Blutbad« von Stockholm am 8. November 1520, damals rollten binnen weniger Stunden die Köpfe von 82 vorwiegend altadligen Geschlechtern um den Richtblock herum, »ein erbärmlicher und jämmerlicher Anblick«[33], »holte die höchsten Mohnköpfe herunter und bahnte so den Weg für den alten König Gustav zu einer vollkommeneren und stabilen Monarchie«.[34] Wenig tröstlich für die hochadligen Herren, daß diese Volkssicht keineswegs der historischen Wirklichkeit entsprach, aber vermutlich wußten sie das ohnehin nicht besser. Behauptungen dieser Art wirkten in den Palästen, Häusern und Hütten Schwedens, prägten auch die Stimmungen und Haltungen der Ständevertreter des Krönungsreichstages 1650, noch angestaut durch zwei Jahre Mißwachs und eine drohende dritte schlechte Ernte, dazu in weiten Teilen des Landes Viehseuchen, Hungersnot und Teuerung. Es stand wahrlich nicht gut um das Land, kurze Zeit nach dem größten militärischen Erfolg in seiner Geschichte.

Sofort zu Beginn der Zusammenkunft wandten sich die Sprecher der drei nichtadligen Stände an die Königin, empfahlen eine »Reduktion«, übergaben im September eine sogenannte »Protestation« an Christina, »legten mit dieser, wie man es nennen kann, das Programm des Nichtadels vor«[35], waren sich gleichwohl der Bedeutung dieses Schrittes bewußt. Unter Bezug auf die Ereignisse in England und Frankreich erklärten die Stände, »man habe keine revolutionären Ansichten«, doch hätten »die Krone und der Nichtadel ein gemeinsames Interesse, die Macht des Adels zu begrenzen«.[36] In der »Protestation« wurden Axel Oxenstiernas Auffassungen, »Zölle und Akzisen seien für die Krone nützlicher als Gutsrenten« bestritten, ausdrücklich hervorgehoben, im Gegensatz zu den Zolleinnahmen wären »die Renten beständige« Zahlungen. Deshalb behaupte der Adel wider besseres Wissen, ein Seitenhieb auch gegen die patriotische Selbstgefälligkeit Oxenstiernas und anderer Aristokraten, die Losung von den Zöllen und Akzisen, »um inzwischen selbst sein Kapital in Gutsrenten anzulegen«. Schwer widerlegbar die Frage der protestierenden Sprecher für eine »Reduktion«: »Warum sagen sie, daß dasselbe für Eure Königliche Majestät und das Regiment schädlich sei, was sie für sich alles als bestgeeignet und nützlich verstehen?«[37]

Für die folgenden Jahrzehnte wurde die »Protestation« zum wichtigsten geistigen Rüstzeug der Opposition gegen die Adelsdominanz, mündete schließlich auch in das einzigartige Reduktionswerk des Reichstages 1680. Da aber verfolgte Königin Christina die Diskussionen nur noch im fernen Rom, erhoffte die Verbesserung ihrer eigenen ökonomischen Positionen, sah nun die gewonnenen Gelder aus der Staatskasse zukünftig auch in ihre Taschen wieder stetiger fließen, damals, 1650, jedoch entschied sie sich schließlich gegen diese Forderung. Sie benötigte die Drohung des Nichtadels, nicht die Tat. Christina wünschte keine »Revolution«, auch nicht »von oben«, die den Adel weitgehend ökonomisch entmachtete, sie strebte nach politischer Alleinherrschaft, wenigstens aber nach Dominanz, wollte entscheiden, ohne die Einwände der Räte beachten zu müssen. So ermunterte sie während der Reichstagsdebatten die aufmüpfigen Redner der nichtadligen Stände durch wohlwollendes Zuhören, deutete auch Einverständnis an, nahm aber selbst nicht das Wort, erklärte sich vorerst weder für noch gegen die »Reduktion«, blieb die verschlagene Politikerin, eine Meisterin, »sich zu verstellen«, wie sie selbst später in Rom in ihrer Autobiographie bekannte.[38] Sie verfolgte eigene Ziele bei diesen Diskussionen.

Anfang August 1650 wandte sich Christina in ihrer Antwort an die nichtadligen Stände gegen eine »Reduktion«, erklärte, gegenwärtig »könne sie nicht eingehen auf eine Reduktion, weil eine solche zu Unfrieden und Aufruhr führen müsse«.[39] Sie konnte trotzdem oder vor allem deshalb zufrieden sein, denn der Adel suchte in einer Bittschrift Schutz bei der Regentin, klagte, daß die nichtadligen Sprecher auch weiterhin zu Gewalttaten gegen den Ersten Stand aufriefen, die Rechtmäßigkeit des adligen Grundbesitzes anzweifelten. Und wieder profilierte sich die junge Fürstin als »Mittler« zwischen den verfeindeten Lagern. Sie versprach den Reichsräten, »alle Stände zusammenzurufen und die sozialen Unruhen zu dämpfen«.[40]

Die moderne schwedische Historiographie bilanziert, Christina habe in diesen Jahren niemals »versucht, die inneren Verhältnisse« des Landes zu verbessern.[41] Sie habe wohl wiederholt den Adel in allgemeinen Wendungen ermahnt, die freien Steuerbauern angemessen zu behandeln, »so fern sie nicht selbst dieser Steuerbauern verlustig gehen wollten«,[42] wirkliche Eingriffe waren das nicht! Und beeindruckt zeigte sich der Adel auch keineswegs, die Klagen der Bauern sprechen eine deutliche Sprache, die Sympathiekundgebungen der Geistlichkeit belegen denn auch das ganze Ausmaß der gegen den Bauernstand gerichteten feudalisierenden Bestrebungen der landeignenden Nobilität.

Es scheint, als habe Christina nach ihrer Machtdemonstration gegen Adel und Reichsrat versucht, diesen Stand durch neue, großzügige Donationen zu versöhnen, erneut an sich zu binden, eine Politik der »Peitsche und des Zuckerbrots«, die schwedische Variante des 17. Jahrhunderts. Im Jahre 1651 erreichten die Domänen- und Steuerverschenkungen ihren Höhepunkt.

Ein Jahr später beispielsweise erhielt einer ihrer Günstlinge, nun wahrlich ohne besondere Verdienste um Schweden, einen Verleihungsbrief über Höfe um Stockholm, Uppsala, in Västmanland und Östergötland, Närke und Västergötland, das Mustergut Rävnäs, der väterliche Familiensitz der Vasa, mit 33 dazu gehörigen Bauernhöfen in Södermanland, ein Kirchspiel in Finnland mit 151 Bauernhöfen, mindestens Renten von 250 bäuerlichen Anwesen. Im Volk begann es zu gären.

Bekannt wurde der Versuch des Reichshistorikers Arnold Johan Messenius und seines Sohnes, gestützt auf führende Oppositionelle aus dem Bürgerstand, unter anderem auch Stockholms populärer Bürgermeister, den neu bestimmten Erbfürsten Schwedens, Karl Gustav von Pfalz-Zweibrücken, zu gemeinsamem Handeln gegen Königin Christina zu gewinnen. Beide Messenius büßten die dilettantische »Verschwörung« auf dem Schafott, eine Momentaufnahme wachsender Spannungen dennoch. Für Christina wurde das harte Vorgehen gegen die »Hochverräter« und Rebellen gegen eine festgefügte Ordnung glückliche Gelegenheit, ihrem Adel zu dokumentieren, daß sie an seiner Seite gefährliche Ansprüche der nichtadligen Opposition abzuwehren bereit war.

Sie war klug genug, einige der nichtadligen Forderungen berücksichtigen zu lassen, keineswegs im erforderlichen Umfang, auch nicht besonders konsequent. So regelte ein Erlaß 1651 lediglich das Verhältnis zwischen adligen Steuereigentümern und den Steuerbauern verbal, begrenzte die adligen Ansprüche auf Arbeitsleistungen dieser Bauern in den gutsherrlichen Eigenwirtschaften, befriedigte die Bauern keinesfalls. Schon auf der Ständezusammenkunft 1652 empörten sich die unzufriedenen Bauern in scharfen Äußerungen über die kaum gebremste Willkür zahlreicher Gutsherren. Erneut wurde die Forderung nach »Reduktion« artikuliert. Ein Bericht des Kammerkollegiums des Reiches tat das seinige, belegte unbestreitbar, daß sich die Finanzlage Schwedens »katastrophal verschlechtert hatte«.[43] Die nichtadligen Stände forderten energisch, die Donationen einzustellen, erlebten überrascht, daß sogar Axel Oxenstierna nun für Mäßigung eintrat, seine Standesgenossen vor überzogenen Forderungen warnte, Kompromisse einklagte.

Tatsächlich beschloß der Adel auf diesem Reichstag, um die erregte Stimmung der nichtadligen Stände zu dämpfen, seinerseits für zwei Jahre vier Taler Silbermünze für jeden erworbenen Kronhof in Finnland und Schweden erlegen zu wollen, solcherart eine weitere steuerliche Belastung der verbliebenen freibäuerlichen Höfe zu vermeiden, zweifellos ein neuer Sieg Christinas, auch über Axel Oxenstierna, den adelsstolzen Opponenten ausgeweiteter Königsmacht. Der alte Reichskanzler motivierte den Druck auf seinen Stand selbst in der Erklärung, »die Besitzungen des Adels seien im Umfange gewachsen, ... es gelte, Streitereien auszuweichen«. Außerdem fand sich der Adel zu weiteren Zugeständnissen bereit, senkte die »Tagewerksverpflichtungen der Steuerbauern« um ein Drittel, appellierte an »beider Partners guten Willen«.[44]

Christina konnte zufrieden sein, wandte sich in dieser Zeit wiederum auffällig ihrem Kanzler zu, der ihr seinerseits entgegenkam, offenbar nun auch die Überzeugung einiger anderer Reichsräte billigte, »daß das Reich jetzt eine ziemlich starke Königsmacht benötige«.[45] Im übrigen starb der große alte Mann bereits im Spätsommer 1654, gebrochen war die »bis zu einer Art Autokratie gesteigerte Macht« des Reichsrates.[46]

Und doch konnte vor allem Frankreich nicht recht froh werden über diesen Triumph der Königin über Oxenstiernas Partei, erklärte Gegner einer allzu engen Verbindung mit Paris.

Wohl war Ende 1651 das Bündnis zwischen beiden Staaten feierlich erneuert worden, doch hatte man am französichen Hof mit Unbehagen auch den Handelsvertrag Christinas mit Spanien registriert, Botschafter Chanut nach Kräften gegen diese Annäherung Stockholms an Madrid interveniert, beobachtete mit wachsender Sorge die Entfernung bzw. Isolierung bekannter Freunde Frankreichs im Reichsrat und am Hofe, wertete die neuerliche Hinwendung der Königin zu Axel Oxenstierna als Zeugnis einer beginnenden Frostperiode zwischen den beiden bedeutendsten Siegermächten des europäischen Konflikts.

Sicher hat der frühe Tod Johan Adler Salvius 1652 das seinige getan, die Kluft zwischen Christina und ihrem Kanzler zu überbrücken. In ihrer Lebensgeschichte zollte die alte Königin dem bedeutendsten Politiker ihres Landes verdientes Lob. Er hätte schon »in der Zeit des seligen Königs« die Geschäfte Schwedens geführt, damals nach 1632 in Deutschland »eine vollkommen unbeschränkte Macht« innegehabt, dann in Schweden, »wenn möglich noch größere Macht« besessen, »Stärken und Schwächen aller Länder Europas gekannt«, mit großer Umsicht unermüdlich gewirkt. Sie habe ihm »sehr zu danken«, sei sich »wohl bewußt all dessen, was sie ihm schuldig wäre, kenne wohl seine großen Eigenschaften und seine Verdienste um mich und das Reich«. Es sei der Kanzler gewesen, der sie »im eigentlichen Sinne lehrte, was ich über die Kunst zu regieren weiß«[47], die Meinung einer alten, lebenserfahrenen Frau, nicht immer identisch mit dem, was die junge Christina empfand, was sie verstehen wollte. Englands Gesandter Bulstrode Whitelocke notierte in sein Tagebuch, Christina habe ihm am 5. Januar 1654 Axel Oxenstierna als »ziemlich geschickten und ehrlichen Mann« geschildert, »der seine Sache wohl versteht«[48], wohl kaum ein angemessenes Lob für diesen Mann, Vorbereitung nur für Äußerungen, die Christina dem Briten aufdrängen wollte. Wenige Tage später knüpfte sie an die Charakteristik ihres Kanzlers an, berichtete vertraulich, sie wolle ihm »in aller Heimlichkeit ... sagen, daß mein Kanzler, als ich noch jung war, ... sich dieselbe Autorität in Schweden zulegen« wollte wie Cromwell in England, doch sei dieser Versuch mißlungen.[49] Whitelocke fügte später hinzu, ebenso habe der nach Schweden emigrierte Corvitz Ulfeldt ihm bestätigt, Oxenstierna hätte ähnlich Cromwell während der Minderjährigkeit Christinas nach der Königswürde gestrebt ... Abgesehen davon, daß es dem Dänen vermutlich auch nur von Christina oder Feinden Oxenstiernas berichtet sein könnte, die Regentin damals ihre politischen Absichten mit Äußerungen solcher Art verbrämte und ihren Kampf gegen den Reichskanzler und dessen Anhang um ein souveränes Königtum motivierte, scheinen diese Behauptungen insgesamt sehr zweifelhaft. Axel Oxenstierna war ehrgeizig, selbstherrlich, aber immer und in erster Linie als Politiker Interessenvertreter seines Standes; dessen Wohl und Wehe berührte ihn, leitete seine Schritte. Die angebotene Herzogswürde 1654 hatte er verächtlich abgelehnt, sogar den Grafentitel zurückgeben wollen. War das wahrscheinlich auch nur eine Geste, er sorgte schon für sich und seine Familie, konnte das an der Spitze einer »Adelsdemokratie« wohl auch besser als mit dem Purpur eines Ursupators, so spricht nichts dafür, daß er nach der Königswürde strebte. Christina verzichtete in ihrer Selbstbiographie auf eine solche Unterstellung, ebenso haben auch die schwedischen Historiker diesen Vorwurf nicht erhoben.

Es scheint doch wohl berechtigt, der jungen Christina hier nicht zu glauben, bestenfalls solche Äußerungen aus den Auseinandersetzungen mit Oxenstierna zwischen 1645 und 1651 abzuleiten, der Königin zuzugestehen, sie habe zeitweilig den Widerstand des alten Mannes nur so verstehen können. Aber das ist eine sehr freundliche Version! Wahrscheinlicher bleibt, daß Christina auf dem Wege zu nahezu absolutistischen Herrschaftsformen auch vor Verleumdungen ihres zuverlässigsten und besten Politikers nicht zurückschreckte, ihre gern und oft betonte rücksichtslose Ehrlichkeit hier wenig zählte.

Als Christina die Vasa-Garbe, das Symbol ihrer Dynastie, gleichbedeutend mit schwedischer Macht und Größe, seit den Tagen Gustavs I. stolzes Zeichen der Könige des Landes, durch den Vater, Gustav II. Adolf, zu europäischer Bedeutung getragen, aus dem Reichssiegel streichen, selbst aus dem Getäfel der Decke des Königsschlosses entfernen ließ, wurde den zeitgenössischen Beobachtern Gewißheit, daß sich Christina anderen Aufgaben zuwandte, Königtum und Macht der Vasa aufgeben wollte. Es war vor allem Axel Oxenstierna, der allen Einfluß und die ihm gegebene Redegewalt aufbot, die Herrscherin auf dem Thron zu halten, auch um den Preis eigenen Machtverlustes, der Übernahme der gewaltigen Schuldenlast Christinas, weiterer Zugeständnisse. Der Kummer, als Christina wenige Jahre später doch abdankte, belegt, für den alten Kanzler waren Herrschaft der Aristokratie und Schwedens Krone eine Einheit, verbunden durch ein Band, das er zeitlebens fester knüpfen wollte. Möglich, daß er im Monarchen nur den primus inter pares sehen wollte, wahrscheinlich, daß andere Räte Christina ehelos auf dem Throne halten wollten, dann an ein aristokratisches Wahlreich dachten, Oxenstiernas berühmter Seufzer, Christina sei doch trotz allem des großen Gustav Adolf Tochter, spricht eine eigene Sprache.

DAS MÜTTERLICHE ERBE, DIE »HEISSE, TROCKENE FRAU«

Reifejahre zwischen Liebe und Verzicht

Bis weit in Christinas Jahrhundert hinein galten antike Grundüberzeugungen über unterschiedliche biologische Eigenschaften von Mann und Frau, blieb Aristoteles' »De generatione animalium« den Medizinern des 17. Jahrhunderts Richtschnur allgemeiner Regeln der menschlichen Existenz. Der große Grieche meinte seinerzeit, der Mann sei in seiner Substanz »heiß und trocken«, die Frau dagegen »kalt und feucht«, letztere deshalb im Sommer, der Mann »eher im Winter am leidenschaftlichsten«[1], eine uns Heutige höchst merkwürdig berührende These. Seltsam auch die Folgerung, nur eine Balance der weiblichen und männlichen Grundelemente garantiere das erwünschte Ergebnis, bringe beiden den ersehnten Erben. Sei »das Heiße zu stark ..., trocknet es das Feuchte aus; wenn das heiße Element allzu wenig heiß« wäre, »vermag es dem nassen Element keine feste Form zu geben«, unsinnig klingendes pseudowissenschaftliches Geschwafel, seinerzeit durchaus ernst genommen.[2] So verkündeten einige antike Autoren überzeugt, bei Nordwind würden mehr Mädchen geboren, überhaupt seien »die nordischen Länder viel besser zur Fortpflanzung geeignet als die sonnenwarmen Länder ... würden am Nordpol so ungeheuer viel Menschen geboren«.[3] Berühmte Ärzte wie Hippokrates und Galenos wähnten die Grundelemente Erde, Luft, Feuer und Wasser als Basisbaustoffe des menschlichen Körpers, bis heute fortlebend in der Friedhofsformel »Aus Erde bist du, zu Erde wirst du«, suchten sie besonders in den »Körperflüssigkeiten ... Blut, Schleim, gelbe ... und schwarze Galle«. Noch im 17. Jahrhundert blieben die Heilpraktiker überzeugt, das Blut sei warm und feucht, während die gelbe Galle warm und trocken, die schwarze dagegen kalt und trocken, der Schleim kalt und feucht sei. Diese Eigenschaften in reiner und vermischter Form bedingten die »Temperamente«, verkündeten die Ärzte, behaupteten, bittere und gelbe Galle erzeugten den Choleriker, der wiederum warmes und trockenes Temperament besäße, schrieben dem Melancholiker mit kaltem und trockenem Temperament schwarze Galle zu.

Verständlich, daß Krankheitsbilder auf diese Weise sehr eigenartigen Ursachen zugeordnet wurden. Immerhin glaubte der im damaligen Europa als medizinische Kapazität geachtete und viel gelesene Ambroise Pari 1573 herausgefunden zu haben, daß Frauen wegen ihres kühleren Temperamentes »Nahrung nicht so rasch in gutes Blut umsetzen«, einiges unverdaut als Menstruation abflösse.[4] Tragisch wäre, so befanden die damaligen Ärzte, daß eine zu »heiße Frau« mit gar zu vielen »Eigenschaften des Feuerelements« nur gelegentlich schwanger werden könnte, gewöhnlich die Ehe ohne Nachkommen bliebe. Solchen fehle folglich die Grundlage für eine Empfängnis, könnte doch die »Kälte« mit mangelhafter Verdauung die Regelblutungen nicht hervorbringen. Ein zeitgenössischer Wissender der Christina-Ära urteilte, daß »die Frau von dieser Feuchtigkeit so überfließt, ist die Ursache ihres feuchten Naturells und ihrer geringen Wärme, die nicht imstande ist, alles in gutes Blut und in Körpersubstanz zu verwandeln, denn das Blut wird durch die Adern der Gebärmutter gereinigt; andernfalls erzeugt es im Körper Fäulnis und Krankheit«.[5] Ärzte diagnostizierten auf diese Weise Krankheiten und psychische Reaktionen ihrer Patientinnen.

Christinas Mutter, Maria Eleonore, galt ihrer Umgebung als »ein ganz unbändig heißes, hysterisches Temperament«[6], so als wenig geeignet, Schwedens Erbfolge zu sichern, eine Auffassung, die offenbar auch König Gustavs II. Adolf Reaktionen auf Katharinas Tröstungen erklärt, der Herrscher bereits Christinas Geburt als göttliches Wunder verstand, eine weitere glückliche Niederkunft ausschloß. Nach Fehlgeburten und dem auch ansonsten nahezu abnormen Verhalten der Brandenburgerin durchaus begreiflich. Jahrzehnte später erwähnte auch Kardinal Dezio Azzolino solche Temperamentseigenschaften in einem Brief an den Nuntius in Polen. Am 13. April 1669 mühte sich der einflußreiche römische Kirchenpolitiker um Unterstützung für die Thronkandidatur Christinas in Polen, ließ den Nuntius wissen, noch immer wäre »ihr Temperament ... so auf der Höhe, daß man mit einer gewissen Sicherheit erwarten kann, sie werde noch zehn Jahre lang fruchtbar sein, während vorher vielleicht ihre übermässige Hitze dabei hinderlich gewesen« sei.[7] Vielleicht nicht eben ein großer Kenner weiblicher Konstitution und Psyche.

Christina selbst war überzeugt, unter dem mütterlichen Erbe zu leiden, sprach von »ihrem heftigen und brennenden Temperament, das ein wenig zur Melancholie neigt«, wähnte sich »eine an bitterer und gelber Galle reiche Cholerikerin, ein warmes und trockenes Temperament«, charakterisierte sich auch in ihrer Autobiographie deshalb als »aufbrausend, hochfahrend und ungeduldig«, eine Folge der gelben Galle, bestand zeitlebens darauf, ihre Leber vertrage deshalb nicht einmal Dünnbier, schon gar nicht Wein und harte Spirituosen, glaubte, »daß mir das allerlei Beschwerden mit der Leber verursachte; meine Leber verbrannte mein Blut in eigentümlicher Weise. Ich trank überhaupt nur, wenn ich unbedingt dazu gezwungen wurde«.[8]

Ihr zeitweiliger Leibmedikus, Pierre Bourdelot, dem Christina ein Leben lang als ihrem angeblichen Lebensretter Dankbarkeit, Zuneigung und auch eine gewisse Offenheit bewahrte, vermerkte in seinem ersten Bulletin, »die Königin zeichne sich durch ein ›heißes und trockenes Temperament‹ und ›glühendheiße Säfte‹ aus. Ihre natürliche Hitze und Trockenheit habe durch ihre unvernünftige Lebensweise zugenommen ... ›vernichte alle Feuchtigkeit‹«. Später äußerte sich auch Christinas römischer Arzt Cesare Macciati ähnlich. Sie sei »im höchsten Grad heiß und trocken«, besitze »daher alle jene Mängel und Vorzüge, die ein so heißes, brennendes Temperament zur Folge hat ... cholerisch, stolz, hochmütig und kühn.« Folgerichtig hätte Christina zum Zölibat geneigt, der Hang dazu »den ersten Anlaß ihrer Achtung und Verehrung der katholischen Religion bildete«[9], auch das eine merkwürdige Begründung der Konversion, von Christina gelegentlich eingestreut, die Leopold Zahn, einer ihrer modernen Biographen, noch 1953 so ernst nahm zu berichten, sie habe im Alter von neun Jahren das Zölibat begeistert begrüßt. »Ah, wie schön ist das, diese Religion will ich annehmen!«[10] Merkwürdig, daß Christina damals solche »Abneigung gegen die Ehe« gefühlt haben sollte[11], dann später in der Romanze mit Karl Gustav normal und mädchenhaft reagierte.

Christina schrieb 1679, wieder einmal ernsthaft erkrankt, ihrem ärztlichen Vertrauten Bourdelot, nun Prior eines Klosters, nahe Paris, »ihr Temperament sei ›Feuer und Flamme‹, sie wäre längst verstorben, ›wenn ich nicht durch meine Lebensweise das brennende Temperament, das mir angeboren ist, in Schach gehalten hätte‹«.[12] Überzeugend der Schluß Sven Stolpes, die heranwachsende Christina – nicht das kleine, neunjährige Mädchen, so möchte man einfügen – habe vermutlich immer befürchtet, als »heiße und trockene Frau« abnorme oder mißgestaltete Kinder zu gebären, wie es die zeitgenössische Medizin ernsthaft dozierte. Andererseits hat die jugendliche, mädchenhafte Christina wohl auch von einer Familie, Liebe und Eheglück geträumt, wenigstens auf Schloß Stegeborg zeitweilig mit solchen Gedanken gespielt, kannte damals entsprechende spätere Sorgen und Ängste nicht, im Zeitverständnis ein sehr normaler Vorgang, so gewöhnlich, daß bereits der Vater, Gustav II. Adolf, frühzeitig an eine dynastische Verbindung seiner Tochter mit einem deutschen protestantischen Prinzen dachte, andere Herrscherhäuser eigene Absichten bekundeten.

Unmittelbar nach dem schwedischen Sieg bei Breitenfeld, wohl auch eine ängstliche Reaktion auf die so sichtbar gewachsene Macht Schwedens, ließ König Christian IV. von Dänemark seinen Wunsch in der schwedischen Feldkanzlei vortragen, die kleine Christina zu gegebener Zeit mit einem seiner beiden Söhne zu verehelichen. Dänemarks Unionstraum durch eine kluge Heiratspolitik doch noch verwirklicht, so etwa müssen die Reaktionen Gustavs II. Adolf die sofortige entschiedene Ablehnung motiviert haben, auch spätere Versuche Maria Eleonores, die dänische Heirat doch noch zu begünstigen, bewirkten da wenig. Eine offizielle Anfrage des dänischen Reichsrates zu Jahresbeginn 1633 wurde auch durch Axel Oxenstierna abgelehnt. In Kopenhagen träumte man bis 1642 leise weiter, zu verlokkend die Aussicht eines großen nordischen Reiches unter der Ägide eines dänischen Monarchen, hoffte auf die sichtbare Zuneigung der Königinwitwe. Schwedens Interessen aber zielten in eine andere Richtung.

Schon im Februar 1632 erwähnte Gustav II. Adolf seine Idee eines »Brandenburger Projektes«, dachte an eine Eheunion Schwedens mit der aufsteigenden Macht südlich der Ostsee, glaubte so, den Gedanken eines schwedischen Binnenmeeres dauerhaft verwirklicht. Anders dagegen auch hier die Reichsräte um Axel Oxenstierna. Sie fürchteten ihrerseits brandenburgische Räte in Stockholm, das Eindringen deutscher Adelsgeschlechter in schwedische Lande, die Vergabe schwedischen Bodens an die Herren aus der Mark, galt doch der Grundsatz, daß der Mann die Ehe dominierte, ein künftiger brandenburgisch-schwedischer Herrscher eigene politische Vorstellungen, vor allem Hausinteressen durchsetzen würde. Trotzdem wurden die Überlegungen des Königs im Februar 1632 dem Brandenburger Hof übermittelt, scheiterten jedoch zunächst am Willen Berlins; möglich, daß dem Kurfürsten Georg Wilhelm, Maria Eleonores Bruder, ein »Bekenntniswechsel« seines Sohnes undiskutabel erschien[13], der Tod Gustavs II. Adolf endigte dann diesen ersten frühen Versuch.

Anders als der Vater dachte später der Sohn. Friedrich Wilhelm, der »Große Kurfürst«, den »schon früh die Verehrung, die er für den Oheim Gustav Adolf faßte«, an eine Union mit Schweden denken ließ, der als Halbwüchsiger »bei der Überführung der königlichen Leiche auf das Schiff in Wolgast zugegen war«[14], tief beeindruckt Trauer und Zuneigung der Schweden für den bedeutenden Feldherrn und König wahrnahm, so auch werden wollte, geliebt und geachtet von seinen Untertanen, gläubig und »überzeugt von der calvinistischen Lehre der Gnadenwahl« in dem Bewußtsein, »ein auserwähltes Rüstzeug Gottes zu sein, zu besonderer Mission bestimmt«.[15] Er griff die Idee wieder auf, begeisterte sich bei dem Gedanken künftiger eigener Größe, wünschte sich zeitweilig an die Spitze eines protestantischen europäischen »Corpus«, wollte Schweden und Brandenburg als Kern seiner Hausmacht verstehen. Außerdem schien diese Ehe auch »die einfachste Lösung des Pommernproblems«[16], des Streites zwischen beiden Staaten um den Besitz des Herzogtums bei den Friedensverhandlungen. Wiederholt ließ der Kurfürst ernsthaft in Stockholm anfragen, beauftragte seine Delegierten zu den brandenburgisch-schwedischen Neutralisierungsverhandlungen mit entsprechenden Sondierungen, instruierte die Gesandten 1642, in Stockholm »in geheimer Mission einen offiziellen Heiratsantrag« vorzutragen. Oxenstierna wollte nicht, wußte sich auch einig mit der schwedischen Geistlichkeit. Schließlich lehnten die Schweden Anfang 1646 den Antrag endgültig ab, begründeten das Nein »formell mit der verschiedenen Konfession und nahen Verwandtschaft«.[17]

Sorge, die Königin könne keine normale Frau sein, ward nie angedeutet, Zwitter oder Pseudowesen, davon war nicht die Rede, nicht einmal Zweifel, die Ehe könne so fruchtbar nicht sein. Gedanken dieser Art hegte der Hohenzoller wohl auch nicht, vielleicht berührte ihn das Gerede um »heiß und kalt« wenig, kannte er solche Überlegungen überhaupt nicht, vertraute auf sich und die Familiengepflogenheiten. Die Hohenzollern jedenfalls konnten bisher nicht klagen, Nachwuchssorgen zählten nicht.

In Schweden gaben sich die Freier die Klinke in die Hand, wünschten nahezu alle bedeutenden europäischen Dynastien die eheliche Verbindung mit dem Hause Vasa, meinten das schlagkräftige Heer, vor allem die Reputation der Schweden, wähnten sich aufgewertet in der familiären Nähe der neuen europäischen Großmacht. Ein wahrscheinlich kaum sonderlich ernsthafter Antrag des spanischen Königs Philipp IV., während der Friedensverhandlungen in Osnabrück vorgebracht, galt den schwedischen Abgesandten vor allem als Versuch der spanischen Diplomatie, das Reich und Frankreich zu entzweien. Das Angebot des portugiesischen Herrschers, auf das auch Frankreichs Botschafter Chanut bezog, das so geheim nicht blieb, wohl auch nicht bleiben sollte, zielte besonders auf Schwedens Hilfe gegen den allzu mächtigen Nachbarn Spanien. Ernsthafter vielleicht die Überlegungen des Kaisers, seinen Sohn an Christina und Schweden zu binden. »Glückliches Österreich«, hier in einer Maximalvariante gejubelt, zu früh und wohl auch zu laut. Weder Frankreich noch dessen Gegner konnten diese Liaison akzeptieren, zu mächtig mußte Habsburg den anderen werden. Aber auch das nur ein Intermezzo, erfolgreicher als der Brandenburger waren sie alle nicht, die Heiratswilligen Europas. Man kam gewöhnlich über erste vorsichtige Sondierungen nicht hinaus. Ernsthaft oder nicht, man holte sich auch hier nicht gerne Ablehnungen, wußte um den Prestigeverlust durch eine Absage.

Kurfürst Friedrich Wilhelms Andeutungen, das reformierte Bekenntnis zu wechseln, mit »seiner Messe« sein »Paris« zu stürmen, für den schwedischen Thron und die Hand Christinas Lutheraner zu werden, mußte Schwedens Königin noch mit einer Erklärung abwehren. Ein »Mann, der seinen Gott verleugnet, kann niemandem Vertrauen einflößen«, soll sie erwidert haben, wenigstens berichten es einige Biographen so. Markige Worte aus dem Munde jener Königin, die wenig später für sich andere Normen beanspruchte. Gerüchte vielleicht, von Zeitgenossen so mehr erahnt, erwünscht als gehört, gelegentlich ausgestreut von Politikern, die solches für nützlich erachteten, vollendete Tatsachen schaffen, unüberbrückbare Gegensätze provozieren wollten. Vor allem Christinas angebliche Äußerung, alles sei »in Schweden gut gegangen bis zu dem Augenblick, als König Johan eine papistische Königin nahm. Von da an ist alles verkehrt gegangen«[18], scheint mehr als fragwürdig. Allzu grell hier der Duktus lutherischer Orthodoxie, mehr wohl die Erklärung schwedischer Eiferer, die so ihre Sorge artikulierten, nicht auszuschließen dennoch, daß Christina solches verkündete, damals, 1646, sichern wollte, daß der Brandenburger aufgab.

Wenn sie dieses wirklich äußerte, so steht es in einem merkwürdigen Widerspruch zu späteren Behauptungen Christinas, dieses Jahr habe sie sich endgültig für den Katholizismus entschieden, dessen Bekenntnis sie sich bereits seit frühester Jugend verbunden gefühlt habe. Der Haß auf die »papistische Königin« Katharina Jagellonica, dem Mädchen zweifellos wieder und wieder indoktriniert, eine durchaus verständliche Reaktion der Zwanzigjährigen, ehrlich gemeint in der Ablehnung eines anderen bekennenden Ehekandidaten, ja, das wäre eine Lesart, vergißt man die atheistischen Einflüsse gerade zu jener Zeit, weiß nichts von den Diskussionen mit den französischen Libertinern. So scheint eine andere Erklärung so abwegig nicht. Christina zwischen den Konventionen, stolze Lutheranerin, wo es ihr nötig schien, den Calvinisten abzuwehren, überzeugte Katholikin, nachdem es die veränderten Bedingungen erforderten? Eine kluge machiavellische Politikerin also, und auch das kein Vorwurf in jener Zeit, da einem Richelieu, einem Mazarin das Glaubenswohl weniger wichtig als das Staatswohl, die Gemeinsamkeit mit dem protestantischen Schweden gegen den katholischen Universalherrschaftsanspruch Habsburgs schien. 1646 jedenfalls lehnte Christina alle ab, Lutheraner, Calvinisten und Katholiken.

Später hat Christina in ihrer Selbstbiographie behauptet, »Hochmut und Stolz machten es mir unmöglich, mich irgend jemandem zu unterwerfen«, diese Gefühle dienten »als ein wunderbarer Schild«.[19] Sie hätte »sich ohne Zweifel verheiratet«, wenn sie nicht aus Gott Kraft geschöpft hätte, »von den Vergnügungen der Liebe abzustehen«. »Ich wurde in einer solchen Stellung und Glück geboren, daß ich unter allen Männern den wählen konnte, der mir am besten behagte, denn es gab auf der ganzen Welt keinen Mann, der sich nicht glücklich geschätzt hätte, wenn ich ihm meine Hand gegeben hätte«. Sie sei sich ihrer Vorteile allzu gewiß gewesen, um nicht zu wissen, daß sie sich ihrer bedienen konnte. Doch habe ihr Gott »diese unüberwindliche Abneigung gegen die Ehe« eingegeben[20], sicher eine zeitweilig ernsthaft empfundene Selbstdarstellung des Andersseins, doch kaum eine wirkliche, schon gar nicht die anderen überzeugende Deutung ihrer Probleme. Die alles wissende Christina scheiterte hier an sich selbst, konnte sich vielleicht wirklich nicht begreifen, wollte der Nachwelt ihre innere Zerrissenheit nur zu gerne verbergen, versteckte sich hinter dem Schein persönlicher Zufriedenheit. Sven Stolpe bemerkte treffend, Christina »wollte sich mit einem Mann vereinigen und wollte es auch wieder nicht. Ihre Seele war tief gespalten«.[21]

Und doch gab es eine Zeit, in der Christina ernsthaft an eine Ehe mit Karl Gustav, den jungen Pfalzgrafen dachte, will sogar noch als Königin zeitweise dazu bereitgewesen sein. Im Jahre 1654, im Zusammenhang mit der Abdankungsdiskussion, soll die Herrscherin den Freiherrn Herman Fleming zu Karl Gustav mit der Erklärung gesandt haben, »sie wäre zuweilen in solcher Gemüthsverfassung gewesen«, daß sie »sich ohnfehlbar zum Ehestande entschlossen« hätte, doch habe ihr Graf Magnus Gabriel de la Gardie »jederzeit sehr wiederrathen«, ihr vor allem gegen den Pfalzgrafen, seinen Schwager und vorgeblichen Freund, »Eckel« eingeflößt.[22]

Es ist zu allen Zeiten gerätselt worden über den Einfluß dieses Günstlings auf Königin Christina, immer wieder auch von seriösen Biographen gefragt worden, wie der Sinneswandel Christinas reifte, warum Karl Gustav 1645 Christina als Mann nicht mehr berührte. Glaubt man der Regentin, daß sie tatsächlich auch nach dessen Rückkehr zeitweilig mit dem Gedanken einer Ehe mit ihm spielte, mehr dürfte es in der Tat nicht gewesen sein, möglicherweise aus rein pragmatischen Überlegungen heraus, vielleicht auch, weil sie sich schuldig fühlte, dann kann eine Ursache für die aufkommende körperliche Abneigung Christinas wohl auf das veränderte Äußere des jungen Deutschen und den Kontrast zur Erscheinung des Grafen Magnus zu suchen sein.

Ein jugendlich strahlender Held, wahrhaftig ein gutaussehender Kavalier, so präsentierte der Hofmaler David Beck Karl Gustav 1648, möglicherweise ein Abglanz dessen, was der Pfälzer 1640 verkörperte, als er von seiner Europatour zurückgekehrt, die königliche Kusine blendete und verwirrte. Vielleicht war er damals wirklich jener junge Mann auf dem Porträt, der ins Feld rückte, dem Christina schwärmerische Briefe schrieb; 1645 jedenfalls war es ein korpulenter, ungeschlacht wirkender Kriegsmann, der zurückkam, versprochenen Lohn erwartete, eine starke, grobe Gestalt, die Abraham Wuchters berühmtes Gemälde von 1658 wohl treffender zeigte als Beck den freienden Karl Gustav zehn, zwölf Jahre vorher malte. Mag sein, daß es nicht primär diese äußerlichen Veränderungen waren, die Christina als »ekelhaft« empfand, war er vielleicht tatsächlich noch »ein ziemlich scheuer, schüchterner und einnehmender junger Mann, der wenig Zutrauen zu sich hatte und größte Bewunderung und Liebe für die junge Königin empfand«[23], aber auf jeden Fall war nun bereits Graf Magnus da, Sohn der einst von König Gustav II. Adolf leidenschaftlich geliebten Ebba Brahe, kein Historiker Gustav Adolfs verzichtete auf die Darstellung dieser Romanze.

Christina, die Tochter, empfand offenbar ähnliche Gefühle für den Sohn, fast ein Märchen! Und doch, es ist wahr!

Im Sommer 1644 kam Graf Magnus von einer Kavaliersreise nach Frankreich zurück, der vollendete Höfling, »der sich in der französischen Hofetikette vortrefflich auskannte«[24], Christinas »Schönheitssinn« befriedigte, so ein anderes Urteil.[25] Für die Königin anfangs wahrscheinlich ein reizvolles Spiel, sich in schwärmerischer Entsagung dem Schönling zu widmen, ihn immer in ihrer Nähe zu wissen, einen Mann, den sie betrachten, nicht aber besitzen konnte. Vermutlich wähnte sie sich über den Dingen, glaubte sich auch an Karl Gustav gebunden, vertraute sich und der oft bewunderten Selbstbeherrschung. Zu dem begonnenen Spiel zählte auch die Verlobung des Günstlings mit Maria Euphrosine, der Schwester Karl Gustavs und Spielgefährtin auf Schloß Stegeborg. Gunstbeweise häuften sich, Graf Magnus avancierte vom Oberst der Leibgarde zum General und Reichsrat, wurde schließlich Reichsschatzmeister, einer der höchsten Würdenträger Schwedens, bald auch einer der reichsten Grundbesitzer des Landes. Gegen den Willen Axel Oxenstiernas sandte ihn Christina 1646 als Botschafter nach Paris, erlaubte dem jungen Mann einen luxeriösen Aufwand, der das Land mitten in den abschließenden Kriegshandlungen in Deutschland katastrophal belastete.

Am 12. Dezember 1644 versicherte Christina ihrem Vertrauten in Osnabrück, Salvius, Graf Magnus habe »nicht ohne meinen Willen und ausdrücklichen Befehl« die gewaltige Summe von 100 000 Taler in Paris geliehen, er solle den Gesandten energisch gegen Kritiker verteidigen.[26] Kurze Zeit später, am 13. Februar 1645, verteidigte die Königin in einem ungewöhnlich ausführlichen Brief den Grafen erneut für seine Verschwendung vor Salvius, beauftragte diesen, der Diskussion entgegenzutreten, man hätte dieses Geld für die Armee verwenden sollen. Salvius müsse, so beschwor Christina den Gesandten, »doch darin die üble Nachrede erkennen«, bat ihn, auf seinen Namen 100 000 Taler »aufzunehmen«, eine Summe, die Christina dem Diplomaten in Schweden mit »so viel Schiffspfund Kupfer« zurückzahlen würde. »Ich versichere Sie bey allem, was mir am theursten und liebsten ist ... daß ich Sie nicht allein schadlos halten will, sondern daß es Sie auch niemals gereuen soll, mir bey dieser Gelegenheit gedienet zu haben«. Sie wolle ihre Dankbarkeit bezeugen, »bitte Sie daher« um schnelle Hilfe. Im gleichen Brief hatte die Königin auch angefragt, ob sie Graf Magnus mit einer damals gerade heißdiskutierten umstrittenen Grafschaft »begnadigen könne«, sie sei »von seiner Treue gegen mich, mehr als von irgend etwas andern in der ganzen Welt, versichert«.[27] Unverständlich, diese blinde Vernarrtheit in den jungen Gardie, ebenso unfaßbar auch, daß sich Christina unberührt hinter den Verschwender stellte, bedenkenlos den Staatsschatz für ihre sehr persönlichen Neigungen einsetzte. Die stolzen Worte, ihre Beamten nicht nach der Zahl der Ahnen sondern ihrer Verdienste zu beurteilen, verlieren so sehr an Glanz.

In seinem Bericht an Mazarin hatte Pierre Chanut bereits anläßlich der Ernennung des Grafen zum französischen Botschafter mitgeteilt, dieser liebe Maria Euphrosine, »mit der er sich auf Befehl der Königin verlobte, als deren Neigung zu ihm noch nicht so stark war«, nun aber sehe »er sich von der Königin glühend geliebt«, wolle Frankreich Schweden hinter sich sehen, so solle man in Paris den jungen Grafen hofieren, Christina würde es als ihr angetan werten.[28] Deutliche Worte, ein trauriges Zeugnis für die viel Gepriesene.

Interesssanterweise versuchte Chanut, die wohl auch ihn beunruhigenden Gefühle Christinas zu entschuldigen. Es bedürfe »für Euer Eminenz keiner näheren Erläuterung«, Mißdeutungen zu vermeiden. Er wolle doch aber, falls »dieser Brief zufällig in unrechte Hände gerathen sollte« versichern, er habe genügend »Beweise der Reinheit ihrer Gedanken«. Christina ließe sich nicht »im geringsten« in ihren Handlungen beeinflussen ... ein Diplomat, der hier schreibt, alle Eventualitäten plant und im übrigen weiß, daß der Kardinal ihn versteht. Sehr überzeugend jedenfalls scheint das nicht. Frankreich dürfte sehr wohl die Manipulationen des Salvius beobachtet und seine Schlüsse gezogen haben, war möglicherweise sogar durch den Schweden direkt informiert; undenkbar, daß Chanut alles nicht ebenso kannte. Fast die Jahreszahlung französischer Subsidien für den Krieg den »reinen Gefühlen« der Königin geopfert, kommentarlos berichtet, scheinbar beschönigt, nur zu begreifen aus dem Geist des absolutistischen Zeitalters. Der Franzose jedenfalls verfolgte das Geschehen in Stockholm aufmerksam weiter, erlebte die Hochzeit de la Gardies mit der Pfalzgräfin, als Graf Magnus im Januar 1647 wieder zurück in Schweden war, notierte Christinas berühmte Bemerkung, sie überlasse ihm »das Liebste, was ich besitze. Ich bin überzeugt davon, daß meine Kusine sich stets zu Ihrer Zufriedenheit aufführen wird«, erwarte, daß er stolz sei über die Gnade, die ihm und seiner Familie zuteil würde.[29] Christina überließ ihm in der Tat das Liebste, was sie besaß, gab ihm die Freiheit, sich nicht an sie binden zu müssen, überwand sich wirklich, wie weit wissen wir nicht. Unklar auch, ob sich Graf Magnus jemals überwinden mußte, diese Frau zu lieben, für viele Biographen erwiesener Fakt. Christina habe es selbst »bestätigt«, daß »sie den Grafen geliebt hat und daß die erste Erschütterung durch einen Mann von ihm kam. Das Problem ihrer sexualen Konstitution wird niemals ganz gelöst werden können, selbst wenn man wußte – und der Zeitgeist glaubte es zu wissen –, ob die Verbindung mit ihm und den vielen Männern, die ihm folgten, auch eine körperliche gewesen ist«, so mit Alfred Neumann ein Historiker, der sich um Sachlichkeit bemühte.[30]

Christina selbst widersprach Chanuts Memoiren entschieden, nannte dessen Beobachtungen »eine schlecht und einfältig erfundene Fabel«, sie habe »nie einen Favoriten gehabt. Welche Lügen!«[31] Da ist, bedenkt man die Summe der entsprechenden Bemerkungen seriöser Zeitgenossen, erinnert sich an die Weisungen Christinas an Salvius, wohl kaum etwas zu diskutieren, bliebe nur zu fragen, warum die alternde Königin so reagierte, ihre so vielfältig dokumentierten Schwächen leugnete? Wünschte sie auch hier ihre »Souveränität« bestätigt, erlaubte ihr Stolz nicht, die Wahrheit zu gestehen, Fehler einzuräumen, begriff sie es möglicherweise gar nicht, die Königin, deren erster Favorit Graf Magnus war, gefolgt von einer langen Reihe immer widerlicher werdender Abenteurer und Betrüger? Waren die privaten Notizen eben doch für die öffentliche Rechtfertigung gedacht?

Auch das kann nicht sicher beantwortet werden. Offenbar ignorierte Christina manches, was nicht in das selbst geschaffene Bild paßte. Verneint aber sollte doch werden, Christina hätte in ihren Memoiren selbst die leidenschaftliche Annäherung des Grafen Magnus und ihre Empfindungen geschildert, einen Kuß erwähnt, der »mir von den Fingerspitzen bis ins Herz drang ... Ich zitterte, ich wußte nicht, was tun, in mir war ein Kampf ... zwischen ... der überstarken Wollust dieser Berührung ...«[32] Sven Stolpe, der alle Dokumente der Christina sammelte, resümierte, daß sich Graf Magnus »wie alle anderen Männer, mit denen sich die Königin abgab – von den Annäherungen dieser Amazone recht belästigt« fühlte.[33] Der elegante Gardie muß sich »vor den Annäherungen dieser seltsamen Frau gegraut haben«. Sie habe früher oder später »seinen Widerwillen gespürt – ebenso wie sie zwanzig Jahre später den Schauer des eleganten Kardinals Azzolino vor ihren Annäherungen gefühlt haben dürfte«[34], ein Aspekt, auf den zurückzukommen sein wird.

Mag Christina sich gefallen haben in der Behauptung, alle Männer hätten sich nach ihr verzehrt, sie habe nur winken müssen, wie sie es selbstgefällig in ihren Erinnerungen formulierte. Sie hat es vermutlich besser gewußt, wie es Sven Stolpe dachte, es aus den Berichten und Reaktionen der Zeitgenossen schloß, notiert hat es keiner der Betroffenen, geahnt, daß es bestenfalls die Königin war, die Frau Christina nicht geliebt wurde. Eine primitive Fälschung also, die Alfred Neumann zitierte, dieses »Eingeständnis« der Herrscherin. Schon deshalb unsinnig, weil Christina beständig beteuerte, niemals entsprechende Gefühle für einen Mann empfunden zu haben, erst sehr spät solche Sehnsüchte ausdrückte, dann aber sehr privat und verschlüsselt, Briefe an Azzolino, die erhalten blieben. Diese aber waren niemals als Memoiren gedacht.

Nicht der Widerspruch ist es, der solch entschiedene Verneinung fordert. Christina widersprach sich so oft, daß auch dieses nur ein weiteres Mal wäre. Doch entsprach solches Eingeständnis so wenig den Haltungen der Königin, eigene Schwächen, weibliches »Versagen«, sinnliche Empfindungen gar einzugestehen. Im Gegenteil, der Tenor ihres Memoirenfragments ist die Danksagung an ihren Schöpfer, ihr Anfechtungen solcher Art durch seine besondere Güte erspart zu haben.

Christina beschrieb in ihrer Autobiographie, in beiden erhaltenen Versuchen die Kindheit, reflektierte in allgemeinen Wendungen grundsätzliche Maximen ihrer Haltung, erwähnte das spätere Hofleben mit keinem Wort, konnte das auch nicht, da sie das Jahr 1633, ihr beginnendes Königtum, als Zäsur setzte. Spätere historische Ereignisse wurden manchmal integriert, so sich Beziehungen zu ihrer Mädchenzeit ergaben, das Verhältnis zu Karl Gustav, den Günstlingen. Das Leben in Rom kennen wir nur aus zeitgenössischen Berichten, gelegentlichen brieflichen Andeutungen und aus vertraulichen Briefen an gute Freunde. Der sicherste und sachlichste Informant über Christinas Verhältnis zu Graf de la Gardie bleibt Pierre Chanut, der seine Nachrichten vor allem niederschrieb, Frankreichs Regierende zu unterrichten, den politischen Nutzen des Landes zu fördern.

Chanut hatte schon im März 1646 registriert, daß Graf Magnus Oxenstierna an Einfluß bei Christina übertraf, glaubte damals aber noch, eine baldige Eheschließung der Königin mit Karl Gustav melden zu können, meinte versichern zu müssen, Christina sei viel zu vernunftbeherrscht, als daß sie in ihrem Verhältnis zu Graf Magnus vergessen könne, »was sich schickt«.[35] Im Mai des gleichen Jahres war offenbar auch für die Öffentlichkeit ersichtlich, daß die Herrscherin den Grafen liebte. So glaubte auch Chanut, nun offener berichten zu können, weniger vorsichtig umschreiben zu müssen. Christina »zeige ganz offen ihre Liebe«, werde jedoch von de la Gardie geschickt auf eine Ehe mit Karl Gustav verwiesen. Im Juli berichtete der Diplomat Mazarin, er habe vertraulich mit der Königin über ihre Liebe zu dem Grafen gesprochen, »sein Bestes getan, ihre Gefühle zu dämpfen«, erwähnte, man munkle, »sie wolle ihn zum Gatten nehmen«, während Graf Magnus gleichzeitig überall erzähle, er werde demnächst Maria Euphrosine heiraten, zweifellos eine schwere Zeit vor allem für die Königin, wie Chanut mitfühlend schloß. Am 9. Februar 1647 fügte er unter Bezug auf die Hochzeit des Grafen hinzu, ihm scheine es, daß Christinas »Neigung zu ihm mit jedem Tag« wachse, doch vertraue er auf ihre »Tugend und Stärke«.[36]

Auch die folgenden Rapporte des Botschafters berührten das Verhältnis der Königin zu ihrem Günstling, betonten jedoch auch immer wieder die »Reinheit« der Gefühle Christinas. Aufschlußreich für das zeitgenössische Urteil scheint der Stoff des damals viel gelesenen Romans »Le grand Cyrus«, dessen Handlung dem Geschehen am schwedischen Hof nachempfunden wurde, auch die dargestellten Verwandtschaftsverhältnisse entsprechen der »Vorlage«. Der Autor nahm voraus, was Christina wenig später tatsächlich verkündete: Die Buchheldin, eine Königin, vermählt den geliebten, sie nicht liebenden Mann mit der Schwester ihres Freiers, den wiederum die Herrscherin nicht heiraten will, verkündet anschließend ihrem Rat, sie werde überhaupt nie heiraten, der abgewiesene Prinz sollte jedoch ihr Nachfolger werden.

In Frankreich interpretierte die gebildete Oberschicht die unglückliche Liebe Christinas zu Graf Magnus als Ursache der Ehefeindlichkeit der Königin und letztlich auch der Abdankung; doch habe es sich so nicht verhalten, glaubt Sven Stolpe, Christinas Ehescheu tiefere Gründe gehabt. Fast scheint es, als gefalle sich der schwedische Historiker darin, die Dinge zu komplizieren, könne nicht akzeptieren, daß die verschmähte stolze Christina möglicherweise erst jetzt einen Weg beschritt, der ihr bis in die spätrömischen Tage das körperliche Zusammensein mit einem Mann versperrte. Für Stolpe war die Zuneigung zu de la Gardie eine platonische »Schwärmerei«, trotz der »Glut ihrer Leidenschaft«, die Chanut verwirrte und erschreckte. Christina habe »offenbar keinen Augenblick an eine Verwirklichung ihrer Träume« gedacht[37], ein Widerspruch in sich, und auch nur behauptet. Für Stolpe war es wahrscheinlich logisch aus der Grundeinstellung erwachsen, Christina habe als Pseudozwitter überhaupt nicht an wirkliche körperliche Beziehungen denken können. Da jedoch gerade diese Konstruktion nicht überzeugen kann, scheint es einleuchtender zu argumentieren, Christinas Ablehnung der Ehe sei auch und vor allem aus der Erkenntnis erwachsen, neben Magnus de la Gardie auch die schönste Frau am Stockholmer Hof zu lieben: Ebba Sparre.

Wachsende persönliche Probleme der Königin

Ebba Sparre

Bereits das Mädchen Christina, zielstrebig geformt durch »eine ganz männliche Erziehung«, entwickelt in allem, »was ein junger Fürst« können sollte, »um mit Würde zu regieren«, äußerte gewöhnlich nur Spott und Verachtung für die Frauen ihrer Umgebung, berichtete stolz, sie habe »auch unüberwindliche Abscheu für alles, was Frauen redeten und taten« empfunden.[1] Sie wirkte seltsam ungeschickt in den traditionellen weiblichen Arbeiten und Beschäftigungen, tyrannisierte ihre »weibliche Aufwartung« durch nie erlahmende Energie, schockierte die Frauen mit der Aufforderung, »geht nur schlafen«, wenn ihr müde seid, sie »könne sich auch alleine helfen«.[2]

Später, als lebensweise ältere Frau, formulierte sie in Rom ihre Überzeugung, Frauen seien für Herrscheraufgaben ungeeignet, »sollten niemals regieren dürfen«. Sie sei »so überzeugt davon, daß ich sicherlich meine weiblichen Nachkommen des Erbrechts auf Schwedens Thron beraubt hätte, so ich mich verehelicht hätte«, unterstrich, es wäre Verrat an Schweden gewesen, »den Frauen des Königshauses das Erbrecht einzugestehen«.[3] Natürlich war sich Christina der Weite ihrer Behauptung bewußt, bemerkte auch, man müsse ihr glauben, »da sie gegen ihr eigenes Interesse spreche«, setzte ihre Ehre darein, »die Wahrheit auch auf persönliche Kosten zu sagen«. Doch wäre es »nahezu eine Unmöglichkeit für eine Frau, auf eine würdige Weise die Pflichten zu erfüllen, die aus diesem Amt erwüchsen«, sicher auch eine wesentliche Erklärung für den Thronverzicht 1654, trotz der gewöhnlichen Arroganz und Selbstüberschätzung – oder gerade deshalb – ernst gemeint auch in der Konsequenz. »Die Unfähigkeit der Frauen, ihre sowohl seelischen, körperlichen wie auch geistigen Schwächen machten diese ungeeignet für das Herrscheramt. Alle jene Frauen, die ich habe regieren sehen, sowohl in der Geschichte wie jetzt in der

Welt, machten sich auf die eine oder andere Weise lächerlich«, sich selbst betrachtet sie »in keiner Weise als Ausnahme von der Regel«, Erkenntnisse, die Christina hinsichtlich der eigenen Person nur selten so äußerte, die aber in diesem Bekenntnis doch belegen, wie tief verwurzelt die Ablehnung der Frauen im allgemeinen in Christinas Empfindungen lebte. Selbst gelegentliche Ausnahmen, räumte die Königin ein, »erlaubten nicht, irgendwelche anderen Schlüsse zu ziehen«. Sie persönlich, die »von der Wiege an für dieses Amt erzogen wurde«, beweise das, die Entwicklung hätte sie gelehrt, »daß die Schwächen meines Geschlechts die größten aller Schwächen sind«.[4]

Um so bedeutsamer, will man das Phänomen Christina ergründen, die Tatsache, daß einige wenige Frauen in Christinas Leben Schlüsselfunktionen zukommen, sie und Erlebnisse der Königin mit ihnen nicht unerwähnt bleiben dürfen, beabsichtigt man, sich der Schwedin wirklich zu nähern. Gewiß war es nicht nur Höflichkeit, das Beileidsschreiben Christinas zum Tode der Tante Katharina, der Pflegemutter, ebenso kann auch gelten, daß die Regentin zeitweilig Sympathien für Maria Euphrosine, die Pfälzerin, empfand, in ihr die Spielgefährtin auf Schloß Stegeborg achtete. So gesehen gab sie Graf Magnus auch eine der wenigen Frauen, die ihr lieb waren, wenngleich auch nicht die liebste und das teuerste, wie sie es dem Günstling damals versicherte. Christina schätzte vor allem Ebba Sparre, fühlte sich ihrer zeitweiligen Lebensgefährtin lange Zeit wirklich verbunden, um hier einen sehr modernen Ausdruck bewußt zu gebrauchen.

Die schöne Gräfin war um die Jahreswende 1644/45 an den Hof gekommen, eben in jener Zeit, als Christinas Leidenschaft für den Grafen Magnus wuchs, die Verbindlichkeiten gegenüber Karl Gustav allmählich verblaßten. So gesehen muß ein merkwürdiger Fakt konstatiert, festgestellt werden, daß sich die junge Königin nahezu gleichzeitig zu zwei, anerkannt schönen Menschen beiderlei Geschlechts hingezogen fühlte, die entsprechenden Neigungen sie bald völlig beherrschten. Während Sven Stolpe die Quellen so versteht, daß an der Gleichzeitigkeit Christinas Leidenschaft zu Ebba wie an »eine(r) ebenso tiefgehende(n)« Passion für Magnus kein Zweifel bestünde, urteilte

Georgina Masson, Christina habe sich »im Schockzustand« aufgrund ihrer unglücklichen Verstrickung zu de la Gardie Ebba Sparre zugewandt. »Die modernde Psychologie kennt diese Reaktion als eines der Anfangsstadien lesbischer Neigungen, welche bei Mädchen mit neurotischem Familienhintergrund besonders leicht auftreten«. Die Britin führte Maria Eleonores hysterische Neigungen, wie auch ihre krankhafte Vergötterung Gustavs II. Adolf an, sah eine erbliche Belastung der Tochter, suchte an weiteren Verhaltensweisen Christinas zu belegen, »jeder Arzt und Psychiater« würde diese Reaktionen heute »einer lesbischen Frau zuschreiben«.[5] Eine andere englische Biographin, Margareth Goldsmith, hat seinerzeit, 1933, Ebba Sparres Eintritt in die Hofgesellschaft ebenfalls als Zäsur in Christinas Leben gewertet. Die Königin habe zwar »allzeit einen dunklen Widerwillen« gegen die Ehe empfunden, doch »hätte diese Ablehnung von der Stunde an begonnen, Wurzeln zu schlagen, seit sie sich an die Gräfin Ebba Sparre gebunden hatte«, die sie von der Kammerfrau rasch zur »Hofrätin« beförderte. Gewichtig Goldsmith' Schluß, Christina »begriff auch nicht, warum sie ständig in Ebbas Gesellschaft sein wollte«[6], deckt sich mit psychologischen Deutungen auch anderer Autoren, die Königin sei von ihren Gefühlen und Veranlagungen überrascht worden. Margareth Goldsmith faßte die Diskussionen in der These zusammen, Christinas »sexuelle Abnormität« habe die Forscher erschreckt, »obwohl eine Menge zeitgenössischer Dokumente ebenso wie ihre eigenen Briefe klar belegen, daß sie zu ihrem eigenen Geschlecht gezogen wurde«.[7] Vor allem weibliche Biographen hätten diese Erkenntnis schon früh formuliert, zunächst vorsichtig angedeutet. Die psychologische Studie von Hanna Szasz habe dann, 1929, bewiesen, daß sich Christina von Ebba Sparres Schönheit »auf eine eigentümliche Weise« angezogen fühlte, sich der Gleichgeschlechtlichkeit durchaus bewußt gewesen sei. »Von ihren klassischen Studien her war sie vertraut mit Lesbos und sie spielte nun mit dem Gedanken, die lesbische Liebe selbst zu prüfen«.[8] Ähnliches hat auch Alfred Neumann wenige Jahre später zusammengefaßt, sich allerdings auch hier auf angebliche Eingeständnisse Christinas in den sogenannten »Memorien« gestützt, ihr Hymnen auf Ebbas Schönheit im Zusammenhang mit Lobgedichten auf »Lesbos«, Studien Christina, »von ihrer körperlichen Leidenschaft angeregt«, über die Vesta-Sekten und römischen Vestalinnen, Gedanken über das Fragment einer Sappho-Dichtung zugeschrieben, wußte sich einig mit keinem Geringeren als dem großen schwedischen Nationalschriftsteller und Volkshistoriker August Strindberg, sah Christinas »zum eigenen Geschlecht hinneigende Sexualität« als erwiesen an.[9]

Während es für ihn und diese Frau keine Zweifel an »Christinas sexualpsychologischen Tendenzen« gab[10], das gleichgeschlechtliche Verhältnis als erwiesen galt, hat sich Sven Stolpe auch hier vorsichtiger geäußert, leidenschaftliche Gefühle Christinas nur als Schwärmereien als eindeutig belegt betrachtet, die Frage tatsächlicher Beziehungen unbeantwortet lassen wollen. Die Möglichkeit solcher Verbindungen Christinas zu anderen Frauen, von den Zeitgenossen des öfteren beklagt, hat in der Tat bedeutende Historiker so verwirrt, daß sie diesen Aspekt aussparten. Curt Weibull, Sohn des von Stolpe so gescholtenen Martin Weibull, »eines Ritters Königin Christines«, verzichtete auf jede Auseinandersetzung mit Andeutungen dieser Art, seine Untersuchung sei ebenso »romantisierend wie die seines Vaters«, hielt Christinas Beweggründe »für charaktervoll und ehrenhaft«, auch er »ein Ritter, der das Lob seiner Königin singt«, lieferte »ein fast in jedem Zug falsches Bild von Christine«, ging von einer Auffassung aus, »die er von seinem patriotischen und royalistischen Vater übernommen hatte«, negierte alle Erkenntnisse zu »Christinas Psychologie«.[11] Selbstredend, daß er in seinen Studien zu Christina mit keinem Wort berührte, daß es eine andere als die große Politikerin Christina gegeben haben könnte. So ungewöhnlich war das nicht, entsprach wohl auch dem deutschen Zeitgeist. Liane von Gentzkow beispielsweise betonte energisch, es seien einige »wenige echte Briefe an Ebba Sparre ... erhalten, und obwohl in ihnen kein unnatürlicher oder auch nur übertriebener Ton zu finden ist, bringen moderne Autoren es fertig, ganz im Sinne alter, gegen Christine gerichteter, Schmähschriften daraus eine abnormale Neigung zu Ebba zu konstruieren«.[12] Überflüssig zu betonen, daß »abnorme Neigungen« eben nicht in das Bild einer »nordischen Frau« paßten, sich die adelsstolze Deutsche ihr Ideal dieser Königin erhalten wollte, Fehlleistungen, Schwächen einräumen, sexuelle »Verirrungen« aber nicht eingestehen konnte.

Kurt Pfister, dem Christina allein durch ihr katholisches Bekenntnis »nörgelnder Kritik und hämmischen Kommentaren« entzogen bleiben sollte[13], sah in der Gräfin und »Hofrätin« lediglich »die Stockholmer Freundin Ebba Sparre«, der Christina aus Brüssel die »festfrohe Stimmung« schilderte.[14] Äußerungen über das umstrittene Verhältnis, die auch ihm nicht fremd gewesen sein können, vermied er doch wohlbewußt. Ähnlich auch 1953 Leopold Zahn, lediglich erwähnend, Christina habe sich »aus Frauen nichts gemacht«, besonders »ihre Hofdamen en bagatelle behandelt. Nur Ebba Sparre bildete eine Ausnahme ... war schön und sanft. Christina nannte sie ›La Belle‹ und bezeugte ihr die zärtlichsten Gefühle«[15], verzichtete auf Darstellungen zeitgenössischer oder psychologischer Deutungen unserer Tage, überließ dem Leser, was diese »zärtlichen« Empfindungen Christinas bedeuten könnten.

Natürlich kann auch hier nicht entschieden werden, was die Biographen in Pro und Contra scheidet, doch soll der Leser mit den gesicherten Fakten, Vermutungen und zweifelhaften Quellen konfrontiert, ihm geholfen werden, eigene Wertungen dieser Beziehungen Christinas zu Ebba Sparre und anderen Frauen zu finden, vielleicht eine der vielen Mosaiksteinchen für die Erklärung der Abdankung und schließlichen Konversion.

Zeitgenossen, besonders jene, die das Geschehen am schwedischen Königshof erlebten, nannten Christinas Umgang mit Ebba Sparre »offen einen Skandal«.[16] Die schöne Hofdame hatte 1653 einen Bruder des Grafen Magnus, Jakob de la Gardie, geheiratet, war jedoch weiterhin, auch des Nachts bei Christina verblieben, Jakob offenbar eine schöne Version des »Ritters von der traurigen Gestalt«, so etwa muß die Familie den auf merkwürdige Art »Gehörnten« gesehen haben, zweifellos eine ungewöhnliche Variante königlicher »Gnade«, summiert man die Zahlen der Minister an den Barockhöfen, deren Gattinnen »höchste königliche Huld« genossen. Daß gerade Magnus de la Gardie, der zur gleichen Zeit Christina näher stand als jeder andere Höfling dieser Jahre, Ebba Sparres Aufgaben so verstand, dokumentiert eine Äußerung. Er fände »es komisch« von seinem »Bruder Jakob, daß er seiner Frau erlaubt, so zu reisen. Das wäre nicht nach meinem Geschmack. Wenn schon aus keinem anderen Grund, so muß man doch Rücksicht auf das merkwürdige Gerede der Leute nehmen«.[17] Und die Leute redeten, nicht zufällig auch gerade deshalb, weil Christina unbefangen ihr besonderes Verhältnis zu Ebba Sparre bekannte, die Gräfin, trotz dreier Kinder wohl keine sehr glückliche Ehe führte, keineswegs bemerkenswert dieser Umstand für das barocke Lebensgefühl, auch dem schwedischen Hof nicht ungewöhnlich erscheinend. Die Ehe die eine Seite, »Freundinnen« eine andere, das galt auch für Graf Magnus beispielsweise während seiner Pariser Gesandtentätigkeit, mochte auch Jakob Kasimir trösten, obwohl der Höfling Johan Ekeblad anläßlich dessen Hochzeit notierte, der Gatte habe »Angst und Qual ... drei Jahre lang gelitten«, um nun endlich »den roten Mund der schönen Ebba Sparre« zu genießen. Es bleibt zu fragen, ob Ebba der einen gab, was sie dem anderen auch gelegentlich nicht verweigerte, die schnelle Karriere des Grafen Jakob Kasimir zum Reichsrat und General hier eine Erklärung auch als Dank Christinas findet, ob die Herrscherin ihrerseits doch nur »schwärmte«? Als Graf Magnus in Ungnade fiel, die Königinwitwe und Maria Euphrosine, die Pfälzerin und Gattin, als Bittende zu Christina sandte, um Vergebung flehte, antwortete die verärgerte Regentin unter anderem mit dem Satz, Magnus habe »ein Geheimnis aufgedeckt, das ich mein ganzes Leben zu hüten entschlossen war«[18], wohl doch gerade die als skandalverstandene Beziehung zu Ebba, die einzige Erklärung für einen solchen Haß der Königin, da der Graf sich nie als Liebhaber präsentierte, eine solche Behauptung ihm nicht angelastet werden könnte.

Sei es, daß die Historiker und Biographen sich täuschen oder nicht bei der Deutung dieser Äußerung Christinas, immerhin als schriftliches Zeugnis von ihrer Hand erhalten, es bleibt, daß Christina ein übriges tat, Vermutungen dieser Art zu erhärten. So stellte sie dem Engländer Bulstrode Whitelocke »Belle«, ihre »Hofrätin«, Anfang Februar 1654 mit der Bemerkung vor, sie sei ihre »Schlafkameradin«, »Bettgenossin«, wie die meisten Biographen übersetzten, Englands Gesandter möge doch entscheiden, »ob ihr Verstand ihrer Schönheit entspreche«.[19] Ähnliches widerfuhr wenig später dem kaiserlichen Gesandten Graf Raimondo Montecucoli, der Ehesondierungen für die vom Kaiser erwünschte Hochzeit Christinas mit dem Habsburger Ferdinand, dem König von Ungarn und Thronprätendenten, führen sollte, eine liebenswerte Ironie der Geschichte; wenigstens glaubte Cromwells gewöhnlich gutinformierter Gesandter solches nach London berichten zu müssen. Christina hatte dem kaiserlichen Sonderbotschafter die Gräfin Sparre auf der Bärenjagd, beim abendlichen Essen in der Jagdhütte, mit den Worten vorgestellt, sie liebe »Belle« ... Aufschlußreich vielleicht auch in diesem Zusammenhang ein schönes Spiel, von Christina demonstrativ auf das ihr offenbar selbstverständliche Begehren der Männer gewagt. Whitelocke berichtete, sie habe der Gräfin die Handschuhe abgezogen, durchaus eine herrschaftliche Geste des angedeuteten Besitzes, so jedenfalls könnte man diese Handlung wohl verstehen, glauben, daß Christina zeigen wollte, was ihr gehörte, eine »Entkleidungsszene« eigener Art, gespielt für die Herren, denen solches offenbar nicht gestattet war, »gab den einen Whitelocke, während sie den anderen in vier Teile zerriß«, sie an Montecucoli und die Umstehenden verteilte.[20]

Sicher, der Begriff »bedfellow« bedeutete in jener Zeit winterkalter Betten so viel Ungewöhnliches nicht. Christina benannte selbst in ihrem Memorienfragment Axel Banér, den Vertrauten des Vaters, als »Kamerad in Liebesaffären und Ausschweifungen«, bemerkte, »der König liebte ihn so sehr, daß er ihn in seinem eigenen Bett schlafen ließ«.[21] Und Gustav II. Adolf war doch alles andere als ein Liebhaber des eigenen Geschlechts! Kann man aus solchen Äußerungen eher den Versuch der Königin schließen, ihr Verhältnis so normal wie möglich darzustellen, Dinge als selbstverständlich anzusprechen, von denen sie natürlich wußte, welche Vermutungen die Höflinge und ausländischen Gesandten beschäftigten, so bleiben sie doch gewichtiges Zeugnis für Christinas Haltungen. Angriff als beste Verteidigung vielleicht. Immerhin hat auch der sehr vorsichtige Sven Stolpe ausdrücklich betont, obwohl wir Heutigen den Begriff »Bettgenosse« nicht in unserem Verständnis interpretieren sollten, »ist die Sache doch keineswegs bedeutungslos«.[22]

Er und viele anderen erwähnen die inzwischen berühmt-berüchtigte »Bettgeschichte« um Christinas hochgeschätzten Altphilologen Claude Saumaise als einen interessanten Beleg für die Neigungen der Herrscherin zu Beginn der fünfziger Jahre. Der Gelehrte habe, so die nicht völlig belegte Legende, seinerzeit erkältet niedergelegen, Christina ihn gemeinsam mit Ebba Sparre besucht, den lesenden Saumaise überrascht. Die Königin, offenbar bestens vertraut mit den umstrittenen Schriften jener Zeit, auch das ist ein wichtiger Fakt, sucht man sich Christinas Wesen zu nähern, habe sofort aus dem Titel die Anzüglichkeiten erschlossen, die wohl weniger belesene Sparre genötigt, entsprechende Textstellen laut zu lesen. »Kommen Sie, Sparre, da haben Sie ein schönes Gebetbuch, das ›Moyen de parvenir‹ heißt, . . . lesen Sie uns diese Seite vor!«, heute Christinas Biographen einer der bekanntesten skandalösen Aussprüche der Regentin. Und überflüssig zu erwähnen, daß es nicht der verschämt daliegende Gelehrte, sondern Christina war, die mit sicherem Griff die entsprechende Seite selbst aufschlug, wohl wissend, was Ebba Sparre zu verlesen hatte . . ., die wiederum bald betroffen abbrach, von einer sich köstlich ergötzenden Königin zum Weiterlesen gezwungen wurde, »im Zusammenhang damit, was wir von . . . der Königin und ihrer Passion für Ebba Sparre wissen«, sei diese Geschichte »nicht ohne Interesse«.[23]

Whitelocke hat uns in seinen Memoiren, die aber offenbar von Anfang an für eine Publikation in England gedacht waren, der Brite ein Geschäftsmann der modernen Zeit, solche Schlüsse nicht wissen lassen. Anders Dänemarks Gesandter Peder Juel, der »in seinen Briefen lüstern gefabelt hatte«, was Christina mit Ebba trieb.[24] Interessant, diese Ablehnung Stolpes, der in den Schilderungen des Dänen an seinen Hof nur Phantasieprodukte sehen wollte, auch in diesem Zusammenhang bemerkte, Christina spielte lediglich »ihr gefährliches Spiel mit der schönen Ebba Sparre«, suchte ihre Neigungen solcherart zu befriedigen, verlor darüber natürlich »den Seelenfrieden«, fand sich bald »in einer voll entwickelten erotischen Neurose«, »aus der sie sich nur durch äußerst verzweifelte Maßnahmen befreien konnte«.[25]

Eine interessante, ein wenig überraschende Deutung, zweifellos, aber so richtig überzeugend eben doch nicht. Da sind schließlich noch jene anerkannt eigenhändigen Briefe Christinas, Bekenntnisse, denen wohl nur Liane von Gentzkow so völlig normale Wendungen entnehmen konnte – und wollte. Räumt doch auch Stolpe ein, »glühende Liebesbriefe sind sie wirklich«.[26]

Schon der erste, aus Brüssel 1655 geschriebene Brief erinnerte Ebba Sparre daran, welche Zuneigungen Christina für sie empfand. Das Glück der Freiheit wäre erst dann »vollkommen, wenn es mir vergönnt wäre, es mit Ihnen zu teilen ... ich schwöre Ihnen, wert zu sein, von den Göttern beneidet zu werden«, hätte sie die Freude, »Sie zu sehen«. Da sie jedoch berechtigte Zweifel hegen müsse, dieses Glück zu genießen, »müssen Sie mir wenigstens die Befriedigung schenken, mir zu glauben, wenn ich sage, daß ich Ihre Verdienste niemals vergessen werde«, wo immer sie sich auch befände, hoffe, niemals erfahren zu müssen, »von jener vergessen zu werden, die ich auf der Welt am meisten schätze«.[27]

Wenig später dann jene Zeilen aus Rom, 1656 geschrieben: »Was würde ich glücklich sein, wäre es mir vergönnt, Sie zu treffen, Belle, aber ich bin verurteilt, Sie auf ewig zu lieben und anzubeten, ohne Ihnen jemals begegnen zu dürfen, der Neid, den die Gestirne menschlichen Glücks gegenüber kennen, hindert mich, ganz glücklich zu werden, weil ich das nicht kann, so lange Sie mir fern sind. Zweifeln Sie nicht ... glauben Sie mir, wenn ich sage, daß Sie, wo immer auf Erden ich mich auch befinden möge, in mir eine Person haben, die Ihnen stetig ergeben ist«. Wäre es denkbar, fragt die Königin ängstlich, und es sei dahin gestellt, ob es »Literatur« ist, schöne Wortspiele, wie Sven Stolpe meinte, »daß Sie sich meiner noch erinnern? Bin ich Ihnen noch immer so teuer, wie ich es früher war? Habe ich mich nicht betrogen, wenn ich so sicher annahm, der Mensch zu sein, den Sie auf der ganzen Welt am meisten lieben? Oh, sollte dies der Fall sein, so enthüllen Sie es mir nicht! Lassen Sie mich in meinem Irrtum beharren, und neiden Sie mir nicht das eingebildete Glück, das ich aus dem Bewußtsein erfahre, von der anbetungswürdigsten Person auf der Welt geliebt zu werden. Gönnen Sie mir, wenn es möglich ist, diesen Vorzug, und lassen Sie nicht zu, daß die Zeit oder die Entfernung mich der Genugtuung berauben, von Ihnen geliebt zu werden, und vertrauen Sie darauf, daß, was mir auch zustoßen mag, ich niemals schließen werde, Sie zu lieben! Leben Sie wohl, Belle ... Ich küsse Sie tausendmal.«[28]

Am 27. März 1657 schrieb Christina dann den wohl längsten und auch, sieht man ihre Gefühle für Ebba Sparre als »unnatürlich«, leidenschaftlichsten und am meisten kompromittierenden Brief an die selbst im schönen unruhigen Rom unvergessene »Belle«. Sie habe dort, so die Königin, alles sehen dürfen, »was unser Geschlecht an Charme und Schönheit hervorbringen kann«, wolle jedoch mit »äußerster Entschiedenheit festhalten, daß es keinen Menschen gibt, der mit Euch wetteifern könne, wenn es die Vorzüge gelte, die Ihr vor allen in dieser Welt besitzt. Sagen Sie mir nach diesem, wie man irgend Trost finden kann, wenn man zu ewiger Scheidung verurteilt ist! Aber ich, der dessen sicher bin, daß ich Euch niemals mehr treffen soll, bin doch genauso dessen gewiß, daß ich Euch ewig lieben werde; Ihr wäret grausam, wenn Ihr das bezweifelt«. Ihre Freundschaft habe nun eine dreijährige Trennung überdauert, dürfe »Belle« daher nicht verdächtig erscheinen. »Wenn Ihr das Recht nicht vergessen habt, das Ihr über mich besitzt, werdet Ihr Euch auch erinnern, daß es bereits vor zwölf Jahren war«, daß sie das Glück kannte, »von Euch geliebt zu werden, daß ich Euch kurz gesagt, auf eine Art und Weise angehörte, die es Euch unmöglich macht, mich fallenzulassen. Erst mit dem Tode schließe ich, Euch zu lieben«. Sie, Christina, wäre die glücklichste Fürstin der Welt, hätte sie die geliebte Frau als »Zeugin ihres Glücks« in Rom, könnte hoffen, Ihr eines Tages Freude zu bereiten, erbot sich, Ebba Sparre zu helfen, forderte sie auf, »sich der Macht zu bedienen, die Ihr über mich habt«, nur die reine Unmöglichkeit würde dann Christina hindern, »sich Euch zur Verfügung zu stellen«. Und wieder tausend Küsse, die Versicherung, »Belle« mit »ganzem Herzen« zu lieben.[29]

Soweit Christina selbst! Berücksichtigt man, daß sie 1661, damals in Hamburg weilend, versuchte, Ebba Sparre, seit einigen Jahren Witwe, zu sich zu holen, dann wird wohl deutlich, daß diese Liebe Christina beherrscht haben muß, sehr tief erlebt wurde. Carl Sparre, ein Verwandter, schrieb damals in einem

Brief, Ebba sei nach Amsterdam abgereist, schränkte dann ein, offenbar nicht auf dem letzten Stand, »es war zumindest ihre Absicht, Ende dieser Woche mit einem Lübecker abzusegeln und von dort auf dem Landweg nach Hamburg zu fahren. Möge Gott sie beschützen und ihr eine glückliche Reise schenken«.[30]

Sie ist nicht nach Hamburg gereist, starb bereits zu Jahresbeginn 1662, war wahrscheinlich bereits zu schwach, ernsthaft erkrankt, um sich auf diese Fahrt zu wagen. Daß man es berichtete, belegt, wie ernsthaft beide Frauen diese Begegnung suchten, läßt die angebliche »Schwärmerei« in der Tat in einem merkwürdigen Licht erscheinen. Und wir wissen auch das: Am 22. März 1662 kondolierte der Bibliothekar Nicholas Heinsius, von Christina beauftragt, für deren Bibliothek wertvolle Bücher überall in Europa zu erwerben, der Königin anläßlich des Ablebens der Ebba Sparre, deren Bilder in der Sammlung auf Schloß Gripsholm nun bereits eine gereifte, füllige Frau zeigen, nicht mehr die strahlende Schönheit aus Christinas Regentschaft. Möglich, daß die Königin sich allezeit dieses Jugendbild bewahrte, nicht auszuschließen aber auch, daß sie mit jenem angedeuteten Erlebnis vor »zwölf Jahren« Empfindungen verband, die alle Zeitrechnungen überdauerten, sich tatsächlich an eine nie alternde Ebba knüpften.

So fällt es denn auch wirklich schwer zu akzeptieren, daß beide Frauen nur eine »Art halb literarischer Leidenschaft« einte, wie es Sven Stolpe vermutete.[31] Er hatte recht überzeugend argumentiert, jene Mischung aus weiblichem Protest der ungezählten unglücklich verheirateten Frauen der europäischen Oberschichten des 17. Jahrhunderts und wachsendem »Verständnis für die Würde der Frau, eine beginnende Auflehnung gegen die Tyrannei der Männer« und die Hoffnung auf eine »vollkommene Liebe, ... die von allem frei ist, was niedrig, unfein und körperlich ist«[32] dargestellt. Es soll nicht angezweifelt werden, daß diese Form der literarischen Diskussion über Liebe und Freundschaft die Salons bedeutender französischer Frauenpersönlichkeiten der damaligen Zeit beherrschte, scheint auch durchaus einleuchtend, daß jene Schwärmereien reiner Gefühle gerade Christina beeindrucken mußten. Die Königin bewilligte beispielsweise der Mademoiselle de Scudéry eine jährliche Pension, beschenkte sie. Und doch bleiben da eben jene deutlichen Hinweise auf konkrete Handlungen, die mehr zu sein scheinen als bloße literarische Ergüsse.

Eine endgültige Antwort kann nicht gewagt werden. Den Zeitgenossen aber, denen diese Art »Briefliteratur« vermutlich vertrauter war als uns Historikern heute, erschien Christinas Verhalten jedenfalls anders. Sie sahen nicht »eine Schwärmerei, die als Leidenschaft geschildert wird, die aber nie darauf ausging, Wirklichkeit zu werden«.[33] Christina wurde bereits während ihrer Reise nach Flandern ein Abenteuer mit einem jungen jüdischen Mädchen nachgesagt, später, in Frankreich mehren sich die entsprechenden Berichte sehr unliterarischer Erlebnisse. Der Pfalzgraf Eduard schrieb dem Herzog von Mentone beispielsweise eine bissige Schilderung eines gescheiterten angeblichen Annäherungsversuchs Christinas. Sie »küßte sie leidenschaftlich und wollte mit ihr ins Bett gehen, aber das Mädchen lehnte ab«, so der allerdings mehr als unglaubwürdige Bericht.[34] Interessant wohl nur als Dokument dessen, was die Zeitgenossen dachten und glauben wollten. Belegt dagegen die Verehrung der Komtesse de Suze, einer Tochter Gaspards de Coligny, des berühmten Führers der Hugenotten. Sie sah man während der ersten Frankreichreise Christinas ständig an der Seite der Königin. Die Französin schrieb elegische Lobpreisungen auf die Schwedin. »Wie schön diese Fürstin ist, ihre göttliche Seele, ihr schöner Körper bilden zusammen einen Schatz, der das schönste Werk von der Hand des Schöpfers ist«.[35] Auch das eine merkwürdige Reaktion, um so unbegreiflicher, da Christinas »schöner Körper« wohl nur eine Fiktion sein konnte, von der Madame des Suze vermutlich nur erahnt, wenngleich auch da eine andere Deutung nicht ausgeschlossen scheint. Liebte Christina die eine körperlich, dürften andere Beziehungen ebensowenig »körperfrei« geblieben sein ...

Spricht also möglicherweise gerade diese scheinbar unverständliche »Schwärmerei« für das »schönste Werk von der Hand des Schöpfers« gegen die intime Kenntnis der Französin über Christinas Körper, so erlauben Huldigungen der Königin als »Sappho unserer Zeit«[36] und vor allem das verbriefte Entzükken Christinas über die schöne Madame de Thianges eine andere Sicht auf erotische Wünsche der schwedischen Fürstin. Die Christina relativ sachlich reflektierende bedeutende Memoirenschriftstellerin Anne Marie Louise von Orleans, Herzogin de Montpensier, schilderte Christinas Bemühungen, die offenbar bezaubernde französische Hofdame für die Reise nach Rom zu gewinnen, sie von ihrem Manne zu trennen. Die Königin hatte ernsthaft betont, kein Mann verdiene eheliche Treue, Männer seien nichts wert. Christina »schmähte die Ehe und riet mir, niemals zu heiraten; sie fand es widerwärtig, Kinder zu gebären«, notierte die junge Herzogin.[37] Auch ihr schrieb Christina später Briefe, in denen sie ihre glühende Liebe beteuerte, Stärke der Gefühle für »la Grande Mademoiselle« ausdrückte[38], das aber war in der Tat eine andere Form, entsprach wohl jener »Literatur« dieser Tage in den Pariser Salons.

Für und Wider, auch hier mehr offene Fragen als Anworten also, will man Christinas Hinwendung zu Ebba Sparre und anderen Frauen erklären. Vielleicht ist es in der Tat so wichtig nicht, ob die Königin Grenzen überschritt, die der Mehrheit ihrer Zeitgenossen als verwerflich erschienen, noch heute vielen in unserer modernen Welt psychologischer Erklärungen unvereinbar mit Normalität bleiben. Bedeutsam nur die Antwort, welcher Platz Christinas besondere Erotik im Prozeß ihrer Suche nach Erklärungen für den Sinn des Daseins zukäme. War es nicht das Zusammenleben mit einem Mann, die Sicherheit der Erbfolge, Ausbildung eines befähigten Thronfolgers, Dienst im Sinne der Vasas, brachte auch die Hinwendung zum eigenen Geschlecht nicht die Erfüllung, konnte es vielleicht die Wissenschaft sein, Ausgleich für vieles, was der Königin aus ihrem Anderssein verschlossen schien? Christina stürzte sich mit gleicher Hast und Energie auf alles, was die Gelehrten beschäftigte wie seinerzeit, als das Lesen und Lernen einzige Alternative blieb, den Zwängen mütterlicher Trauer zu entrinnen. Konnte die Weisheit, die Diskussion mit Europas bedeutendsten Wissenschaftlern die Lösung aller persönlichen Probleme bringen, Frage aller Fragen für die junge Königin.

Die gelehrte Christina

Englands Botschafter Whitelocke schloß seine Tagebuchaufzeichnungen mit dem Empfang bei Oliver Cromwell am 3. Juli 1654, Englands großer Persönlichkeit zu Beginn der Neuzeit, notierte dessen Frage, ob Christina wirklich eine »Frau ist von so großen Eigenschaften, wie hier berichtet wird?« Er habe entgegnet, so Whitelocke, Christina sei tatsächlich jene bedeutende Regentin, habe einen »hervorragenden Verstand«, spreche mehrere Sprachen, »ist in den meisten Wissenschaften zu Hause, besonders in Geschichte«, fände kaum ihresgleichen in der Kunst der »Staatswissenschaften«.[1]

Frankreichs Gesandter Chanut hatte wenige Jahre vorher dem Freund Rene Descartes die schwedische Königin in einer bemerkenswerten Charakteristik geschildert. Er würde gewiß nicht übertreiben, wolle er ihm versichern, er, Descartes, wäre über »die Kraft ihres Geistes erstaunt«, beschrieb Christina als hervorragende Staatswissenschaftlerin, ähnlich später Whitelocke, um so erstaunlicher, als niemand entsprechende Überlegungen und Äußerungen der Königin übermittelte. Der Franzose würdigte vor allem das Urteilsvermögen der Herrscherin, die souverän ihre Minister dirigierte, vor allem aber zwischen den Audienzen und Staatshandlungen studiere, das Gespräch mit Gelehrten suche, wissenschaftliche Diskussionen führe, »die unter Gelehrten als ernsthaft gelten«.[2]

Der Jesuit Charles Alexander Manderscheidt, Beichtvater des spanischen Botschafters, zweifellos ein aufmerksamer Beobachter, berichtete seinerseits Anfang der fünfziger Jahre über erstaunliche Leistungen Christinas. Sie allein verhandele mit den auswärtigen Gesandten, sei fähig, Referate »von 28 Blättern in kürzester Zeit« zu lesen, den Inhalt lateinisch zu referieren, beherrsche »zehn bis elf Sprachen, kennt sehr genau die alten und neuen Dichter«, habe auch die Schriften der Kirchenväter studiert, beherrsche die alte klassische Literatur, es gäbe keinen alten Dichter, der ihr nicht so vertraut wäre, daß sie Plagiate sofort erkenne.[3]

Blaise Pascal, der Mathematiker und einer der bedeutendsten Denker des 17. Jahrhunderts, sandte Christina eine Huldigung, maßlos übertrieben, von dem Franzosen sicherlich so ernst nicht gemeint, vor allem auf materielle Anerkennung zielend, dennoch ein zeitgemäßes Dokument dessen, was man dieser Königin sagen zu müssen glaubte, was sie wohl auch aus der Reihe anderer Herrscherpersönlichkeiten hervorhob. Die Philosophen und Weltverbesserer, so der geschmeidige Gelehrte, hätten bisher vergebens auf den »vollkommenen Herrscher« gewartet, die bisherigen Könige seien »nur unzulängliche Experimente der Natur und Kultur« gewesen, hätten die Erwartungen nur sehr ungenügend befriedigt. Nun sei mit Christina »das Meisterwerk« gelungen. »Das große Wunder, das die Männer nicht bewirken konnten, ist zu aller Erstaunen von einer jungen Königin vollbracht worden.« Zugegeben, zu viel der Schmeichelei, fast eine unerträgliche Lobhudelei, erschreckend plump, so mag der Leser verärgert fühlen. In der Tat fällt es uns Nachgeborenen, selbst geübt in Preisungen mancher Herrschender unserer Tage, des öfteren auch das wahrlich so erträglich nicht formuliert, trotzdem mehr als schwer, den Tonfall, die deutlichen Übertreibungen zu akzeptieren. Christina habe »der Welt dieses einzigartige Beispiel gegeben, das ihr bisher fehlte«. Die Königin vereine »gleichermaßen die Höhe der Macht und des Geistes«, errege die »Bewunderung kommender Jahrhunderte«, unterwerfe »durch ihren Genius alles«, was sich nicht dem Herzen der Fürstin beuge.[4]

Besonders viel Herz »entblößte« die Regentin nur für ihre Günstlinge, Oxenstierna, aber auch Bauern und Bürger kannten die Politikerin Christina, und die wußte wohl, was »Herz« galt, was ihr Huldigungen wert waren, ließ kaum einmal das Herz sprechen. Pascal empfing eine goldene Kette für seine zu Herzen gehenden Worte, mancher andere bekannte Gelehrte erhielt die seinige, so mag auch das eine sehr überzeugende Erklärung für die Entwicklung der Legende von der gelehrten Christina gewesen sein. Andererseits kann nicht bezweifelt werden, daß die Königin außerordentlich belesen war, eine kluge Frau gewiß.

Der große Descartes antwortete Christina in ähnlich überschwenglicher Diktion wie sein Landsmann Pascal, reagierte auf seine Weise auf die Einladung der Königin, nach Stockholm zu übersiedeln. Wäre ihm »ein Brief vom Himmel gesandt«, könnte er nicht glücklicher sein, würde Gottes Botschaft nicht »mit größerer Ehrfurcht und Verehrung empfangen« als er Christinas Schreiben entgegennahm, fühlte sich der Anerkennung darin keineswegs würdig, empfinde sich in ewiger Schuld gegenüber der Herrscherin.[5] Möglich, daß dem Philosophen der Himmel so nahe nicht war, sein stets bekannter Katholizismus Alibifunktion erfüllte, auch das nur eine Vermutung, von Descartes immer bestritten ... einerlei, die Lobpreisungen Christinas auch hier schier unbegreiflich, wohl selbst in jenem Zeitalter schwülstiger überschwenglicher Huldigungen nur als notwendige Steigerung empfunden, Geist des Zeitalters, sollte dokumentieren, daß hier jemandem Anerkennung wurde, jenseits der normalen Verbeugungen, die jeder Potentat pflichtschuldigst empfing. Diese Königin erhob sich in der Tat über die große Mehrheit der damaligen Regenten.

Ist es so, dann provoziert es die Frage, wo die Wahrheit liegt, wie überzeugend Christina wirklich war, die »Gelehrte« noch des Papini, tatsächlich ein solch überragender Geist? Die schwedischen Historiker bemerken in der Nationalgeschichte, Christinas Reputation als Gelehrte sei ein Teil ihrer Bestrebungen gewesen, sich überall in Europa »bekannt zu machen« als Mäzenatin, doch sei auffällig, daß der Strom der Gelehrten aus bekannten europäischen Wissenschaftszentren zwischen 1650 und 1653 schnell wieder versiegte, schon vor Christinas Thronverzicht »praktisch genommen alle wieder verschwunden waren«.[6] Wie einst der junge Kronprinz Gustav haben bekannte schwedische Geschichtswissenschaftler bereits Anfang unseres Jahrhunderts bilanziert, Christina »genoß es, berühmt zu sein«, es war ihr »ein Lebensbedürfnis zu wissen, daß man überall von ihr sprach«[7], Erfahrungen, die offensichtlich bereits der enttäuschte Descartes sammelte.

Zunächst schrieb der zufriedene Franzose an seine Schülerin

Elisabeth von der Pfalz, Tochter des unglücklichen »Winterkönigs« im holländischen Exil, er sei zwar »erst vier oder fünf Tage« in Stockholm, habe Christina auch bisher nur zweimal getroffen, glaube aber, »sie schon so gut zu kennen, um sagen zu dürfen, daß sie nicht weniger Verdienst und mehr Vorzüge besitzt, als der Ruf ihr zuschreibt«. Sie lebe »ganz den Studien«, lerne vor allem derzeit intensiv Griechisch, sammele alte wertvolle Bücher.[8]

Glaubte er es denn damals wirklich, so dürfte die Desillusionierung bald solche Eindrücke verwischt haben. Unverständlich, wie beispielsweise Kurt Pfister behaupten konnte, Christina habe sich fast »täglich ... mit Descartes über theologische, philosophische und staatsrechtliche Probleme« unterhalten.[9] Die Wahrheit war weitaus prosaischer, denn die Königin gewährte Descartes zunächst mehr als vier Wochen Urlaub, ließ ihn Stockholm und Umgebung ergründen, im Oktober und November wohl nicht die beste Zeit. Später durfte der geniale Denker ein geplantes Ballett »texten«, daneben an Statuten für die geplante Gründung einer Akademie durch Christina schreiben, ein Trost für ihn vielleicht, hier im Norden Pascal durch Beobachtungen für dessen Barometerstudien zu unterstützen, Nützliches zu tun.

Erst um die Jahreswende fand Christina Zeit für einige Diskussionen. Descartes berichtete im Januar 1650 selbst, »er habe seit Dezember vier oder fünf Unterredungen« mit Christina gehabt, Gespräche mit ihr und dem Reichshistoriker Freinshemius geführt, vermutlich auch das nur sehr allgemeine Diskussionen, erwähnte der Philosoph doch nichts darüber, klagte wenig später bestürzt, Christina gebe sich ausschließlich »ihren literarischen Studien hin«. Er wüßte nicht, »ob sie sich überhaupt jemals mit Philosophie beschäftigt« habe, könne selbst kein Urteil wagen, doch zweifele er sehr, daß sie je Zeit und Interesse für Philosophie aufbrächte. Möglich, daß sich hier enttäuschte Eigenliebe artikulierte, und doch, die Äußerung war wohl persönliche Erfahrung, ernst gemeint, wenn er schrieb, er glaube, »daß ihn dort in Stockholm nichts besonders lange halten werde«.[10] Er irrte, der kluge Kopf, der Tod sollte schneller sein, am 22. Januar erkrankte er an Lungenentzündung, ein Opfer des kalten rauhen Klimas, zehn Tage später verstarb der Franzose.

Als sie 1667 in Hamburg Erinnerungen notierte, erwähnte Christina auch, sie habe mit Descartes einige erkenntnistheoretische Fragen diskutiert, auch das vielleicht das Resümee ihrer gesamten Verbindung mit dem Philosophen, weniger auf die Tage in Stockholm beschränkt. Außerdem verstand sich die Königin damals als Ehrenretterin »ihres« Philosophen, behauptete, von ihm in Mathematik und Physik unterrichtet worden zu sein, schrieb den berühmten Satz, Descartes habe auch »in hohem Grade zu unserer ehrenvollen Konversion beigetragen«, er und Chanut hätten ihr »die ersten Aufklärungen« gegeben.[11] Abgesehen davon, daß die Zeitgenossen an Descartes' Katholizismus, eigentlich sogar an dessen religiöser Bindung allgemein zweifelten, muß diese Behauptung, von der Mehrheit der Biographen ungeprüft wiedergegeben, nahezu absurd erscheinen. Die wenigen Unterredungen im Beisein von anderen Gelehrten ließen kaum den nötigen Raum.

Wie so vieles in Christinas Wesen findet sich jedoch auch hier eine Erklärung, erweist sich, daß die Königin hier offenbar in anderen Dimensionen dachte. Seinerzeit, noch vor Descartes Ankunft in Stockholm, hatte Botschafter Chanut dem Philosophen geschrieben, die Königin könne seine Auffassung nicht teilen, daß die Welt unendlich sei. Das wäre, so hätte Christina argumentiert, nicht möglich, »ohne mit den Lehren des Christentums in Konflikt zu geraten«.[12] Und sie hatte Fragen formuliert, Antworten gewünscht, wie immer, wenn Christina sich an bedeutende Wissenschaftler wandte, diesmal waren es vorrangig moralphilosophische Überlegungen wie solche, ob man sich bei der Wahl seiner Freunde einfach Emotionen hingeben dürfe, oder sich von moralischen Erwägungen leiten lassen müsse? Genial war das wohl nicht, bestenfalls aus den inneren Widersprüchen Christinas in ihrem Konflikt zwischen Liebe und Verzicht, Neigungen und Pflichten erwachsen.

Descartes hat solches zu beantworten gesucht, auch das so überzeugend nicht, kaum geeignet die Frage, den Denker ernsthaft zu fordern, der seinerseits gewissermaßen unaufgefordert Christinas Zweifel aufgriff, eine Interpretation der »Unendlichkeit der Welt« anbot, wohl die Variante für Könige und Machthaber. Nicht ungeschickt, er wußte wahrlich, wie schmal der Grat war, auf dem er balancierte, bestätigte Christinas Auffassung, der Mensch sei als Ebenbild Gottes die Krone der Schöpfung, könne sich folglich nicht irgendwo im unendlichen Kosmos verlieren. Gott sei »unendlich«, die Welt im eigentlichen Sinne seines Verständnisses lediglich »unbestimmbar«, so meine er den Begriff »unendlich«, das die Antwort des Franzosen auf Christinas Anfrage, »wie sich der christliche Glaube mit der modernen Naturwissenschaft vereinbaren lasse«.[13] Diesem Zweifel galt auch Christinas Überlegungen zum »höchsten Gut« der Menschheit, auch das als simple Frage an den Philosophen formuliert, als Antwort entgegengenommen, wiederum ganz Schüler-Lehrer-Verhältnis! Die »höchste Befriedigung« des Menschen, gleichermaßen als »höchstes Gut« sei »die richtige Anwendung des freien Willens«, so Descartes, auch hier ein bißchen kluges Orakel, Alleswissender er, Wißbegierige Christina. Auch das wohl nicht die Diskussion unter Gelehrten.

Für die Königin blieb es dennoch wichtiges Argument. Der freie Wille sei »das Edelste«, der höchste Besitz, lasse den Menschen, Christina vor allem, so wird sie es befriedigt verstanden haben, »in gewissem Grade Gott gleichen«, befreie den Menschen davon, »seine erschaffenen Geschöpfe zu sein«.[14] In der Tat wohl bereits die Grenze dessen, was eine Kirche, ein Glaubensbekenntnis akzeptieren konnte. Christina mußte es beeindrucken, weil die lutherische Orthodoxie solches nicht gestattete, ihr Grundgedanke weiterhin die absolute Unterordnung des Menschen unter Gottes Willen blieb, die Königin die Unfreiheit des Menschen selbst so schmerzlich empfand, ihr der »Katholik« Descartes damit Wege wies, sie die Freiheit des katholischen Dogmas dem eigenen lutherischen abwägend entgegenhielt, damals vermutlich selbst nicht begriff, oder es nicht verstehen wollte, daß der Franzose mit Erkenntnissen dieser Art auch jenseits des katholischen Christentums wurzelte. Nimmt man diese »Gespräche« zwischen dem Philosophen und der Königin, dann mag Descartes das seinige getan, für Christina die Grenzen der lutherischen Religionsphilosophie deutlicher markiert haben.

Wesentlicher für die Prägung solcher Auffassungen dürfte der zweifellos belesene, durchaus als ebenbürtiger Diskussionspartner zu betrachtende Gesandte Pierre Chanut gewesen sein. In den philosophischen Debatten mit ihm, der seinerseits Descartes interpretierte, gewann Christina den gewünschten Boden »einer mehr wissenschaftlich analytischen Weltanschauung ..., die die religiöse Thematik unter philosophischen Gesichtspunkten und ganz und gar nicht dogmatisch zu besprechen beliebte«.[15]

Bliebe der Widerspruch zwischen wirklichem Wissensdurst und der Sucht, diesen bzw. ihre geistige Größe der Welt zu präsentieren. Vermutlich hat sie es ernst gemeint, glaubte es selbst, als Christina den holländischen Philologen Isaak Vossius 1650 mit den Worten nach Stockholm zog, es betrübe sie, ihr »Leben zu anderen Dingen als zu Studien zu gebrauchen«, sie sei mehr als unglücklich, die Regierungsverpflichtungen erfüllen zu müssen, die »mich gegenwärtig an meinen liebsten Freuden hindern«, sie zwängen, sich einige »wenige Stunden zu stehlen«, um die Erfahrungen der Alten zu studieren.[16]

Vergleicht man Descartes' Erfahrungen in Stockholm, Christinas eigene Erklärungen und ihre Einladungspolitik, wird sichtbar: Tatsächlich blieb ihr das »Gespräch mit den Toten«[17], den klassischen Autoren, der eigentliche Inhalt ihrer Studien. Sie meinte Wissenschaft, wenn sie die Bücher der Griechen und Römer erörtern konnte, wähnte sich groß, den Aufbau der Bibliotheken mit klassischer Literatur zu fördern, wies nahezu allen berühmten Gelehrten an ihrem Hof Bibliothekaraufgaben zu, sandte Vossius und später den Straßburger Philologen Nicholas Heinsius aus, überall in Europa kostbare Bücher für sie zu erwerben. Darin war sie ohne Zweifel groß, bedeutsam für die europäische Geistesgeschichte. Und doch auch hier Unerklärliches neben Nachvollziehbarem! Als die bedeutenden Orientalisten Samuel Borchard und Gabriel Naudé hebräische und arabische Handschriften ihrer Sammlung geordnet hatten, eine nutzungsfähige Bibliothek eingerichtet, ein Katalog geschrieben war, ließ Christina unmotiviert den Saal räumen, einen Raum für ihre Hofdamen einrichten, stapelten sich die Schriften und Bücher wieder ebenso ungeordnet wie vorher.

Vielleicht waren es Gründe solcher Art, daß der angereiste Mathematiker, Chemiker, Astronom und Dichter, der Universalgelehrte Pierre Daniel Huet, sofort wieder zurückkehrte, Pascal und Pierre Gassendi trotz verlockender Angebote niemals kamen, Claude Saumaise, am 12. August 1650 in Stockholm eingetroffen, von Christina als Bibliothekar beauftragt, bald wieder nach Holland zurückkehrte, ihn ein fürstliches Gehalt nicht binden konnte. Die »Minerva des Nordens« bot Geld, aber kaum wirkliche wissenschaftliche Betätigung, Theaterskripte, Verwaltungsdokumente waren nicht nur René Descartes ein Greuel.

So bleibt in der Tat nur die Feststellung, daß Christinas sprichwörtlicher Wissensdurst wohl nicht zum wenigsten ihrer krankhaften Geltungssucht erwuchs, konnte sie nicht, wie der Vater, an der Spitze schwedischer Armeen von sich reden machen, so wollte sie zumindest als Europas klügste Frau gelten, wünschte die »Wissenschaftsinstanz« des Kontinents zu sein. Der Entwicklung der Universität Uppsala bekam das zeitwilig gut, was Christina so zu dokumentieren suchte. Axel Oxenstierna als Kanzler, Christinas häufige Anwesenheit bei Disputationen, der Aufenthalt europäischer Wissenschaftler von Ruf förderte das Wachstum der Bildungsstätte, auch eine kurze Blütezeit anderer Künste.

Gabriel Naudé hatte, als Bibliothekar der Herrscherin, vertraut mit Christinas Sehnsucht nach Kunst und Kultur, Pierre Gassendi nach Frankreich vermeldet, die Königin sei nicht allein eine Kennerin der Literatur, liebe gleichermaßen Malerei, Skulptur, Architektur und Numismatik, ziehe auch hervorragende Künstler nach Stockholm, »Arbeiten in Marmor, Emaille, Wachs, Musik und Tanzkunst« verstünde man dort »so gut wie nirgendwo«.[18] Sebastian Bourdon schuf zwischen 1649 und 1652 einige seiner Meisterporträts bedeutender schwedischer Persönlichkeiten, malte wieder und wieder auch eine anmutige Christina.

Schwedens bedeutender Historiker Carl Grimberg fällte seinerzeit, in den zwanziger Jahren unseres Jahrhunderts, dennoch ein vernichtendes Urteil. Christina habe alle diese Gelehrten und Künstler nur genutzt, sich zu zerstreuen, sie mußten

»ihrem Ruf Weihrauch« opfern, ihren Hof zieren. Harte Worte, gewiß, noch ergänzt durch das zeitgenössische Urteil des deutschen Gelehrten Forstner, Christinas Liebe zu den Wissenschaften habe nach der Ankunft Pierre Bourdelots, eines französischen Arztes und Höflings, »sehr abgenommen«, Gelehrte würden zurückgeschickt, »die königliche Bibliothek, da niemand sich um sie kümmert«, werde geplündert, ein »Schwarm von Musikanten, Modegecken und Abenteurern« habe die Wissenschaftler und wahren Künstler verdrängt.[19]

Vergleicht man Naudés Behauptung, – zu seiner Zeit besaß Christina etwa 8000 Handschriften – mit den Eintragungen von lediglich 2111 solcher wertvoller Stücke in der Bibliothek des Vatikans nach Christinas Tod, dem Erbgut der königlichen Sammlerin, dann mögen schon einige Wahrheiten in der Klage des Deutschen liegen. War also auch diese Phase in Christinas Leben nur Episode, eine Jagd nach Aufregungen und Möglichkeiten, sich schreiend aller Welt darzustellen, berechtigt die Kritiken der Zeitgenossen wie auch der Historiker? Die Tatsache, daß diese angeblich so gelehrte und kunstverständige Frau einem unbedeutenden Abenteurer, gewandtem Höfling und Unterhalter wie Bourdelot folgte, ihn zeitweilig das Leben am Stockholmer Hof bestimmen ließ, deutet äußeren Schein, nicht wirkliches Verständnis der Wissenschaften, bestenfalls eine begrenzte Sicht auf die fast revolutionäre Umgestaltung der Naturlehre und Philosophie ihrer Zeit an. Die Wirklichkeit belegt, Christina fand die ersehnte Erfüllung auch nicht in ihren Studien, blieb unglücklich auf der Suche nach dem Sinn ihres Daseins, unbefriedigt von Bücherstaub und Wissenschaftlerdisputen. Mehr und mehr zog es sie dahin, wo sie wirkliche Zufriedenheit erwartete, nach Europas Süden, auf den Spuren jener geliebten Autoren, die ihr alles waren, Sagenhaftes berichteten, wo man, folgte sie Chanut, Descartes und anderen bedeutenden Gelehrten des katholischen Frankreichs, wesentlich aufgeschlossener die Entwicklung der Welt verfolgte als im kalten, rückständigen Schweden mit seinen aufsässigen Geistlichen, unzufriedenen Bauern, Bürgern und anmaßenden Adligen. Christina sehnte sich fort aus dem Geburtsland, Realität mit wachsender Schuldenlast, Neurose, Hin und Her zwischen

Pflichten und Neigungen, persönliche Krise, aus der auch die rauschenden Feste, fröhlichen Komödien eines Bourdelot und anderer Gesinnungsgenossen keinen Ausweg wiesen.

Auf der Suche nach Erklärung der Welt

Der lange Weg der Christina vom Luthertum zur Konversion

In einem frühen autobiographischen Fragment, offenbar als Schilderung ihres religiösen Entwicklungsweges für den bewunderten und geliebten Kardinal Dezio Azzolino gedacht, notierte Christina, sie habe schon in früher Kindheit »nicht an die Religion« geglaubt, »in der ich erzogen wurde«, diese sei ihr »gottunwürdig« erschienen. Vor allem konnte sie »die langen, stets gleichen Predigten der Lutheraner nicht ausstehen«, ein »spontaner Antilutheraner«, wie der Herausgeber ihrer Selbstbiographie, Magnus von Platen, treffend ironisierte.[1] Weiß man, daß die Kardinäle und hohen Geistlichen Italiens und Frankreichs immer wieder mangelnde Andacht Christinas beklagten, häufig bemerkten, daß sie während der Messe schwatzte, laut lachte, so möchte man ihr dieses Eingeständnis gerne glauben, nur nicht in der Ausschließlichkeit auf den Protestantismus. Andererseits dürfte Christinas prachtliebende Seele die Nüchternheit des lutherischen Gottesdienstes ohne den äußeren Prunk der barocken katholischen Kirche abgestoßen haben, auch das eine Gewißheit ähnlich jener, daß Christina wenigstens um 1644, sicher auch ein Abbild ihres toleranten Lehrers, des Bischofs von Strängnäs, Johan Matthiäe, für die Religionsstreitigkeiten der Protestanten wenig religionsphilosophisches Verständis aufbrachte.

Damals hatte Bischof Matthiäe in einer Schrift Sympathien für die Böhmische Brüdergemeinde geäußert, eine schwedische Version der Kirchenordnung dieser vorreformatorischen antikatholischen Bewegung empfohlen, helle Aufregung bei der orthodoxen Geistlichkeit des Landes! Der Superintendent von Kalmar hatte Matthiäes »Idea boni ordinaris in Ecclesia Christi« vor allem wegen der unionistischen Tendenz angegriffen. Besonders ablehnend, ehrlich erregt, reagierte die Mehrheit der schwedischen Lutheraner auf Matthiäes Verteidigung der sogenannten »Laientaufe«, eines Elementes der Brüdergemeinde. Schnell wuchs der Disput zum öffentlichen Streit zwischen dem Kalmarer und Matthiäe in Strängnäs, erhitzte 1647 die Redner im schwedischen Ständetag, vereinte die Priesterschaft in der Abwehr gegen Matthiäes religiöse Toleranz. Die Geistlichkeit wandte sich an den Reichsrat, forderte den Schutz der lutherischen Reichskirche, beschwor das Bild einer gefährlichen religiösen Spaltung, bekämpfte in Matthiäe den Zerstörer der Einheit Schwedens, wollte Anfängen wehren, fand in Axel Oxenstierna einen engagierten Fürsprecher. Dieser äußerte, es wäre besser gewesen, Matthiäe hätte solche Gedanken für sich behalten.

Christina sah sich veranlaßt, ihren einstigen Lehrer ebenso entschieden zu verteidigen, auch das möglicherweise vor allem ein Versuch, den Einfluß der Oxenstiernas zurückzudrängen. Die Befürchtungen des Kanzlers, das Land werde so in religiöse Anarchie und Chaos gezogen, angesichts der konfessionellen Kriege der letzten hundert Jahre, eigener schwedischer Erfahrungen mit dem katholischen Vasa Sigismund Ende des 16. Jahrhunderts, nicht nur eine leere Fiktion, wohl dazu angetan, die Diskussion so schnell wie möglich zu enden. Wenigstens, so beschwor Axel Oxenstierna seine junge Regentin, dürfe sie sich nicht hinter Matthiäe stellen. Die eigensinnig Beharrende, so muß sie ihm erschienen sein, ließ sich auch nicht durch Bitten anderer Reichsräte, weniger befangen als Axel Oxenstierna und wohl auch nicht in die persönlichen Auseinandersetzungen mit Christina in gleichem Maße verstrickt, nicht so sehr an die orthodoxe Lutherpartei gebunden, umstimmen. Ein Tränenausbruch schließlich, eine hysterisch reagierende Christina suchte den Kanzler zu erpressen. Umsonst auch dies, er wußte, was er wollte, für richtig hielt. Ein Land, ein Glaube, so hatte es Christinas Großvater blutig durchgelebt, dafür war Gustav II. Adolf eingetreten, dem fühlte sich Axel Oxenstierna verpflichtet. Wohl fällte der Reichsrat kein Verdammungsurteil gegen Matthiäe und die Königin, konnte das auch nicht wagen, zumal der Bischof seinerseits beruhigende Versicherungen abgab, betonte, er halte fest am rechten Glauben, sei schwedischer

Kirchenpolitiker zuerst; der Konflikt schwelte doch weiter. Christina gab sich keinesfalls geschlagen, unmöglich für sie, überzeugt vom Gottesgnadentum ihrer Herrschaft, ihrer Pflicht als Regentin und dem unerschütterlichen Glauben, es besser als andere zu wissen. Hier mag sie in der Tat schon früh Gegnerin des väterlichen religiösen Bekenntnisses gewesen sein, haßte sie die kleinlichen Streitereien unter den protestantischen Richtungen, fühlte Zweifel, daß nicht alle recht haben konnten, die dieses im Zeichen des Protestantismus behaupteten, die anderen der Irrtümer bezichtigten, verglich beunruhigt solches mit dem scheinbar festgefügten einheitlichen Katholizismus.

Christina erwies sich bereits während der Friedensverhandlungen in Osnabrück aufgeschlossen den anderen evangelischen Strömungen, zweifellos ein Zeugnis besonderer Weitsicht und Größe, wandte sich auch bei den innerschwedischen Religionsdiskussionen der Folgezeit gegen die als falsch empfundene orthodoxe Haltung der eigenen Geistlichkeit. Insbesondere lehnte sie die Aufnahme der Konkordienformel in das schwedische Bekenntnis ab, verstand, daß die Befürworter dieser Festschreibung jede unionistische Freiheit ausschließen wollten, eine allmähliche Annäherung, das Zusammenwachsen der protestantischen Kirchen behinderten. Sicher übertrieb Matthiäe in seiner Sorge, die Zustimmung zur Konkordienformel binde Schweden an Deutschland und dessen theologische Streitigkeiten. Tatsächlich mußte aber die Hervorhebung der unterschiedlichen Positionen zwischen dem reformierten und dem lutherischen Bekenntnis nach der Augsburger Konfession den Graben vertiefen, blieb Oxenstiernas Beschwörung, die Konkordienformel rücke Schwedens evangelische Christen geschlossen an die Seite der deutschen Brüder, die Distanz dagegen bewirke, daß Schwedens Kirche »als schismatisch angesehen« werden müsse[2], wohl ebenso schwer begreiflich wie Matthiäes Gegendarstellung. Hier malten zwei den Teufel an die Wand, um »Beelzebub auszutreiben«. Schweden stand mitten in den evangelischen Zwistigkeiten, das »Schisma« zwischen Kalvinisten und Lutheranern war lange schon Realität, insofern blieben Matthiäes und Christinas Bestrebungen der glücklichere Weg für das evangelische Bekenntnis, wenngleich reformierte Zugeständnisse keineswegs faßbar schienen.

Christina argumentierte geschickt, lehnte einen Grundsatz ab, der »nicht nur die Reformierten von den Lutheranern trenne, sondern auch innerhalb des Luthertums« Gegensätze verschärfte. Als künftiges Mitglied des Deutschen Reiches solle Schweden nicht »Stellung für Kursachsen gegen die unionistische Helmstedt-Theologie« beziehen, so ihre Erklärung im Reichsrat, entsprechend die Entscheidung, dem Priesterstand nicht zu gestatten, allein über »die Lehre und die Annahme der Konkordienformel zu bestimmen«.[3]

Die Königin wünschte vor allem keine souveräne schwedische Kirche, formulierte 1647 Vorschriften für ein »Consistorium generale«, das oberste kirchliche Gremium. Dort sollten nicht nur Geistliche sondern auch »Politiker« über die kirchlichen Angelegenheiten entscheiden. Dem Erzbischof als höchstem Repräsentanten der Kirche stellte Christina den Hofkanzler als weltlichen Stellvertreter daneben, dieser sollte »allen Bischöfen im Range vorangehen«. Des weiteren verfügte die Herrscherin, daß die »Laien« den Klerikern gleichgestellt seien, bestimmte als Juristen einen weltlichen »Notar«, wichtig auch die Entscheidung, die Bischöfe dürften Priester nur mit Zustimmung der staatlichen Behörden »ordinieren«.[4]

Gegebenenfalls wünschte die Herrscherin an den Konsistoriensitzungen teilnehmen zu können, benannte sich selbst als oberste Instanz, über dem »Consistorium generale« stehend, kam der orthodoxen Geistlichkeit in der Festlegung entgegen, die Behörde solle ein Verzeichnis aller »fremden Ketzer und falschen Religionsanhänger« erstellen, schockierte die Priester andererseits mit der Erklärung, damit zwar Irrtümer und »falsche Religionsausübung« bekämpfen zu wollen, gleichzeitig aber auch fremde Glaubensbekenntnisse in Schweden schützen, vermeiden zu müssen, daß die Fremden nicht »von arglistigen Klerikern zu einem Disput in Glaubensdingen gereizt und dann verfolgt und aus dem Lande getrieben werden«, ein wichtiger Schritt gegen bisher geltende Verfügungen des Uppsala-Beschlusses von 1597, der alle Abweichungen vom Luthertum nach dem Augsburger Bekenntnis von 1555 unter Strafe stellte, auf deren Basis noch Gustav II. Adolf als »Exekutor Gottes«[5] schwedische Katholiken hinrichten ließ.

Es war tatsächlich eine mutige Konsequenz, kühn selbst für eine Königin, mußte die Mehrheit des Priesterstandes tief verletzen, als Christina den Vorschlag der Bischöfe, die »reine Lehre« hervorzuheben, durch den Begriff »die richtige Lehre« ersetzen ließ, andeutete, das, was bisher als »rein« galt, könne vielleicht nicht »richtig« sein. In diesem Sinne ließ die Regentin die Formel überarbeiten, die theologischen Seminaristen müßten in »unserer christlichen Religion« unterrichtet werden, »wie sie jetzt im Reiche besteht und das Konzil von Uppsala und andere Beschlüsse sie bestätigt haben«, fast bereits eine religiöse Revolution die Entscheidung, die Passage zu streichen, die jene »jetzt im Reiche« geltende Form betraf, schmerzlich für die Orthodoxen, schwedischen Theologen auch ein Studium an »papistischen, jesuitischen oder kalvinistischen Akademien, Kollegien oder Schulen« zu gestatten, das gewohnte Vokabular der verbrieften Gegnerschaft zu »Abgötterei und ... Aberglauben der Papisten« auszusparen.[6] Christina bekannte sich damit öffentlich zu einer toleranten Religionsauffassung, die fern dem damals üblichen Denken in Glaubensfragen stand, rechnete Katholizismus und Kalvinismus als christliche Bekenntnisse neben dem schwedischen Lutherismus, eine Kampfansage an die lutherische Orthodoxie ihres Reiches, Widerstand auch hier gegen Axel Oxenstierna. In Uppsala setzte sie zur gleichen Zeit im Einvernehmen mit Bischof Johan Matthiäe gegen den Widerstand ihres Reichskanzlers, der sie auch persönlich um Berücksichtigung seines Wunsches bat, die Berufung eines »unionistischen« Professors auf den Lehrstuhl für Theologie durch.

Christina stand um 1647 keineswegs außerhalb des lutherischen Bekenntnisses, war aber doch entschlossen, eine weite, alle protestantischen Strömungen einschließende Religionspolitik zu unterstützen, wurde von »einer eigenen theologischen und politischen Auffassung« geleitet.[7] Ganz offensichtlich war sie zum Bruch mit dem lutherisch orthodoxen Priestertum des Landes entschlossen.

Gewiß ist es ein Wagnis, Christinas religiöse Überzeugungen in dieser Periode zu charakterisieren, Wertungen zu wagen, die so offensichtlich zu späteren Behauptungen der Herrscherin selbst kontrastieren, tröstlich nur, daß viele Autoren in ihren Memoiren wissentlich Unwahrheiten schrieben. Christinas Gedanken wurden damals, das scheint unbestritten, durch den antiken Stoizismus und seine Version im 17. Jahrhundert geprägt. Der Gedanke, eine starke Persönlichkeit triumphiere über sich selbst, besiege alle inneren Schwächen, mußte eine solche Frau faszinieren. In ihrer Autobiographie bemerkte sie stolz, Gott habe ihr »auch eine absolute, staunenswerte Macht über mich selbst« verliehen, »so daß ich mit mir machen kann, was ich will«.[8] Ihre persönlichen Aufzeichnungen bewiesen, so Sven Stolpe, »daß sie von der Größe ihrer Leistungen überzeugt war«, nie eingestehen konnte, daß das Land gerade unter ihrer Regentschaft in ökonomische und politische Schwierigkeiten geriet, wähnte sich in dieser Zeit selbst auf dem Weg, eine »Heroine« zu werden, wie Axel Oxenstierna seinerzeit in einem Gespräch einem Brandenburger Gesandten anvertraute, es die Pfälzer Verwandtschaft in ihren Briefen beständig behauptete[9], wahrscheinlich nicht nur Dokumente einer demutsvollen Bewunderung der armen »Vetternschaft«.

Christina betonte später selbst, der »Stoizismus« sei ihre »Philosophie schon seit langem« gewesen, bezeichnete in einer ihrer Maximen den Stoizismus als eine ihrer Lebenshaltungen. Besteht also kein Zweifel, daß die Königin sich selbst als »stoisch« empfand, scheint doch ebenso sicher, daß sie den inneren Frieden in dieser gewollten »Apathie« nicht fand, einmal ausdrückte, der Stoizismus habe »ihr kein Glück gebracht«.[10] Wahrscheinlich ahnte sie, vielleicht wirklich nur sehr verschwommen, daß es ihr nicht gelungen war, aus eigener Kraft »Herr ihrer Leidenschaften« zu werden, sie wenigstens zeitweilig sich selbst nicht mehr lenken konnte. Vielleicht ist sie tatsächlich auch hinsichtlich Ebba Sparre und Magnus de la Gardie schließlich Sieger über eigene Wünsche geblieben, hat es wenigstens so sehen wollen? Andererseits dürfte ihr die nach 1645 wachsende Abneigung gegen die Herrscherpflichten, die Grenzen des eigenen Heroinen-Ideals, der hohen Moralauffassung, der sie zeitweilig nachleben wollte, eindringlich bewußt geworden sein. Aus der Begeisterung eines Chanuts, Mannerscheidt, dem

Lob des Jesuitenprofessors Francesco Malines, ihr fehle völlig die »Eitelkeit, gepaart mit menschlicher Größe« lebe sie die »Quintessenz der Moralphilosophie«[11], erwuchsen unerfüllbare Ansprüche und Forderungen Christinas an sich selbst.

Hier soll nicht gerichtet werden, wie weit solche Bewunderung der zeitgenössischen Beobachter pflichtschuldige Äußerungen waren, aus der feudalen Hierarchie erwuchsen. Christina jedenfalls mühte sich lange Zeit, sieht man von ihrer grenzenlosen Verschwendung der schwedischen Finanzen ab, allen Erwartungen nachzukommen, meinte wohl auch moralische Normen, mehr noch ihre Repräsentationsaufgaben, Ratssitzungen. Aber ihre Überzeugungen, sich selbst völlig zu kontrollieren, wurden gleichzeitig schwer erschüttert durch ihre Passion zu Graf Magnus und Gräfin Sparre, konnte sich die Herrscherin ihrer Gefühle nicht mehr so sicher sein wie vorher, ahnte dunkle Flecken auf dem so sehr gewünschten eigenen Glanz, war ihnen möglicherweise unterlegen, wollte nur noch jenes »Geheimnis« zeitlebens wahren, dessen Entdeckung sie de la Gardie später anlastete. Ganz sicher wird Christina gespürt haben, daß ihre Widerstandskraft nicht so entwickelt war, wie sie es selbst gerne bedeutete, es offenbar die Zeitgenossen von ihr erwarteten. Ebenso muß sie geahnt haben, daß sie dem eigenen hohen Ideal der königlichen Pflichterfüllung nicht in jener Weise entsprechen konnte, auch hier am Ende ihrer körperlichen und seelischen Potenzen, beständig von Krankheiten, Krämpfen, Schmerzen geplagt, dauernder Überanstrengung ausgesetzt, vielleicht auch die allmählich reifende, sicher schnell verdrängte, doch nie ganz verlorene Erkenntnis, als »Gelehrte«, als »Heroine« nicht wirklich zu genügen. Sie hat so etwas natürlich nie ausgesprochen, es aus ihrem Naturell heraus auch nicht können, aber doch sicherlich manchmal solches gefühlt, den Wirrwarr eigener Empfindungen gespürt. Und trotz ihrer lauten Versicherungen glücklicher Regentschaft kann sie die Finanzkrise Schwedens nur ignoriert, nicht wirklich übersehen haben.

Summiert man diese mehr oder weniger drückenden Probleme, rechnet hinzu die erkenntnistheoretischen Fragen Christinas, die Widersprüche zwischen ihrem Gottesbild und der

These von der Unendlichkeit der Welt, die Unsicherheit, ob dann wirklich eine göttliche Legitimierung ihr Königtum fundierte, versteht das Bündel auch als langsam wachsende religiöse Krise, dann blieb Christina andererseits auch die Möglichkeit der Freiheit, der Selbstverwirklichung, konnte das Pflichtkorsett abgestreift werden, ein neues Aufgabenfeld selbst gewählt werden, Partner, die in Schweden nicht zu finden waren, an den katholischen Universitäten Italiens und Frankreichs, den geistigen Hochburgen Europas, gesucht, die Kultur der geliebten Autoren an den antiken Wirkungsstätten erlebt werden. Einziges Hindernis nur der lutherische Glaube, natürlich auch das ererbte Königtum, konnte beides aufgegeben werden, winkte eine glückliche Befreiung ...

Den Schritt zum katholischen Glaubensbekenntnis erleichterten Zweifel an der Religion überhaupt, die Verachtung protestantischen Gezänks, die Selbstgefälligkeit der lutherischen Orthodoxie, die Überlegung, alles, was von den Religionen berichtet würde, könne »nur Märchen sein genau wie das vom Jüngsten Gericht«.[12] Wahrscheinlich hat eine so kluge Frau wie Christina die äußere katholische Hülle mancher ihrer naturwissenschaftlichen Gesprächspartner durchschaut, selbst Descartes möglicherweise nur bedingt als Katholiken gezählt, unwichtig auch das, überzeugend nur, daß der Katholizismus dem naturwissenschaftlich forschenden Geist diesen Spielraum gewährte, vergißt man Giordano Brunos Verbrennung, Galileis Zurückweisung, sieht nur die schrittweise Öffnung. Für Christina auch das überdenkenswert, daß dieser Glaube da anknüpfte, wo die Antike endete, Bindeglied zwischen ihrer literarischen Liebe und der eigenen Zeit. »Wenn man Katholik ist«, stände man in einer Tradition dessen, was »so viele edle Geister jahrhundertelang geglaubt haben«, lebe mit einer Religion großer Märtyrer und edler Jungfrauen, »die die Schwäche ihres Geschlechts« überwanden, sich Gott opferten, resümierte Christina später, wollte sich gerne als Opfer Gottes verstehen[13], das vor allem politische Absicht, Druck auf die traditionellen katholischen Herrscherhäuser, ihre Konversion zu honorieren, Taxierung eines bestimmten eigenen Marktwertes. Wer die Krone dem Glauben opferte, konnte Anerkennung erwarten, folglich galt es dazustellen, daß es die Konversion war, die alles andere begründete ...

Gedanken dieser Art sollen sich keineswegs so lesen, Christina habe am Katholizismus nur die Möglichkeit geschätzt, sich unbehelligt in Rom aufhalten zu können, dort die Freiheit zu genießen. Sie hat wahrscheinlich auf der Suche nach Antwort auf ihre Fragen, einer genehmeren Religion als der heimatlichen lutherisch-orthodoxen Auslegung, allmählich die Einsicht gewonnen, das römisch-katholische Bekenntnis entspreche ihren Vorstellungen am ehesten. Die Existenz Gottes stand für sie, nach einer kurzen, möglicherweise atheistischen Periode des Zweifels, nie zur Diskussion, ein Schöpfer, Urerreger der Welt mußte existieren, die Negierung dessen hätte ja auch die völlige Aufgabe ihrer Überzeugungen vom Gottesgnadentum der eigenen Geburt und aller daraus beständig eingeklagten Sonderrechte bedeutet. So wuchs die Erkenntnis, daß ein Bekenntnis unverzichtbar blieb, die gewählte Religion aber ihren persönlichen Intentionen entsprechen sollte. Da sich mit dem schwedischen Bekenntnis außerdem das inzwischen mehr und mehr verhaßte Pflichtideal der Herrscherin verband, die Forderung nach Ehe und Erben der Krone ihr eine schier unerträgliche Belastung bedeutete, mußte sie auch emotional der Katholizismus als Alternative reizen.

Natürlich hat Christina wiederholt angemerkt, das Zölibat habe sie zuerst am Katholizismus beeindruckt, den Anstoß für eine intensive Beschäftigung mit dieser Religon gegeben. Ein erster Entwurf zur Biographie, damals von Christina ihrem Sekretär diktiert, dann jedoch verworfen, benannte die immer wieder aufgeführte Begeisterung des neunjährigen Mädchens für diese Religion wegen des Zölibats. Unbegreiflich, daß manche Biographen diese Darstellung kritiklos übernehmen, scheint es doch selbst Christina offenbar klar geworden, daß sie ihr Bekenntnis nicht an die durch und durch unglaubwürdige Begeisterung eines vorpubertären Mädchens für diese Haltung binden konnte. Immerhin war es gerade jene Zeit, in der Christina in der pfalzgräflichen Familie die glücklichste Zeit verbrachte, Gedanken an »Jungfräulichkeit« kaum ihr Denken berühren, geschweige denn bestimmen sollten. So hat sich die Königin folgerichtig für die Streichung dieser Passage entschieden, sie selbstverständlich nicht in die Fassung übernommen, die sie etwa um 1681 abbrach, der letzte erhaltene Versuch, ihre Konversion darzustellen.

Sicherlich verband sie die Neigungen zum Zölibat mit der Ablehnung der Eheprojekte, die der heranwachsenden Königin nahegelegt wurden, eine einleuchtende Version, logisch in der Phase ihrer Liebe zu Magnus und der Erkenntnis, offenbar nicht so anziehend zu sein, daß der geliebte Mann ihre Gefühle erwiderte, der einzige damals, für den sie die selbstgewählten stoischen Beschränkungen aufgegeben hätte, Karl Gustav, der heimlich anverlobte Partner, sexuelle Bedürfnisse verkörperte, die Christina zunehmend seelisch belasteten, Gehörtes über dessen Lagerhuren und Wirtshausdirnen, die körperliche Abneigung gegen den korpulenten Pfalzgrafen, die Sehnsucht nach Unberührtheit steigerten. Konnte sie Männer wie Magnus de la Gardie nicht wirklich und dauerhaft an sich binden, wollte sie, die so Verschmähte, keinem gehören, den Stolz erhalten, blieb das ehrenhafte Ideal der »Jungfräulichkeit« des Katholizismus, die göttliche Weihe der Unschuld, die bessere Alternative für Christina. Auch dieses nur eine Hypothese, und doch einleuchtend, so scheint es!

Es mußte sie schon berühren, daß der katholischen Religion die »Jungfräulichkeit« ehrbar, lobenswert war, etwas Besonderes galt. Kein Gedanke an ein sitzengebliebenes Mädchen, wie man es in den Hütten und Palästen Schwedens dachte, so eine ohne Gatten blieb, ein Makel. Entscheidend war das jedoch für Christina kaum, nachdem durch die Nominierung Karl Gustavs als Thronfolger der Druck der Reichsstände endete, sie keine eheliche Verpflichtung weiter befürchten mußte, im übrigen genügend Freier nachgefragt hatten. Tatsächlich begann Christina erst nach dem Streit um Matthiäe, zu einer Zeit, als die Eheproblematik nicht mehr so dominierte, ernsthafte Bemühungen, das katholische Bekenntnis kennenzulernen. Da aber wußte sie bereits, daß sie den Thron aufgeben wollte. So kann die Zölibatsverehrung, will man sie tatsächlich ernstnehmen, Christinas Sympathie dafür für jene Zeit vermuten, in der sie Karl Gustav schwärmerische Briefe schrieb, später von der allgemein bezeugten tiefen Leidenschaft für Magnus de la Gardie beherrscht wurde, wohl höchstens für eine Marotte, ein Spiel der Königin angesehen werden. Gewichtiger für die Konversion wäre demnach die Suche nach Erkennbarkeit der Welt, dem Sinn aller Religionen, der Kampf Christinas zwischen Gefühl und Vernunft, Wissenschaft und Gottglauben. Hier kommt dem französischen Libertinismus und Christinas Diskussion mit einigen seiner Bekenner eine Schlüsselfunktion zu.

In der Regel bekannte sich die Mehrheit der Libertiner, der Freidenker, zur Gedankenfreiheit innerhalb der katholischen Kirche Frankreichs, akzeptierte zumindest öffentlich die Dogmen. Wohl seien unter dem Einfluß des Prinzen Condé, von Christina lange Zeit verehrt, in den Pariser Salons der Libertiner »schon früh deistische oder atheistische Lehren« diskutiert worden, doch habe es die Klugheit geboten, die religiösen Konsequenzen zu verbergen, urteilt der bedeutende französische Historiker Jean Meyer, unterstrich, daß vor allem in den französischen Oberschichten Auffassungen der Libertiner weit verbreitet waren.[14] Gewachsen war der Libertinismus dort aus dem Widerspruch zwischen den blutigen Hugenottenkriegen und der Behauptung beider großer Parteien, die einzig gottgewollte Religion zu verteidigen, im Auftrage Gottes zu streiten.

Die fundamentalen Entdeckungen der Epoche mit der Revolution der Naturwissenschaften, der Entstehung eines neuen Weltbildes, bedingten die Aufgabe alttestamentarischer Vorstellungen der Welt, die Fragen der Akademiker nach dem Sinn aller Religionen die Folge. Damals kursierte die aufsehenerregende Schrift »Die drei Betrüger« unter den Belesenen des Landes, verfemt von der Kirchenführung, begierlich gelesen und diskutiert von den Zweiflern, der erste französische Angriff auf Moses, Jesus und Mohammed, die Propheten, Vorgriff auf die Aufklärungspamphlete des folgenden Jahrhunderts. Wie Christina zweifelten der Autor und viele seiner Leser nicht an der Existenz Gottes, verwarfen aber die Verheißungen der Propheten und deren Gottesbild. Natürlich bedeutete dies auch Bedenklichkeit gegenüber den katholischen Grundsätzen, Einwände gegen das Christentum überhaupt, den Messiasgedanken, vorsichtige Skepsis gegenüber den Dogmen und Offenbarungen. Pierre Gassendi, selbst Priester, zeitweiliger Briefpartner Christinas, zählte zu den bedeutendsten Libertinern, beharrte in seinem geistlichen Amt und Glauben, wenigstens vor der Öffentlichkeit, ähnlich ihm viele gebildete Priester.

Christina offenbarte später den Jesuiten, ihren Gesprächspartnern bei der Vorbereitung der Konversion, das Luthertum Schwedens habe ihr keine Antworten geben können auf ihre erkenntnistheoretischen Fragen. Sie habe daher Gelehrte der unterschiedlichsten Bekenntnisse nach Schweden geladen, wünschte deren religiöse Ansichten zu ergründen, verglich die Aussagen und Argumente miteinander. Sie selbst hätte fünf Jahre lang voller Unruhe und Ratlosigkeit alles analysiert, »alle diese Fragen rein rationalistisch beurteilt«, zu verstehen gemeint, vieles sei »nur politische Erfindung«, das einfache Volk zu beherrschen. Sie habe Moses und Mohammed miteinander verglichen ... Interessant für uns heute und wohl aufschlußreich für die Bewertung dieser angeblichen Äußerungen Christinas, die wir so aus dem Bericht der Jesuiten kennen, daß die Männer der katholischen Kirche Jesus nicht erwähnen. Möglich, daß Christina, die wohl schon vorher entschlossen war, zum römischen Bekenntnis zu konvertieren, selbst auf ein solches Sakrileg verzichtete, unverständlich dennoch, bedenkt man, daß die Königin mit Sicherheit »Die drei Betrüger« kannte, auf jeden Fall von ihnen diskutieren hörte, folglich einen Vergleich nicht auf Moses und den Araber beschränken mußte. Um so unwahrscheinlicher, als die Jesuiten erwähnen, Christina beklagte, sie habe »in dieser Zeit tatsächlich auch die tiefsten christlichen Mysterien« angezweifelt.[15] Es kann als erwiesen gelten, daß Christina die Schriften der französischen Libertiner kannte, interessant, daß das jesuitische Papier Christinas Behauptung verzeichnet, es seien keine Katholiken gewesen, die sie an ihren Hof berief. Pierre Bourdelot, später durch Christinas Bitte von Kardinal Mazarin mit einer einträglichen Abtei bedacht, der interessanteste Libertiner am Stockholmer Hof, verstand sich jedenfalls als Katholik. Auch das nur eine pragmatische Erklärung, Verbeugung vor dem Katholizismus, oder Reflexion dessen, was Christina besser wußte, Ausdruck auch ihrer zeitweiligen atheistischen Phase? Es spricht vieles dafür, daß die

Königin damals die »Inkarnation, die Wunder und die Auferstehung« anzweifelte.[16]

Die Jesuiten notierten, Christina habe als persönliche Konsequenz ihrer Überlegungen beschlossen, ihre Zweifel zu verheimlichen, sich anzupassen. Darin hätten sie »kluge und gelehrte Menschen« aus dem Ausland bestärkt, die selbst den Katholizismus ablehnten.[17] Eine Aussage, die unbedingt auch für den Mann gelten sollte, der sowohl in Stockholm 1652 und 1653 als auch später in Frankreich Christinas Vertrauter blieb, ihr Arzt und Gelehrter Pierre Bourdelot, ein Mann, der »das physische und intellektuelle Leben der Königin stark beeinflußt hat«.[18]

Der Franzose traf Anfang des Jahres 1652 in Schweden ein, war Christina von Condé, dessen Leibarzt er war, und der Herzogin de Longueville empfohlen, Mediziner und Priester, Kavalier und Abenteurer, heilte Christina durch Diät, verordnete Schonung, organisierte Abwechslung, »ein typischer Libertiner«.[19] Bourdelot war in Stockholm auch Musiker, Ballettmeister, Sänger, Unterhalter, Koch, bald der angesehenste Mann am Stockholmer Hof, galt Christina als Lebensretter, veranlaßte die Königin, Gabriel Naudé, Pierre Gassendis Freund, an den Stockholmer Hof als Bibliothekar zu berufen, einen weiteren bedeutenden Freidenker, dessen Urteil, »Italien sei voller Libertiner und Atheisten« Christinas Verlangen, Italien zu erleben, nicht wenig steigerte.[20] Auch Bourdelot hatte in Rom, einige Zeit Kardinal Barberini nahestehend, das Leben im Vatikan kennengelernt, war Christina wichtiger Informant.

Bourdelots Auffassungen zu erhellen, mag eine Behauptung der Zeitgenossen dienen, die so nicht zutreffen muß, aber als Charakteristik des Franzosen damals bemerkenswert scheint. Es hieß, er habe gemeinsam mit dem Prinzen Condé versucht, einen Splitter des Holzes vom Heiligen Kreuz, das als nicht brennbar galt, anzuzünden, um experimentell ein katholisches Dogma zu prüfen. Selbst dann, wenn Bourdelot so kühn nicht gewesen sein sollte, spiegelt es doch den Ruf dieses Freidenkers; verständlich, daß er Magnus de la Gardie, Axel Oxenstierna und der orthodoxen Geistlichkeit der böse Geist Christinas schien, sie alles unternahmen, die Königin zu überzeugen, den Arzt schnell wieder zurückzusenden. Interessant auch die Charakteristik des älteren Bourdelot, zurück in Paris, Abbé und Freund Condés, er »glaubte an nichts, hielt sich aber für einen guten Christen und war auf seinen Abbétitel unerhört stolz«.[21] Es ist verbürgt, daß Christina Bourdelot auf die Nachricht vom Ableben Johan Adler Salvius sofort zu dessen Witwe sandte, das Buch »Die drei Betrüger« zu holen, hören mußte, Salvius habe dieses Werk vor seinem Tode reuevoll verbrannt.

Christina sammelte damals die libertinische Literatur, kannte Gassendis Werk über Epikur, suchte durch Issac Vossius auch Jean Bodins »Heptaplommes« zu erwerben, ein angebliches Fazit des Libertinismus, der rationalistische Vergleich der katholischen, protestantischen und moslemischen Standpunkte. Es scheint, als habe Christina aus dieser Literatur und den Diskusionen mit Bourdelot und Naudé die Einsicht gewonnen, der Katholizismus, der den Libertinismus gestatte, müsse freier als die lutherische Lehre sein. Das wog um so mehr, als Christina gerade die Erfahrungen aus der Diskussion mit der einheimischen Orthodoxie über Toleranz und Ausschließlichkeit des Augsburger Bekenntnisses einbrachte. Äußerungen der Libertiner am Stockholmer Hof deuten auch darauf hin, daß Christina tatsächlich, wie die Jesuiten berichteten, vorübergehend alle Religionen ablehnte, sich auch negativ über das Papsttum äußerte. Jene französische Schmähschrift von 1656, vor allem als Angriff auf Bourdelot gedacht, behauptete, nach der Abreise des Arztes 1654 »blieb die Königin, wie er sie gelassen, das ist ohne Religion, ohne Gottesfurcht, ohne Treue, ohne Gesetze, leichtsinnig in Reden, eine Spötterin der Religion und H(eiligen) Schrifft«. Man habe Christina zweifeln hören, so der haßerfüllte Autor, »ob ein Gott und eine Vorsehung, Himmel und Hölle, heilige Engel, Teuffel, Jüngstes Gericht, Aufferstehung« existierten, sie habe »die Unsterblichkeit der Seelen ... geleugnet. Die Menschwerdung Christi hielt sie vor eine Fabel«. Bei Diskussionen gebrauchte sie die »Argumenta, welche die Libertiner ... ersonnen« hätten. »So gar kräfftig hatte ihr Bourdelot seine Farbe angestrichen, und die gottlose Freygeisterey, welche er in der Königin Gemüthe eingepflanzet hatte«, wurzele so tief, daß der Schreiber an »Heilung« Christinas nicht glauben könne, befürchtete, »sie werde den Päpstlichen Aberglauben annehmen, weil sie ihre Religion so mercklich verachtete, und der Calvinistischen auch nicht sehr gewogen« sei.[22] Nein, ein Katholik war es wohl nicht, der hier klagte, eher doch ein verschmähter Hugenotte, auf jeden Fall kein Libertiner. Für Sven Stolpe blieben er und andere Autoren mit solchen Beobachtungen glaubwürdig, vielleicht berechtigt, denn Christinas Weg zur Konversion scheint nicht denkbar ohne das libertinische Intermezzo, selbst jene höhnischen Bemerkungen, die den Anonymus so erregten, entsprächen Christinas intellektuellem Gestus, der selbstgefälligen Sorglosigkeit, mit der sie Auffassungen formulierte, aussprach, was andere ängstlich verbargen, eine souveräne Herrscherin, deckte sich im übrigen mit geheimen jesuitischen Notizen, den weitergeleiteten Eingeständnissen Christinas vor Sonderbeauftragten des Vatikans. Daher spricht nichts dagegen, daß die Königin, allezeit spontan in ihren Äußerungen, damals äußerte, sie betrachte »die Religion als eine Illusion«, glaube an Platos Weltseele als »einzig denkbarer Form der Unsterblichkeit und sei überzeugt, Moses sei ein Betrüger«.[23] Eigentlich eine logische Entwicklung Christinas von den bibeltreuen Lutheranern Schwedens, denen die Heilige Schrift die göttliche Offenbarung war, die jede kritische Frage kompromißlos ablehnten, zu jenen, die offenbar mit dem katholischen Glaubensbekenntnis, auf den Lippen oder im Herzen, in ihren Diskussionen die Vernunft als Richtschnur für Wahrheit oder Irrtum auch der Bibel werteten.

Sven Stolpe, bemüht, Christinas Konversion sachlich und gerecht zu beurteilen, führte auch den Briefwechsel Botschafter Pierre Chanuts mit dem strenggläubigen Katholiken De la Bardie an. Dieser französische Diplomat hatte Sorge geäußert, Christina könne sich des Katholizismus nur bedienen, ihr Bekenntnis nicht verinnerlichen. Christinas guter Freund hatte ihm darauf am 13. Oktober 1654 geantwortet, er sei überzeugt, »die Königin von Schweden könne, ohne alles niederzureißen, was auf den Grundlagen der menschlichen Vernunft beruht, leicht jene Anschauungen korrigieren, die – wie Sie in Ihrem Brief so richtig nachweisen – mit unserer Lehre nicht ganz übereinstimmen«. Doch hoffe er, daß Gott Christina leite, auch das sicher

Ausdruck dessen, welchen Einfluß rationalistische Überlegungen auf Christinas religiöse Entwicklung hatten. De la Bardie hatte entdeckt, so Stolpe, daß Christina sich bei ihrer Konversion »allzu sehr auf ihre Vernunft« berufe, nicht an Christus glaube, die Inkarnation gar »für eine unglaubwürdige Erfindung« ausgebe. Beide Diplomaten begriffen, daß es Christina zum Katholizismus zog, »weil sie bei ihm größere geistige Toleranz als beim Luthertum zu finden glaubte«, keineswegs, »weil sie dort eine strengere Moral und tiefe Frömmigkeit suchte«.[24] Das die Meinung des Schweden, zweifellos nach gründlichen Quellenstudien formuliert.

Heute gilt als erwiesen, daß der Vatikan Chanuts Gesandtschaftsprediger Pater François Viogues, einen Augustinermönch, beauftragte, Verbindungen zur schwedischen Königin zu suchen, offenbar ein Beleg, daß man in Rom Christinas Ablehnung der Konkordienformel, vor allem aber ihr Eintreten gegen antipäpstliche Wendungen und Zielsetzungen des schwedischen Bekenntnisses interessiert vermerkte. Auch überlegte der Vatikan die Entsendung von Dominikanern nach Schweden, ein Gedanke, dem der entsetzte Chanut durch Proteste über Mazarin entgegenwirkte, gefährliche diplomatische Verwicklungen ahnte. Bezeichnenderweise führte Pater Viogues den Titel »Apostolischer Missionar in den nördlichen Ländern«, in der Tat ein ehrgeiziges Programm der Kurie. Die römisch-katholische Kirche dachte, noch während die Kämpfe des großen europäischen Krieges andauerten, die deutschen Protestanten sich im Schutze Schwedens gerettet wähnten, bereits an eine Gegenreformation in der Hochburg des Protestantismus, hoffte auf die Hilfe der Königin, »lange, ehe sie selbst«, sieht man von ihren späteren zweckdienlichen Erklärungen ab, »auch nur im entferntesten an einen Glaubenswechsel dachte«.[25]

Es sollte aber Chanut, dem klugen, belesenen, einfühlsamen Diplomaten, vorbehalten bleiben, nicht dem Priester Viogues, Christinas Weg zum Katholizismus vorzuzeichnen. Die Königin suchte die erkenntnistheoretische Diskussion, nicht die emotionale Hingabe an eine Glaubensgewißheit. Im Februar berichtete der Gesandte erstmalig nach Paris, er habe eine umfassende Religionsdiskussion mit der Königin führen können, damals noch über das weniger verfängliche jüdische Bekenntnis, deutete dabei aber Hoffnungen an, der Katholizismus könne Christina überzeugen, wenn sie diese Lehre »in ihrer ganzen Reinheit kennengelernt habe«.[26] Sicher waren das Bemerkungen für die eigene Regierung, vielleicht auch schon gedacht für die spätere Publikation, aber er war doch ehrlich überzeugt, selbst ein treuer Katholik, daher der beste Lehrer Christinas.

Wie Viogues an die »Propagandakongregation« im Vatikan, so berichtete auch Chanut schon am 28. April 1646 an Staatssekretär Brienne, Christina lehne den Kalvinismus wegen der »Prädestinationslehre« ab[27], beklage überhaupt die Zwistigkeiten unter den Protestanten und bewundere das einheitliche Gefüge der katholischen Heilslehre. Auch das gewiß ein Argument mehr dafür, daß es vor allem die inneren Querelen im evangelischen Bekenntnis waren, die Christina zur Prüfung ihrer Glaubenssätze bewegten, Beweis aber auch, wie zielstrebig der Vatikan auf solche ersten Zeichen reagierte.

In Rom keimten schnell wirkliche Hoffnungen, entschied man sich, auch weitere Möglichkeiten zu nutzen, beauftragte wahrscheinlich einen portugiesischen Jesuiten, seinerseits zu versuchen, Christina in Gesprächen über die Religion katholische Grundsätze zu erläutern. Angeblich sprach der in Paris gebildete portugiesische Botschafter kein Latein, benötigte den Jesuitenpater Antonio Macedo als Dolmetscher, »eine Intrigue der Jesuiten«, wie Sven Stolpe meinte, wenn auch andere Biographen gerne die Legende vom gelangweilten, hilflos den unverständlichen Gesprächen folgenden Botschafter glauben wollen. Sei es, wie es sei, Christina jedenfalls entdeckte sofort den Jesuiten in Macedo, suchte die Diskussion mit ihm über Glaubensfragen. Bald allerdings verstanden das auch andere. Am 1. November 1651 unterrichtete der Redakteur der Wöchentlichen Ordinaris Zeitung in Zürich seine Leser, daß der Jesuit Antonio Macedo in besonderer Gunst bei Christina stünde[28], wohl kaum ein Beleg für die gern und oft von den Biographen Christinas verbreitete Mär von den heimlichen Gesprächen der Königin, Erklärung auch für die schnell wachsende Unruhe unter der schwedischen Geistlichkeit. Da mochte man sich nur wenig trösten, daß es vorrangig naturwissenschaftliche Probleme waren, die Christina interessierten, ganz sicher den Reichsräten um Axel Oxenstierna ebenso bekannt wie Pierre Chanut und den Höfen in Paris, Madrid und Lissabon.

Macedo berichtete nach Rom, die Königin habe ihn gefragt, wie der Katholizismus auf die Lehren Galileis reagiere, Christina wünsche zu wissen, ob sich die neuen Erkenntnisse der Naturwissenschaften mit dem römischen Glaubensbekenntnis vereinbaren ließen. Er habe der Königin empfohlen, katholische Naturwissenschaftler einzuladen. Macedo wird es mit besonderer Genugtuung gehört haben, daß Christina ihm am 2. August 1651 eröffnete, »sie erwäge, die lutherische Kirche zu verlassen«, zum Katholizismus zu konvertieren.[29] Er möge den General des Jesuitenordens informieren, sie erwarte zwei Naturwissenschaftler der Gesellschaft Jesu in Stockholm.

Christina schrieb jenen immer wieder zitierten Brief, mit dem Macedo schleunigst nach Rom aufbrach. Sie hege große Achtung für diesen Orden, wünsche seit langem, den General persönlich kennenzulernen, seine »Freundschaft zu suchen«, autorisierte den Portugiesen, ihre Vorschläge in Rom vertraulich vorzutragen, bat den General in ihrem Brief, Macedo »volles Vertrauen zu schenken«, ein merkwürdiges Anliegen, bedenkt man, daß sich hier eine Lutheranerin für die Glaubwürdigkeit eines Jesuiten vor dessen höchster Autorität verwendete. Selbstverständlich eigentlich doch, daß der General seinem Pater glauben müsse, ihm mehr Vertrauen bezeugen sollte als der »Ketzerin«, deutlich aber auch, wie ungeheuerlich der Vorgang scheinen mußte, wieviel Gewicht Christina ihrer Konversion beimaß. Sie erwarte durch einige Italiener des Ordens, die »Versicherung ... Ihrer Freundschaft« überbracht, vor allem »so bald wie möglich«, versprach dafür »den Beweis« ihrer »aufrichtigen Dankbarkeit« zu geben.[30]

Sicher, Christina hatte sehr vorsichtig formuliert, Macedo nur mündlich instruiert, der Kontakt zu jenen Männern, den bestgehaßten in der protestantischen Welt, die sich eidlich verbunden hatten, alles zu geben, die evangelische Welt zu vernichten, blieb dennoch ein Wagnis, ließ beide, Christina und Macedo, eine leicht durchschaubare Intrige inszenieren. Der Jesuit täuschte eine Flucht aus Stockholm vor, wurde in Hamburg gestellt, nachdem Christina ihrerseits Nachforschungen einleiten ließ. Oxenstierna konnte sie nicht täuschen, auch Chanut wußte sofort alles, peinlich, daß der arrestierte Macedo sich in Hamburg mit einem Paß Christinas, mit Reisegeld und einer goldenen Kette auswies, sofort freigelassen wurde. In der Tat ein dilettantisches Spiel, wohl auch dies nicht ein Zeugnis großer politischer Kunst der Königin.

Der Portugiese traf am 18. Oktober 1651 in Rom ein, Beratungen der Jesuitenoberen mit dem päpstlichen Staatssekretär, dem Kardinal Fabio Chigi, folgten. Wahrscheinlich wußte nicht einmal Macedo, daß Goswin Nickel, der neue General, die Padres Francesco Malines, Professor der Theologie in Turin, und Paolo Casati, Mathematikprofessor und Theologe am Collegio Romano, auswählte. Casati galt als Kenner der verschiedensten naturwissenschaftlichen Fächer, hatte über Vulkanologie gearbeitet, einen Kompaß konstruiert, zahlreiche Arbeiten über Mechanik publiziert, knüpfte da an, wo Galilei aufhören mußte. Weniger bedeutsam Malines, aus dem italienischen Hochadel stammend, auch er Lehrer in den naturwissenschaftlichen Fächern, erfahren als Höfling.

Vermutlich verstand der Vatikan, daß Christina prüfen wollte, ob der hohe römische Klerus Erkenntnisse dulden würde, die Schwedens Orthodoxie entschieden zurückwies, wählte seine »Botschafter« entsprechend aus, vereinbarte einen Code über die Berichterstattung der erstrebten Bekehrung des »Signor Teofilo«, instruierte die beiden über zu erwartende literarische und erkenntnistheoretische Probleme, »besonders den Konflikt zwischen den Naturwissenschaften und dem christlichen Glauben«.[31]

Tatsächlich erbaten die Jesuiten bald nach ihrer Ankunft in Stockholm die Zusendung der Arbeit ihres Kollegen Daniello Bartoli, der sich damals mühte, die katholische Theologie mit Galileis experimenteller Wissenschaftsmethode zu versöhnen, eine überraschend aufgeschlossene Betrachtung der Galileischen Erfolge, Zeugnis der Weite katholischer Wissenschaftspolitik wenige Jahre nach dem Konflikt mit dem großen Gelehrten. »Dieser der modernen Naturwissenschaft gegenüber wohlwollende Standpunkt, der christliche Moralismus, wollte von den Stoikern alles Wertvolle übernehmen«, bilanzierte seinerzeit Sven Stolpe diese, Christina vertraute Haltung, wünschte andererseits die katholische Sicht beizubehalten.[32]

Abenteuerlich das erste Zusammentreffen Christinas mit den beiden italienischen Studienreisenden, Adligen, wie sie ausstreuen ließen, die erwarteten Wissenschaftler, wie Christina berechtigt vermutete, so recht geeignet für spannend erzählte Biographien, ein Hauch von Verschwörung, Wispern mit unberührten Mienen. Merkwürdig in der Tat, folgt man den Berichten der beiden Padres, wie Christina von ihnen erfuhr, sie zur Audienz befahl, sie unbeobachtet nach heimlicher Post zu befragen wußte, später den eigenen Gardisten fortschickte, dann angeblich wochenlang ständige Treffen organisierte, ohne daß der Reichsrat und hohe Kirchenpolitiker Schwedens mißtrauisch wurden, immerhin hatten viele die Zusammenkünfte mit Macedo ja ebenfalls bald durchschaut.

Bedauerlicherweise ist der Originalbericht verloren gegangen, nur erhalten in einer Abschrift Leopold von Rankes, des bedeutenden preußischen Historikers des 19. Jahrhunderts und in einer wenig zuverlässigen Wiedergabe bei Arkenholtz. Auch hier zunächst Überraschung der beiden katholischen Gelehrten, in Christina eine so belesene, wie sie meinten, vorurteilsfreie Fürstin zu treffen. Bald wieder das bekannte Frage- und Antwortspiel der Christina. Sie wünschte den Unterschied zwischen Gut und Böse erläutert, wollte die Meinung der Herren hören, ob Handlungen »nach dem Schaden oder Nutzen« zu werten seien, was für die »Unsterblichkeit der Seele« spräche, ob nicht alle Religionen irrten, sollte sie, Christina, sich nicht besser bei der Beurteilung solcher Fragen von ihrem Verstand leiten lassen? Auch interessierte sie der Heiligenkult der Katholiken, der schwedischen Protestantin wohl auch später fremd, selbstverständlich, daß sie Bourdelots Reliquienverachtung kannte. Und immer wieder die Frage nach der Gewißheit, mit dem Katholizismus tatsächlich ein Bekenntnis zu finden, daß die Bibelweisheiten nur »symbolisch« verstand.[33]

Beide Jesuiten konnten die erkenntnistheoretischen Bedenken der Herrscherin schnell widerlegen, berichteten es wenigstens so, argumentierten, die katholische Lehre könne »niemals in Widerspruch zur Vernunft« stehen, da der Mensch von Geheimnissen göttlicher Herkunft umgeben bliebe, die auch die Vernunft nicht lösen könne. Angeblich überzeugten Pater Malines und Pater Casati Christina schnell, daß sie »mehr als die Lutheraner von der Fähigkeit des Menschen« überzeugt seien, »selbst sein Geschick zu bestimmen«. Lehrte Luther, »der Mensch sei auch in seinen besten Augenblicken der Sünde« verfallen, könnte nicht allein sein Heil erwirken, so verkündeten die beiden Jesuiten, »daß Gottes Gnade den Menschen begleite und es möglich mache, daß er kämpfend die Sünde überwinde«, Gedanken, die sich Christinas Stoizismus mit dem Anspruch, aus eigener Kraft Leidenschaften bezwingen zu können, mehr näherten als das eigene gewohnte Bekenntnis. Sven Stolpe resümierte, Christina habe duch diese beiden den höchsten Freiraum naturwissenschaftlichen Denkens innerhalb der katholischen Kirche kennengelernt, der damals gewährt wurde, abgesehen davon, daß die Padres den Auftrag erfüllten, der Königin entgegenzukommen, so weit es irgend möglich schien, Zugeständnisse anzudeuten, die gewöhnlich nicht möglich waren. In ihren Diskussionen unterschieden sie sich kaum sonderlich »von jenem Freidenkertum im Rahmen der Kirche«, wie es Christina seit längerem vertraut war. Überzeugen konnten sie dennoch nicht. Groß die Enttäuschung der beiden Jesuiten, als Christina erklärte, sie akzeptiere vieles, könne jedoch nicht wirklich katholisch werden.

Ihm scheine, so Alfred Neumann, als habe Christina plötzlich »selbst eingelenkt, nachdem sie ihre intellektuelle Geschliffenheit genugsam manifestiert hatte«. Man muß wohl auch berücksichtigen, daß Christina diese Fragen schon wiederholt gestellt hatte, die Antworten kannte, die Debatten mit den Padres wohl nur noch bezweckten, für Rom sichtbar zu katholischen Positionen zu wechseln, den Vatikan gleichzeitig dadurch zu Gegenleistungen für sie zu verpflichten. Hatte Rom sie überzeugt, mußte es nun auch die Folgen tragen! Die Jesuiten haben den überraschenden Gesinnungswandel später der Hilfe des Heiligen Geistes zugeschrieben, die Erklärung Christinas, sie wolle konvertieren, wenig später nach der desillusionierenden Distanzierung, in der Überraschung reflektiert, sie »glaubten, von den

Toten zu erstehen«.[34] Ihrem Bericht an die römischen Oberen kann man entnehmen, Christina beabsichtigte zunächst eine heimliche Konversion, möglicherweise für den Prozeß der Gegenreformation in Schweden eine glücklichere Variante als die laute, spektakuläre Wirklichkeit der nächsten Jahre. Die Jesuiten kannten jedoch ihre Instruktion, mußten auf einer öffentlichen Demonstration in Bälde bestehen. Dann könne sie nicht anders, »muß ich der Krone entsagen«[35], so der protokollierte Schluß Christinas, Ausgangspunkt aller Spekulationen um die innere Einheit von Konversion und Thronverzicht.

Hier scheiden sich seit langem die Geister, vor allem auch heute noch in das evangelische und prokatholische Lager getrennt. Natürlich überzeugt es katholische Gläubige, daß Christina um dieses Bekenntnisses willen auf die Krone verzichtete, bewundern gerade sie die Herrscherin für den so motivierten Schritt. Das um so mehr, als gewöhnlich die Fürsten für einen Thron das Bekenntnis wechselten, sei es August der Starke, der fünfzig Jahre später für die polnische Krone den römisch-katholischen Glauben annahm, wie vor ihm, wiederum fünfzig Jahre vor Christinas Entscheidung, Frankreichs Hugenottenführer Heinrich von Navarra Paris nur mit dem Wechsel zum Katholizismus gewann. So ist es in der Tat einleuchtend, daß Christinas Thronverzicht die Gemüter besonders bewegte. Es wird dennoch zu fragen sein, ob die Idee der Abdankung andere Ursachen hatte, der Katholizismus nur eine Folge dessen war, was die Königin bewegte, sie aus Schweden fortdrängte? Weniger aufsehenerregend wird der Glaubenswechsel dadurch nicht!

Guy Patin, Freidenker, Kleriker und Vertrauter Mazarins, bedeutete Christina während ihrer ersten Frankreichreise lächelnd, er habe ihre Konversion durchschaut, sie hätte »die katholische Religion angenommen, weil sie sich für Reisen am besten eignet«[36], Reisen in den katholischen Süden, zu den Plätzen der Antike, muß man wohl hinzufügen. Und angemerkt werden sollte wohl auch, daß Christina laut gelacht habe, dem Franzosen die Worte nicht verübelte. Auch das keineswegs ein unwiderlegbares Zeugnis dessen, daß die Königin es wirklich so empfand, manche Behauptungen als Spaß nahm, wo nichts oder schlecht zu streiten war. Offensichtlich natürlich, daß solche Bemerkungen den Wert der Konversion einschränkten, Wasser auf protestantische Mühlen waren ... dennoch muß berichtet werden, daß Christina bereits frühzeitig davon träumte, Schweden aufzugeben. Bulstrode Whitelocke, als sachlicher Informant allgemein akzeptiert, berichtet, Christina habe ihn im Frühjahr 1654 vertraulich gebeten, Cromwell zu bewegen, ihr Dänemarks Hauptinsel »Seeland ... als Wohnstelle« zu überlassen, dafür wolle sie »die Krone niederlegen und dort leben«.[37] Natürlich auch das nur eine Momentaufnahme, läßt aber ahnen, daß Christina möglicherweise vor allem ein Leben außerhalb Schwedens suchte, frei aller Herrscherpflichten, souverän und niemandem untertan. Kurze Zeit später erklärte sie beispielsweise in Brüssel, die Würde einer »Markgräfin von Antwerpen« wiege die schwedische Krone auf.[38] So bleibt es Pflicht des Historikers, für Christinas Thronverzicht auch andere Ursachen zu suchen, die Konversion dann als eine Folge ihrer Absichten zu erörtern, Schweden aufzugeben, den Katholizismus nur als etwas Sekundäres, das Primäre in der Hoffnung zu sehen, sich so aller persönlicher Probleme zu entledigen, die aus den Herrscherpflichten, dem gescheiterten Stoizismus Christinas, erotischer, unlösbar scheinender Verstrickungen wuchsen. Denkbar auch, daß Alfred Neumanns Bemerkung schlüssig sein könnte, das »Ja zur Sensation«, die Konversion die »technische Konsequenz« war, daß die »wahrhaft ungewöhnliche Frau« nicht auf die Krone verzichtete, »um katholisch zu werden, sondern um königlich nach Rom zu kommen«, Gedanken, die ja bereits Kronprinz Gustav äußerte, die nie mehr ganz verstummten.

Damit ist hier nicht gedacht, Christina zu unterstellen, ihr sei das katholische Bekenntnis nicht freier, ihr angemessener als das starre, orthodoxe lutherische erschienen, auch soll nicht bestritten werden, daß die Königin den Glaubenswechsel vollzog, weil ihr der Katholizismus überzeugendere Antworten als die Religion des Vaterlandes erlaubte. Aber es kann auch nicht verschwiegen werden, daß nur eine Konversion Christina Wege nach Rom und wahrscheinlich auch nach Spanien oder Frankreich öffneten, Hilfe, auch finanzieller Natur, sicherte, die aus schwedischen, stets leeren Kassen nur zögerlich fließen würde, selbst für eine protestantische Tochter Gustavs II. Adolf kaum in erforderlichem Umfang erbracht werden konnte, niemand wußte das letztlich besser als Christina selbst. Der Papst jedenfalls hatte noch während ihres aufwendigen Aufenthaltes in Brüssel unzweideutig übermitteln lassen, daß nur das öffentliche Bekenntnis Christinas Aufenthalt im Kirchenstaat ermöglichen würde.

Hier soll und kann kein Urteil gewagt werden, was Christina wirklich schließlich bestimmte, können nur gesicherte Fakten angeführt werden, auch das häufig eine sehr subjektive Sicht der sehenden Zeitgenossen, nicht allzeit durch Dokumente eindeutig erhellbar, vieles weiterhin nur psychologische Deutung. Die Unruhe vieler überzeugter Katholiken über das Auftreten der Königin in Brüssel und Antwerpen war echt, die Mitteilung Christinas an Ebba Sparre, sie sei glücklich, die »Zeit in angenehmster Weise verstreichen« zu sehen, »hier keine Predigten mehr« hören zu müssen, »auf alle Prediger« verzichten zu können, zufrieden lebend,[39] erlaubt Bedenken über die Tiefe der Religiosität Christinas. Erinnert man sich an den Bericht der Jesuiten über Christinas religiöse Zweifel überhaupt, so müssen solche Fragen erlaubt bleiben.

Sven Stolpe hat eine interessante Lösung des Streits vorgeschlagen, bemerkt, Christina habe sich ehrlich dem Katholizismus zugewandt, überzeugt den Protestantismus aufgegeben, doch hätte sie einen Katholizismus gemeint, der in Wahrheit der Libertinismus war, »durch den sie sich befreit fühlte«.[40] Er und viele andere Biographen sehen in Christinas Neurose gewichtige weitere Gründe, manchmal die entscheidenden. Auch das mag energisch bestritten, abgelehnt werden können von jenen, die meinen, das schwedische Grundgesetz mit seiner Bestimmung, die Krone sei an das evangelisch-lutherische Bekenntnis gebunden, habe Christina, die heimliche Katholikin, zum Verzicht gezwungen, interessant, Christinas Weg bis zur Abdankung aufzuspüren.

Der grosse Verzicht

Eine Krone steht zur Disposition

Zu den Merkwürdigkeiten der Regierung Christinas zählt, daß erst die pompöse Krönung der Königin 1650, lange nach der Regierungsübernahme durch die Mündigerklärte, den spektakulären Thronverzicht wenige Jahre später ermöglichte. Nicht in dem eigentlichen Sinne wie die Geburt dem Tod vorausgeht, sondern als notwendige Bedingung einer zielbewußten Abdankungspolitik Christinas, schon am Tage der Legitimierung durch Zepter, Krone und feierliche Salbung den Schlußakt der Regentschaft einleitend, die künftige Freiheit vorbereitend. Wahrlich die Umkehrung aller monarchischer Werte, auch das ein königliches Spiel der Christina, der Tausch eines Throns »mit einem ambulanten Thronsessel ..., der vom europäischen Beifall getragen, zwischen Paris, Florenz und Rom anmutig hin und her« getragen werden sollte, ein wunderbares Bild, das Alfred Neumann fand.[1] Dies vermutlich der entscheidende persönliche Aspekt, und doch, Christina wünschte anderes noch geregelt ...

Als die Achtzehnjährige am 7. Dezember 1644 vor den Reichsständen ihr vorläufiges königliches »Versprechen« verlas, sich verband, Schwedens »Christliche Evangelische Religion« nach der unveränderten Augsburger Konfession und den Beschlüssen des Konzils zu Uppsala von 1593 zu wahren, mit des »Rates Rat Unser Reich zu regieren« nach dem Königseid »Unseres Seligen lieben Herrn Vaters, den dieser Anno 1617 abgelegt hatte«, beschwor Christina auch die Verteidigung des »Reichsrechts sowohl wie das jedes Standes«, vor allem die »Freiheiten« der Ritterschaft, deren »Immunitäten und Privilegien«.[2] Da jedoch mit der »Regierungsform des Jahres 1634«, von Axel Oxenstierna als angebliches Vermächtnis Gustavs II. Adolf eingeführt, erweiterte, über die Bestimmungen von 1617 hinausgehende Rechte des Hochadels fixiert waren, fürchteten die oppositionellen Kräfte hinter dem Königtum, »eine aristokratische Vielgewalt könne bestehen bleiben«.[3] Gustavs II. Adolf illegitimer Halbbruder Karl Karlsson Gyllenhielm, der Reichsadmiral, warnte die junge Herrscherin wieder und wieder vor »Anschlägen der Herren gegen ihren Thron und die künftige Stellung als Monarch des Reiches«.[4] So hatte Christina in Übereinstimmung mit der Mehrheit der Ständevertreter erklärt, es »sei für gut befunden, die Bestätigung bis zu Unserer glücklichen Krönung aufzuschieben, so daß in der Zwischenzeit alles recht überlegt und gewährleistet, mit dem Einverständnis der Reichsstände zu einem Gesetz geformt werde, das ewig im Reich gelten solle«.[5]

Es waren vor allem einige vom Hochadel, die diese Regierungsform zum unveränderlichen Grundgesetz erhoben sehen wollten. Galt es doch, die hier nur unbestimmt gesicherten Donationen, welche die Vormundschaftsregierung verliehen hatte, festzuschreiben. Der Monarchin war das Recht verblieben, als mündige Regentin zurückzunehmen, was die hocharistokratischen Räte zwischenzeitlich vergeben hatten. Unangenehm für alle jene, die nach Gustavs II. Adolf Tod die Hände weit aufgehalten hatten, nun fürchten mußten. Ähnliches galt auch für Ämtervergaben und Verordnungen, die durch die mündige Königin bestätigt werden mußten. So blieb es Anliegen der Ratsmehrheit um Axel Oxenstierna, »die Regierungsform auch unter einem mündigen Regenten durchzusetzen«. Andererseits hatten »Königsmacht und Nichtadel . . . ein gemeinsames Interesse, den aristokratischen Einfluß auf die Leitung und Verwaltung des Landes zu begrenzen«.[6]

Der Pfalzgraf und Gyllenhielm, Gegner der Oxenstiernas, taten alles, Christina zu überzeugen, daß die Aristokratie den Einfluß verteidigen wollte, Möglichkeiten suchte, der Königin die Bestätigung abzutrotzen, für die Zukunft möglicherweise ein Wahlkönigtum durchzusetzen, künftige Thronerben an diese Regierungsform zu binden. In der Gruppe um den Pfalzgrafen den Gegner erkennend, wandten sich Axel Oxenstierna und seine starke Fraktion entschieden gegen ein Erbrecht der Pfälzer Linie, wollten »unter keinen Umständen« ein Erbrecht der Söhne Katharinas und des Pfalzgrafen »auf die schwedische

Krone« anerkennen.[7] Da Schwedens Erbvereinigung eine solche Erbfolge ausschloß, schien den Ständen, die in ihrer übergroßen Mehrheit eine aristokratische Herrschaft ablehnten, den Triumph des Hochadels unbedingt verhindern wollten, eine Ehe Christinas die Lösung, der einzige wirksame Schutz eines starken Erbkönigstums zu sein.

Hier nun erwuchsen Christinas Königtum Pflichten, die sie erfüllen und doch um jeden Preis nun bereits umgehen wollte. Eine Möglichkeit ahnte sie, begann, zunächst zögerlich, dann zielstrebig, die hochadeligen Reichsräte hinzuhalten, zu Kompromissen zu zwingen. Sie deutete an, bereit zu sein, ihrerseits die Donationspolitik zu bestätigen, wünschte aber Entgegenkommen in der Thronfolgerfrage, bevor ihr die Hände gebunden würden, wollte so die ihres Thronfolgers freihalten, Adel und Nichtadel gegeneinander ausspielen, ein starkes Königtum fundieren, auf dessen Basis der künftige König von »Christinas Gnaden« fortsetzen könnte. Christinas Anliegen blieb die Regelung der Erbfrage, bevor sie einer Krönung zustimmte. Sie bereitete ihre Abdankung vor, bevor sie überhaupt im feudalherrlichen Verständnis die Krone trug.

Sie wird ihr wenig Vergnügen bereitet haben, die Anfrage der Stände auf dem Reichstag 1647, in pflichtschuldiger Untertänigkeit vorgetragen, aber dennoch fordernd, hartnäckig, wann sie sich verehelichen wolle, dem Reich den erwarteten notwendigen Nachfolger, den Erbprinzen, schenken werde, Ausdruck der Überzeugung der Priester, Bürger, Bauern und auch vieler vom Adel, daß Christina berechtigten Erwartungen entsprechen müsse, Leid und Freud der Herrscherin! Sie hatte geantwortet, sie wünsche selbst »Zeit, Stunde und Gelegenheit ihrer Verheiratung« zu bestimmen, »habe ein gnädiges Auge auf Karl Gustav vor allen anderen«[8], eine Lüge, die nur kurzen Aufschub bedeuten konnte, das wußte sie, erkannte, daß die Stände bald dringlicher mahnen würden, suchte nach einem Ausweg, glaubte ihn gefunden.

Etwa zur gleichen Stunde vertraute sie Botschafter Pierre Chanut an, sie hätte einst gefürchtet, aufgrund der Staatsraison heiraten zu müssen, solcherart Herrscherpflichten zu erfüllen, plötzlich aber verstanden, daß dies nicht nötig wäre, »beschlossen, nicht länger daran zu denken«.[9] Damals wußte sie die Lösung gefunden, das Erbreich ohne eigene Blutserben bewahren zu können, stolze Vasa durchaus, gewillt, dem Reich einen Thronfolger zu suchen, der »geeignet sei und ihren hohen Anforderungen an einen schwedischen König entsprach«.[10]

Karl Karlsson Gyllenhielm, so die schwedische Forschung, habe 1646 seiner Nichte entdeckt, sie könne die Ehe umgehen, würde sie die Erbfolge zugunsten der Pfälzer regeln. Der Onkel erwähnte, schon Gustav II. Adolf habe Karl Gustav »als einen denkbaren Thronkandidaten nach seinem Tode bezeichnet«[11], ein Argument, das selbst mit dieser Legitimierung nur schwer durchsetzbar schien, aber doch ein gangbarer Weg, so mußte es Christina einleuchten. Eine persönlich befreiende Variante dazu, bedeutete es doch für sie, das einst verpfändete Jawort, von dem Pfälzer still, manchmal weniger duldsam, mit stetem Vorwurf eingeklagt, durch die Krone einzulösen, ein schöner Trost, so meinte sie, müsse Karl Gustav versöhnen.

Vorerst allerdings trugen selbst die nichtadligen Ständesprecher Bedenken vor, bestanden auf einer Ehe mit Karl Gustav, konnten die zögernde junge Königin in der Tat nicht verstehen, wollten nur dann Christinas Vorschlag unterstützen, den Pfalzgrafen zum Oberbefehlshaber der schwedischen Armeen in Deutschland zu ernennen. Ein unangenehmer Wortwechsel, quälend für das »Fräulein Königin«, die sich schließlich gezwungen sah, den Herren Reichsständen zu geloben, Karl Gustav zu ehelichen, demnächst, vielleicht ... ließ diesen jedoch sofort heimlich wissen, er solle sie vergessen, sie wolle so nur seine Einsetzung befördern, versprach dem unglücklichen, weiter Werbenden schließlich in dem bekannten Gespräch vor Matthiäe und Magnus de la Gardie, sie werde, wenn überhaupt, nur ihn heiraten, versuche aber, ihn auch ohne die leidige eheliche Verbindung auf den Thron zu setzen.

Verständlich, daß die getäuschten Stände 1649 erneut mit der Bitte einkamen, die Königin möge doch heiraten. Und wiederum agierte die Herrscherin geschickt, argumentierte, sie wünsche zunächst einmal Karl Gustav als Thronfolger benannt, wolle die Frage ihres Nachfolgers geklärt für den Fall, sie versterbe plötzlich. Unruhe, Ablehnung die natürliche Reaktion, gewichtige

Entgegnung, sie, Christina, könne doch noch heiraten wollen, Kinder gebären, die natürlichste Sache der Welt, dann aber wäre der Bürgerkrieg wahrscheinlich. Zwei rechtmäßige Erben der Krone könnten die Thronfolge nur so regeln. Eine gefährliche Diskussion für Christinas verschlungene Pläne, dahinter vor allem die hochadlige Opposition, hoffnungsfroh, die Königin, deren Ehefeindlichkeit nun bereits offenkundig schien, bei der Hartnäckigkeit des jungen Mädchens auch dauerhaft, gottgegeben hingenommen werden mußte, könne ohne Erben bleiben, das »Wahlreich« die beste Möglichkeit erstrebter Adelsdemokratie, vielleicht gar die Krone für das eigene Haupt die Alternative werden. Widerstand gegen Karl Gustavs Thronfolge um jeden Preis, das die schier unumstößliche Konsequenz, einmütige Weigerung der Reichsräte! »Der Reichsrat will wieder ein Wahlreich haben«, so schließlich auch eine zornige Herrscherin, die ihrerseits auf einer schriftlichen Zusage des Rates bestand, den Vetter bestätigt wollte, umsonst ihre erregten Einwände, die Herren beugten sich nicht. Christina verfiel auf einen neuen Ausweg, bekannte, sie könne Karl Gustav nur als Ebenbürtigen, als Erbprinzen, nicht aber als Pfalzgrafen heiraten. Auch das nicht nach dem Geschmack der hochadligen Räte, anders die Reaktion der nichtadligen Stände. Der schließliche Entscheid, Karl Gustav als Thronfolger für den Fall ihres kinderlosen Ablebens zu bestimmen, bedeutete immerhin einen halben Sieg, das Erbreich aber war so nicht gesichert. Der Krönungsreichstag 1650 mußte die Entscheidung bringen, Christina war entschlossen, durchzusetzen, »daß der Thronfolger zum Erbfürsten ausgerufen wurde«.[12]

Schon 1649 hatte Pierre Chanut an Mazarin berichtet, tief beeindruckt, daß Christina selbst den kranken Axel Oxenstierna zur Unterschrift unter die Festlegung Karl Gustavs als Thronfolger bewegen konnte, die Königin würde durch eiserne Entschlossenheit ihren Willen durchsetzen, rücksichtslos, wenn »es das Wohl des Landes gilt«.[13] Er irrte nur in der Gewißheit, Christina gehe es vor allem um Schwedens Wohl, mußte das wohl auch glauben, zu ungewöhnlich der Gedanke, eine Königin könne wirklich das eigene an den Thronverzicht binden, verstand wohl erst viel später, daß es tatsächlich auch und vor allem

Christinas sehr persönliches Anliegen war, kaum vereinbar mit dem Pflichtdenken des Franzosen, Vorstellungen von der Staatsraison und wohl auch nicht mit jenen Jubelbemerkungen seiner Charakteristik der bewunderten Herrscherin. »Eisern entschlossen« allerdings war Christina, das jedenfalls traf zu! Die Königin entschied sich, die Unzufriedenheit der nichtadligen Stände gegen den Rat zu nutzen, auf dem Krönungsreichstag die Drohung mit der »Reduktion« – die Forderung nach Rücknahme der verschenkten Domänen – an die Frage um die Erbfolge zu binden, erreichte ihr Ziel.

Die Rettung des Adels vor dem rebellierenden Nichtadel honorierten die erschreckten Reichsräte, ein verunsicherter adliger Stand, mit dem endlich einhelligen Ja zu Karl Gustav als Erbfürsten. »Ohne das geringste eigene Verdienst, klagend und jammernd – zwischendurch trinkend – so wurde Karl Gustav schwedischer Erbfürst«[14], der König, der wenig später Schwedens Territorium noch einmal gewaltig ausdehnte, der unbesiegte »Kriegsgott«. Das aber wußte damals niemand, auch nicht die alles sorgfältig planende Christina, die sich nun anschickte, den Thron baldmöglichst zu übergeben, dennoch überzeugt, Karl Gustav wäre der Mann, den das Land bräuchte. So jedenfalls hat es die Regentin auch später immer verkündet, nun bereits mit dem Wissen, Schweden tatsächlich einen Herrscher ausgewählt zu haben mit außergewöhnlichem Mut, Klugheit und Willensstärke.

Ende Oktober 1650 verließ der neue Erbfürst Stockholm tief enttäuscht, endgültig dahin die Hoffnung, Christina doch noch ehelichen zu können, an ihrer Seite herrschen zu dürfen. Der Korb schmerzte, vielleicht wirklich mehr als gekränkte Eitelkeit. Einige Historiker bleiben überzeugt, der Pfälzer habe, wahrscheinlich der einzige Mann, Christina wirklich geliebt. Auch das schwer zu entscheiden. Äußerungen, er habe mehr die Krone als die Königin verehrt, auch das von manchem Biographen behauptet, mehr als einleuchtend, sind niemals bekannt geworden. Dachte er so, verbarg er dieses vor allen, erklärte im Gegenteil überall, nur die Hoffnung auf eine Ehe mit Christina halte ihn in Schweden. Auch das nur Verkündung, er blieb, achtete jedoch auch als souveräner König Christinas stetige Merkwürdigkeiten, enthielt sich jeder Kritik, verwendete sich für die Cousine selbst am französischen Hof, auch jetzt keine spöttischen Andeutungen, gab niemals zurück, was er so reichlich von Christina empfangen hatte ...

In jenen Jahren zwischen Krönung und Verzicht begegnete die Königin den Klagen Karl Gustavs, den Liebesbeteuerungen, gewöhnlich mit lautem Spott. Sie hielt den Pfälzer von allen Regierungsämtern fern, lehnte dessen Wunsch auf ein eigenes Herzogtum ab, ebenso entschieden, wie sie ihm zum Titel des Erbprinzen verholfen hatte, ein leerer Name nur, so mußte es der Umwelt und vor allem Karl Gustav scheinen, kaum wirkliche Entschädigung und Trost für verronnene Träume. Nichts sprach Ende 1650 dafür, daß die vier Jahre jüngere Königin vor ihm sterben sollte, überlebte Karl Gustav ja um nahezu drei Jahrzehnte. Wußte das damals auch niemand, so hatte doch der Krönungsreichstag überdeutlich symbolisiert, wo Karl Gustavs Platz sein sollte. Jerker Rosén, einer der bedeutendsten schwedischen Historiker unserer Tage, glaubt sogar, Christina sei nur gegen eine Ehe gewesen, weil sie »in ihren Pflichten als Regent aufgegangen« sei, sich »nicht vorstellen konnte, ihre Stellung mit einem anderen zu teilen«, daher sei der Beschluß gereift, »sich niemals zu verehelichen«.[15] Zweifellos ein ungewöhnlicher Schluß, dem Erbprinzen aber mag es zuweilen so erschienen sein. Von Christina ausdrücklich zu politischer Bedeutungslosigkeit gezwungen, hatte er sich verpflichten müssen, keinerlei Aktivitäten ohne ausdrücklichen Willen der Königin und Billigung des Rates zu beginnen, eine bedeutungslose Figur im politischen Kalkül Christinas. Als er im Krönungszug mit Hermelin und kleiner Krone hinter der Königin fuhr, später während des Banketts Christina als Mundschenk bedienen mußte, ahnte er nicht, daß die Herrscherin bereits plante, ihm demnächst die Krone, die wirkliche, große, weiterzureichen.

Vorerst jedenfalls folgte er still, auffallend gedrückt, wie die Zeitgenossen beobachteten, dem ungeheuren Aufwand der Festlichkeiten, den Huldigungen für Christina. Allein für deren Einzug in die Hauptstadt, durch einen hölzernen Triumphbogen ganz im Geiste des antiken Roms, hatte die königliche Kammer Unsummen Geldes aufwenden müssen, 16000 Taler nur für

Christinas römische Cäsarengelüste bezahlt, und bei dem hölzernen Bauwerk war es nicht geblieben. Schon die Vorbereitungen auf die Krönung waren eine Kette von Bällen, ein Strom von Wein und Bier. Die Brunnen des Gutes Jakobstad bei Stockholm, vom alten Reichsmarschall de la Gardie Christina bereitwillig eingeräumt, spieen tagelang ununterbrochen Wein für das trinkfreudige Volk. Kostspielig auch die Ausstattung des Festzuges, die Galauniformen der Garden und der Höflinge, Sattel- und Zaumzeug der Pferde, prunkvolle Kaleschen, Feuerwerke, der stundenlange Salut aller Geschütze der Hauptstadt, wochenlange Gelage und Bankette, die dem Krönungstag am 20. Oktober 1650 folgten.

Im Volk raunte man von Unglück, fragte sich, warum Christina Stockholm als Krönungsort, nicht die traditionelle Domkirche in Uppsala, gewählt hatte. Keiner der Herrscher, so hieß es, der hier gekrönt wurde, habe die Krone lebenslang getragen, »wenn sie ihm in Stockholm aufgesetzt wurde«. Christina habe bewußt »Vorsehung« gespielt, »die Zukunft, die sie für ihre Krone wußte«, mystifiziert,[16] so Alfred Neumann und andere, weniger sicher, daß Christina solches wirklich beabsichtigte. Aber mit dem baldigen Thronverzicht spielte sie schon, eröffnete bereits im Mai 1651 ihrer Umgebung, sie wolle auf die Inseln Gotland und Öland reisen, das letztere Karl Gustavs Domizil, just zu einer Zeit, da sie demonstrativ Herrscherzeichen der Vasa entfernen ließ. Der aufmerksam das Geschehen verfolgende Zeitgenosse mußte, so er gut informiert war, beunruhigt erfahren, daß Christina im Juni den Erbprinzen von Öland nach Stockholm befahl, wichtige Fragen diskutieren wollte. Es lag nahe zu vermuten, daß alles, die Nominierung des Erbfürsten, das Interesse für Öland, die Veränderung des Reichssiegels und die beabsichtigten Gespräche mit Karl Gustav zusammenhingen ...

Der Erbfürst kam und hörte, lehnte ab, vermutlich wähnte er Christinas Eröffnung, sie wünsche abzudanken, für eine Prüfung seines Ehrgeizes, eine Intrige, wußte wohl auch, daß das Reich ruiniert war, der ununterbrochene Reigen von Festlichkeiten das arme Land erschöpft hatte, die »Reduzierung« der einzige Ausweg zur Sanierung der Landeskassen blieb. Vielleicht, daß

Karl Gustav klug genug war, in einer solchen Situation das angebotene Erbe zu »verweigern«, die sichere Todfeindschaft des gesamten Hochadels ahnend. Er reiste zurück, wartete ab, keineswegs tatenlos, was Öland betraf, um dessen Verwaltung er sich tatkräftig kümmerte; die Reichsregierung aber, darauf berief er sich, war ihm nach den Beschlüssen des letzten Reichstages und Christinas eigenen Entscheidungen verwehrt.

Christina, so könnte man meinen, unternahm derweil alles, ihr Ansehen als Tochter Gustavs II. Adolf im schwedischen Volk zu schädigen, bezeigte sichtbare Verachtung für die angeblich barbarischen Sitten ihres Volkes, formulierte das auch später häufig, distanzierte sich vom Ideal »der traditionell-patriarchalischen ›Volkshaltung‹ der Vasa« gegenüber den Untertanen, führte ein Hofzeremoniell nach französischem Vorbild ein, folgte keinesfalls der Festlegung des Rates von 1644, »in ihrer Eigenschaft als Schwedens regierende Königin ... zugänglich für alle« zu sein, jedem Schweden nach der Weise ihrer Vasa-Ahnen die »Hand zum Gruß zu reichen«.[17] Nur wenige Persönlichkeiten des Hofstaates durften mit der Königin verkehren, die »Öffnung nach Europa« bedeutete gleichermaßen eine »Abschirmung« Christinas gegenüber der »schwedischen Umgebung«, so das kritische Urteil der modernen schwedischen Historiographie.[18]

Hatte Christina in den ersten Regierungsjahren das Herrscheramt mit auffallendem Ernst wahrgenommen, Chanuts Charakteristik 1646 darin kaum geirrt, so waren es Ende des Jahrzehnts vor allem teure Ballette, denen nun Christinas Aufmerksamkeit und Hingabe galten. »Der gefangene Cupido« kostete Schweden 1649 die ungeheure Summe von 16850 Taler Silbermünzen, »Parnass Triumph« 1651 steigerte die Kosten auf 30000 Taler Silbermünzen, »seit Christinas Krönung 1650 folgten nahezu ununterbrochen verschiedene Arten von Zerstreuungen und Unterhaltung bei Hofe«, Jagden, Feuerwerke, Ritterspiele, Bälle und Tierhetzen, alles »war sehr schön zu sehen«, wie es der Höfling Johan Ekeblad wiederholt der Familie daheim berichtete.[19]

Im Sommer 1651 wußte dann niemand mehr Rat, die Hofkassen zu füllen. Christina halbierte die Gehälter ihrer Beamten, bald blieb selbst die Garde ohne Sold.

Am 7. August 1651 eröffnete die Königin den versammelten Reichsräten ihren Entschluß, die Herrschaft an den Erbprinzen zu übergeben, keineswegs überraschend für jene, die Christinas Erbfolgepolitik lange widerstanden hatten. Den protestierenden Räten schnitt die Königin die Entgegnungen mit der lakonischen Erklärung ab, sie hätte sich bereits »mit diesem Plan fünf oder sechs Jahre lang« befaßt; nun wolle sie keinen Rat mehr, sondern wünsche Einverständnis. Ein Ratsprotokoll von 1649 weist im übrigen den Vermerk aus, Christina habe schon damals bekannt, über einen Thronverzicht »drei Jahre lang nachgedacht« zu haben, »und kein Tag ist verstrichen, ohne daß Ihre Majestät die Sache überlegt hat«.[20] Ihr läge das Wohl Schwedens vor allem am Herzen, das Reich benötige einen starken Herrscher, einen Feldherren, der die Armee führen könne. Sie selber aber bedürfe dringend der Ruhe. Die Räte, besonders Axel Oxenstierna, widersprachen dennoch, erbaten schließlich Bedenkzeit.

Wenige Tage später, am 12. August, überreichten einige Räte ein Bittschreiben des alten Kanzlers, von dreizehn aus ihrer Mitte, den bedeutendsten Aristokraten unterzeichnet. Christina habe mit der Krönung eidlich versichert, als Königin das Reich nach seinen alten Gesetzen zu regieren, eine Krone sei nicht einfach zurückzugeben. Pflicht der Herrscherin und Liebe der Untertanen bände beide. »Alle Menschen sind von ihrer Geburt an Mühen und Kümmernissen unterworfen, besonders Könige und Regenten, deren Pflicht es ist, Befriedigung und Freude an ihrer Arbeit zu finden und Einsamkeit und Ruhe zu fliehen«, ein klares Nein zu Christinas Ruhebedürfnis, »da solches sich nicht mit dem Pflichtenkreis der Königin« vertrage.[21] Die Herren seien bereit, so schloß das Schreiben, Christina wirkungsvoll zu unterstützen. Schöne Worte, zu Herzen gehende Äußerungen. Er war auch ein Meister der Feder, Axel Oxenstierna!

Christina, deren Eitelkeit und Selbsterhöhung Bemerkungen dieser Art zweifellos befriedigt gelesen haben wird, wollte sich aber auch einer weiteren Bittschrift der Räte nicht beugen, schließlich begab sich eine kleine Abordnung der Räte, geführt von Graf Magnus, damals noch in hohem Ansehen, zur Regentin, erbat ein vertrauliches Gespräch, überreichte ein weiteres Papier. »Ihre Majestät las es durch, brach in Tränen aus und antwortete uns sehr gnädig, sie wolle die aufrichtigen und wohlmeinenden Ratschläge« ernsthaft überdenken, so de la Gardie 1668 in einer Aufzeichnung des damaligen Geschehens.[22] In neuerlichen geduldigen Diskussionen habe man Christina schließlich gewonnen, ihre Absichten aufzugeben, den Thronverzicht zurückzuziehen.

Angeblich hätten viele Räte vor Freude geweint, so die zeitgenössischen Berichte, vielleicht ein wenig übertrieben, auch das ein bißchen gehöriges Spiel. Man neigte in der Tat zu solchen Demonstrationen in der Welt des Barock. Pierre Chanut jubelte wirklich, schrieb Christina einen freudigen Brief, hatte schon am 28. Oktober an Mazarin nach Paris gemeldet, er selbst hätte den Gedanken eines Thronverzichts bei Christina lange vergeblich mit allen Mitteln »bekämpft«.[23] Frankreich hegte keinerlei Interesse an einem Machtwechsel in Stockholm, sah einer Thronbesteigung des Pfälzers beunruhigt entgegen, nicht der Freund, wie man ihn in Christina noch immer vermutete. Die Königin hat ihren französischen Vertrauten wenig später wissen lassen, sie habe ihren Vorsatz nur der dringlichen Bitten der Untertanen wegen zurückgestellt, aber »auf meinen Entschluß nicht so völlig verzichtet, daß nicht ein Tag kommen könnte, wo ich ihn ausführe«.[24]

Vorerst hatte die Herrscherin wenig Grund, unzufrieden zu sein. Die Räte hatten nicht allein mit schönen Worten an ihr Pflichtgefühl appelliert, boten, auch das nicht weniger überzeugend, Christina an, deren Schulden zu übernehmen, die Beträge für die königliche Hofhaltung weiter zu erhöhen. Eigentlich klagten nur die Pfälzer, schätzten Christinas Absichtserklärungen als schlechten Scherz, »einen Anschlag« auf Karl Gustavs Ruf, wenigstens sah es der alte Pfalzgraf so, nun keineswegs mehr im ungetrübten Einvernehmen mit Christina wie ein Jahrzehnt vorher.

Die Königin scheint sich vor allem der Argumentation von Johan Adler Salvius gebeugt, die Überzeugung gewonnen zu haben, die Abdankung sei noch zu wenig ökonomisch verankert gewesen. Auch waren erst wenige Wochen vergangen, seit Macedo abgereist war, Reaktionen der Jesuiten konnten noch nicht erwartet werden, Christina sich entschlossen, Kontakte zu Spanien, vielleicht auch zu England zu suchen. Die alte Königin hat später in Rom in einer Randglosse zu einem historischen Schriftstück angedeutet, sie hätte nachgegeben, weil »sie damals für das Wohl des schwedischen Staates noch vieles ungetan gelassen habe«.[25] Auch das schöne Worte, summiert man spätere Entscheidungen der Königin, Angebote an Schwedens Feinde, fern so hehrer Absichten, dann mag man ihr solches nicht recht glauben.

Vermeint man, Erklärungen für Christinas Zurückweichen vor allem in deren Erkenntnis suchen zu müssen, noch weitere persönliche Sicherheiten vereinbaren zu wollen, gewinnt auch die Verbindung der Königin zu dem Jesuitenpater Godfried Francken einen besonderen Sinn. Dieser hatte im Hause seines Dienstherrn, des spanischen Gesandten in Kopenhagen, Don Bernhardo de Rebolledo, von dem durchreisenden Claude Saumaise von Christinas bekundetem Interesse am Katholizismus gehört. Er wußte nichts von der Mission Macedos, schon gar nichts von römischen Reaktionen, glaubte an seine hohe Aufgabe, Schwedens Königin die rechte Lehre zu erläutern, suchte Christina in Stockholm auf, interessiert empfangen, und doch nicht der rechte Partner für die belesene Herrscherin für erkenntnistheoretische Dispute, wie Christina schnell herausfand, brauchbar aber für neue interessante Verbindungen.

Zunächst äußerte die Herrscherin, in Unkenntnis römischer Haltungen, auch hier den Wunsch nach einem naturwissenschaftlich gebildeten Jesuiten, von Francken mit gemischten Gefühlen aufgenommen, dahin die Hoffnung, er könne unvergeßlichen Ruhm gewinnen, die Bekehrung Christinas sein Werk sein. Später entschloß sich die Königin, den Pater mit Briefen und Aufträgen an Erzherzog Leopold Wilhelm zu betrauen, den höchsten Repräsentanten Spaniens in Brüssel. Sie trug den Spaniern Handelsbeziehungen an, wünschte die Öffnung der Schelde für schwedische Kauffahrer, zielte aber vor allem auf eine Verbindung zum spanischen König, damals noch Herrscher der stärksten katholischen Macht. Wollte Frankreich Christina nur als Königin Schwedens, konnte Philipp IV. vielleicht einer katholischen Christina auch ohne schwedische »Morgengabe« ein Freund werden.

Sie wußte natürlich, als prominenteste Konvertitin ihrer Zeit, überall in der katholischen Welt mit freundlichen, ja begeisterten Empfängen rechnen zu dürfen, blieb aber kühle Realistin genug, »um auch die Notwendigkeit ökonomisch-politischer Unterstützung zu erkennen«.[26] Solche Überlegungen mußten sie um so mehr bewegen, da ihr deutlich geworden sein dürfte, daß die schwedischen Stände jegliche Unterstützung versagen könnten, falls sie das Land verließe, den europäischen Süden wählte, dann auf jeden Fall konvertieren mußte. Schwedens Grundgesetz erlaubte keine andere Deutung. So viel schien Ende 1651 sicher. Sie wagte viel, hoch verschuldet und niemand garantierte, daß sie zukünftig über ausreichende Mittel verfügen konnte, um in der erwünschten Ruhe ihr Leben zu genießen, sich ganz den eigenen Wunschvorstellungen hinzugeben, die sie zum Thronverzicht bewegten. Es reiste sich übel mit leeren Kassen.

In Schweden erlebten die Reichsräte erneut eine pflichtbewußte Regentin, die nichtsdestotrotz von Zeit zu Zeit unüberhörbar klagte, daß die Regierungsgeschäfte sie, eine schwache Frau, ermüdeten, ihre Kräfte verzehrten. Heimlich orientierte sich Christina nun auf Spanien, leitete eine vorübergehende außenpolitische Wende ein, die Schweden aus dem traditionellen Bündnis mit Frankreich lösen mußte, eine Politik, die eine Mehrheit der Räte, selbst Axel Oxenstierna, befürwortete, der eine Annäherung an Frankreichs Gegner Spanien vermeiden wollte, zu klug, zu erfahren, um nicht den Tag von Rocroi 1643, die schwere Niederlage Spaniens gegen die Franzosen richtig zu deuten.

Als Francken im Mai 1652 nach Stockholm zurückkehrte, von spanischem Interesse berichten konnte, wirkte bereits eine größere jesuitische »Kolonne« neben den beiden Naturwissenschaftlern als »Missionare«, hatten Casati und Malines ihre Aufgabe erfüllt, war der erste bereits auf dem Weg nach Rom, trug frohe Kunde in den Vatikan. Auffällig nun, daß Christinas Verhältnis zu Axel Oxenstierna sich wieder besserte, die Frankophilen allmählich aus der unmittelbaren Umgebung der Königin verschwanden, hohe Ämter in den Provinzen antraten, als Gouverneure im fernen Baltikum Aufgaben fanden. Verwirrend dennoch für viele die Ankunft des spanischen Generals Don Antonio Pimentel de Prado als Sonderbotschafter seines Landes, autorisiert, den auch von Philipp IV. erstrebten Handelsvertrag zu vereinbaren, sichtbares äußeres Zeichen einer politischen Umbewertung der schwedischen Außenpolitik. Christina träumte von einer Allianz mit Spanien und England gegen die nun übermächtig wirkenden Niederlande, deren wirtschaftlichen Druck das arme Schweden mehr denn je empfand, hilflos, nahezu vollständig abhängig von holländischen Krediten.

Vielleicht trug sich Christina tatsächlich auch mit dem Gedanken einer Annäherung an die Habsburger, wie man besorgt in Paris vermutete, auch in Stockholm zu raunen begann, versuchte solches wiederum nicht nur vor den eigenen, sondern auch den französischen Freunden zu verbergen, hegte möglicherweise gelegentlich auch vage Hoffnungen auf eine Gegenreformation in Schweden, sah sich als jene große Herrscherin, die ihr Land dem Katholizismus zurückgewann, um dann als strahlende Glaubensheldin auf einen imaginären internationalen katholischen Thron zu wechseln, anerkannte geistige Königin Europas, Herrscherin ohne Pflichten mit allen souveränen Rechten überall? Wer will die Gedanken dieser verschlagenen Politikerin deuten, die gerade die eigenen Stände bezwungen hatte ...

Christinas Zustimmung zur Wahl des Königs von Ungarn, Sohn Kaiser Ferdinands III. von Habsburg, Ferdinands IV. zum Kaiser, erst kürzlich einer ihrer Freier, galt lange Zeit schwedischen Historikern als weiterer Schritt einer verhängnisvollen Annäherung auch an Spanien. Um »ihrer privaten Pläne willen«, so klagte einer der bedeutendsten Christina-Forscher unserer Tage, Sven Ingemar Olofsson, habe die Königin »einen der Stützpfeiler der schwedischen Großmachtrolle untergraben«, die Stellung als protestantische Führungsmacht erschüttert und schließlich gefolgert, die »Ursachen des folgenden Rückzugs der schwedischen Großmacht lassen sich teilweise auf diesen verhängnisvollen Entschluß Christinas zurückführen«.[27] Wohl doch ein wenig überzogen, diese Wertung. Spanien hat tatsächlich eine freundliche Geste Christinas begrüßt, das österreichische Habsburg die Zustimmung freudig hingenommen. Eine

Verschiebung der europäischen Machtverhältnisse bewirkte diese Entscheidung nicht, der Kaisertitel war längst leerer Wahn, die Verträge von 1648 änderte Christinas Haltung nicht. Veränderungen dieser Art hätte auch der schwedische Reichsrat nicht hingenommen.

Damals, im April 1653, berieten Christina, Pimentel, die Jesuiten Malines und Mannerscheidt allerdings bereits konkrete Schritte der Konversion, konnte der spanische Gesandte der Königin versichern, sein Herrscher stünde in eigener Person hinter ihrer Entscheidung, verwende sich für Christina auch in Rom. Als Malines wenig später, im Mai, Stockholm für immer verließ, reiste er folgerichtig über Madrid nach Rom, informierte der Italiener Philipp IV. über die Details, den zu erwartenden endgültigen Thronverzicht Christinas, der mit dem geplanten Glaubenswechsel unausweichlich geworden war.

Und er wird auch erwähnt haben, daß es Zeit wurde für Christina zu gehen, deutlich der Haß der Menschen auf Stockholms Straßen auf die Katholiken, vermeintliche und entdeckte, Steinwürfe der Alltag für ihn, Abneigung auch und besonders gegen Don Pimentel. Selbst einigen Diplomaten schien es gewiß, Christina und den General verbanden sehr persönliche Beziehungen, berichtete doch selbst Hollands Gesandter in Paris an den Ratspensionär, das Staatsoberhaupt der Vereinigten Provinzen, in einflußreichen französischen Kreisen rede man über einen Brief der Königin an den Spanier, der »in so leidenschaftlichen Ausdrücken ihrer Neigung für ihn verfaßt« sei, daß es keinen Zweifel gebe.[28] Auch das nur eine Vermutung, ein böswilliges Gerücht, vor allem gewachsen, weil die zahlreichen mißtrauischen Beobachter der Stockholmer Schloßszene entdeckten, daß Pimentel in den letzten Wochen vor seiner Abreise wiederholt nächtelang in Christinas Räumen verblieb, manchmal »nicht vor fünf Uhr morgens« die Gemächer verlassen hatte.[29]

Chanut, im späten Frühjahr 1653 von der beunruhigten französischen Regierung zurück nach Stockholm beordert, suchte aufzuhellen, was Mazarin verwirrte, erfuhr bald von sehr konkreten neuen Abdankungsplänen, der Entscheidung zu konvertieren, leitete Christinas Wunsch um umfangreiche finanzielle Unterstützung Frankreichs nach Paris weiter. Mochten viele an neue erotische Abenteuer der Königin mit dem Granden glauben, die Franzosen wußten es zweifellos besser, verstanden schnell, daß es vor allem Sicherheit war, die die Königin suchte. Christina bedeutete Chanut, sie erwarte die Auszahlung der noch fälligen letzten Rate französischer Subsidien aus dem Großen Krieg in Höhe von 100 000 Reichstaler in ihre private Reiseschatulle, bot den Verkauf schwedischer Kriegsschiffe an Frankreich für weitere 300 000 Reichstaler an, eine »Leibrente«, so dachte sie sich den Vertrag, solches wohl kaum im Interesse Schwedens, dem Wohle des Landes dienlich. Erschreckend, wie diese Königin die eigenen Interessen über die ihres Vaterlandes stellte, dennoch beharrlich verkündete, wie dankbar ihr Schwedens Volk sein sollte. Und nichts spricht eigentlich dagegen, daß sie es zeitweilig selbst so glaubte!

Diesmal wollte Mazarin nicht, konnte wohl selbst auch solche Summen nicht aufbringen, ahnte vermutlich vor allem gereizte Reaktionen des neuen Königs und Schwedens Reichsrat, wußte im übrigen, daß Christina bereits wertvolle Gobelins, kostbare Möbel, Handschriften, auch die seinerzeit erworbene Bibliothek Mazarins, als Versöhnungsgeste Christinas an den Kardinal gedacht, nach Frankreich einschiffen ließ, ein »Pfand« im Werte von etwa 500 000 Livres, wie der Jesuitenorden die Ladung bewertete, ausreichend Grund, an der Ernsthaftigkeit der Entscheidung Christinas nicht länger zu zweifeln. Klar, daß auch ein abschlägiger Bescheid die Königin nicht ins antifranzösische Lager treiben würde. Christina band sich nicht an die Spanier, setzte auch auf Frankreich, plante bereits ihre Weiterreise nach Rom, bereitete schon damals den Transport ihrer Equipage von Frankreich nach Italien vor, eine Beruhigung für Mazarin. Die Königin würde gehen, Schweden bleiben, Madrid war weit, dazwischen auf dem Wege nach Stockholm noch immer Paris, vor allem die Mehrheit der schwedischen Reichsräte rechnete so.

Die Geschichten um Pimentel und Christina wucherten derweil weiter, erhitzten die Gemüter, überlebten die Jahrhunderte. Millionen Kinofreunde in aller Welt erlebten die Filmromanze Greta Garbos als Königin Christina mit dem Spanier, sahen beeindruckt den adelsstolzen Granden vor der bildschönen Königin erbleichen, aufgeregt stammeln, konnten natürlich nicht wissen, daß Englands Gesandter Bulstrode Whitelocke diese Szene für die Abschiedsaudienz am 29. März 1654 notierte, die einzige entsprechende Quelle. In seinem Tagebuch berichtete er, es sei »nicht wenig wunderlich ... als unerwartet bei einem Mann, der bei der Königin in so hoher Gunst stand«, doch hätten einige bedeutet, er habe sich nur so gestellt, »um der Königin ein Vergnügen zu bereiten«, wissend, daß Christina es genoß, »fremde Botschafter in eine Art Bestürzung zu versetzen«.[30] Auch ihn habe sie durch herrische Gesten und Blicke einschüchtern wollen, aber Engländer wie er »erbleichen nicht ..., eine junge Königin vor ihnen stark zu sehen«,[31] so der offenbar kritische Tenor, aufgeschrieben als unmißverständliche Distanz von dem offensichtlich als lächerlich empfundenen Auftreten der Regentin.

Wie die Drehbuchautoren verstand offenbar auch Georgina Masson, daß es für die vermutete Liebesaffäre nur sinnvoll sein konnte, die Legende an die Überreichung seiner »Beglaubigungsschreiben« durch Pimentel am »19. August« 1652 zu binden, sich auf die engliche Quelle zu berufen.[32] Sicher will es nicht viel bedeuten, wenn mit Robert Widl jüngst ein Schriftsteller gleiches tat,[33] ein biographischer Roman mag eigenen Gesetzen folgen, unverständlich aber die Entscheidung der Britin, die wissen mußte, daß Englands Gesandter, wie sein Tagebuch für die Gesandtschaftszeit 1653 und 1654 ausweist, erst im November 1653 in Göteborg eintraf. Ernsthafte Faktenverantwortung ist das wohl nicht, fast schon Buhlen um Lesergunst, das Wissen, daß mancher solche Erzählungen honoriert, also auch das eine Art »Schafshaut« der Georgina Masson?

Will man weniger scharf urteilen, gesteht ein Mißverständnis zu, ungenügende Quellenkenntnisse, bleibt natürlich die Einsicht, daß Pimentel auch im Verständnis des Engländers befremdlich reagierte, sein Verhalten Fragen aufdrängt. Er, der angebliche Liebhaber, nicht wenige Zeitgenossen, manche Biographen bezeugen das, weilte nachweislich tatsächlich nächtelang in Christinas Räumen, debattierte ungezwungen mit der Herrscherin auf Bällen, bei Komödien, durfte bei Ausritten Christinas bevorzugter Kavalier sein, Mitglied eines von ihr geschaffenen intimen Ordens, erbleichte plötzlich, stammelte, eigentlich nur sinnvoll, sollte auf diese Weise Distanz demonstriert werden, angedeutet sein, daß der Don alles andere als ein Liebhaber war. Das wiederum stimmt nachdenklich, provoziert Mißtrauen. Interessanterweise notierte der Engländer auch für seine Abschiedsaudienz einen solchen neuerlichen Versuch Christinas, die ihm »streng in die Augen sah«, versuchte, »ihn ängstlich zu machen, wie es mit mehreren Botschaftern geschehen war«, doch sei er »nicht so leicht zu erschrecken«.[34] Vielleicht traf Whitelocke den Kern mit der Vermutung, der Spanier habe Christinas Herrschergefühle ansprechen wollen.

Tatsächlich blieb die Königin zeitlebens überzeugt, die übergroße Mehrheit der Menschen durch ihre königliche Geburt himmelweit zu überragen. Immer wieder verglich sie sich »ungeniert mit den Größten der Geschichte und wähnte sich Alexander gleich«.[35] Sie war überzeugt, »kein Zeitgenosse glich ihr«,[36] vor ihr als Herrscherin mußten alle zittern und erbleichen. Sie wollte es selbst am Verhalten der russischen Gesandtschaft 1633 bemerkt haben, glaubte es wohl auch wirklich.

Es spricht tatsächlich einiges dafür, daß Christina auch als Fünfzigjährige überzeugt blieb, sie habe seinerzeit durch ihre stolzen Gebärden die Fremden erschreckt, der Spanier wußte das, spielte seine Komödie. War es so und Whitelocke hatte nur diese Erklärung, verliert Chanuts Charakteristik Christinas weiter an Wert, bliebe der Lächerlichkeit preisgegebene Arroganz, krankhafte Eitelkeit bereits. Dem Historiker bleiben Antworten verwehrt, den Widerspruch zu lösen vermag die Faktologie nicht. Sicher nur, daß es keineswegs die Liebe zu Pimentel war, die Christinas Glaubensbekenntnis bedingte, der Spanier nur eine Aufgabe bei der Vorbereitung übernahm. Um solches zu verbergen, blieben Vermutungen erotischer Beziehungen so unglücklich nicht, einleuchtend, daß der wirklichen Christina, nicht jener Königin der Greta Garbo, solches Gerede nützlich schien. Illusionen, die mißtrauischen Augen ihrer Schweden, der Räte, vor allem der hohen Geistlichkeit des Landes zu täuschen, hatte Christina vermutlich trotzdem nicht. Dort registrierte man andererseits befriedigt ihre Bemühungen, auch mit dem mächtigen England einen ähnlichen Handelsvertrag zu vereinbaren, sprach von einer möglichen Allianz Schwedens mit England und Spanien, Gegner Hollands, dessen Hinwendung zu Dänemark besorgt wahrgenommen wurde, um so besser, daß schließlich nach zögerlichen Verhandlungen und vielen Aufschüben durch die schwedische Regierung am 28. April das englisch-schwedische Handelstraktat unterzeichnet wurde. Da aber wußte selbst Englands Botschafter bereits nach London zu berichten, Christina gedenke sofort »nach der Abdankung ... nach Spanien zu reisen«, ein Gerücht, das Whitelocke glaubhaft erschien.[37] Damals hatte Pimentel Schweden bereits verlassen, nicht ohne lange im geheimen gegen den englisch-schwedischen Vertrag gewirkt zu haben, ein Abkommen »gegen Spaniens Interessen«, wie sich der Engländer und andere hochgestellte Persönlichkeiten bei Hof die Verzögerungen erklärten.[38] Christina hatte trotzdem solchen spanischen Wünschen nicht entsprochen; plötzlich aber – überraschend trotz der auffälligen Verbindungen zu Spanien, ihrer bekundeten Sympathien für Pimentel – die Beziehungen zu Portugal, König Philipps IV. Feind auf der Iberischen Halbinsel, abgebrochen. Das aber war eine Entscheidung, die wenig bedeutete, sofort von ihrem Nachfolger aufgehoben wurde, sichtbar nur eine spanienfreundliche Geste Christinas, fast eine Komödie, wußten doch bereits alle, daß der Tag der Abdankungszeremonie schon fixiert war.

Am 11. Februar 1654 hatte Christina die Reichsräte von ihrer neuerlichen Absicht abzudanken informiert, auch diesmal gewiß keine sonderliche Überraschung für alle. Seit längerem diskutierte man erregt, ob die Königin berechtigt sei, Schwedens Beutegut außer Landes zu senden, verfolgte mit Sorgen die offensichtlichen Reisevorbereitungen der Herrscherin. Die Herren antworteten auch diesmal mit einer Bittschrift, von Axel Oxenstierna entworfen, von vielen unterzeichnet, lustloser allerdings die Proteste, nicht mehr der Widerstand wie 1651. Oxenstierna versuchte es noch mit dem Vorschlag, Karl Gustav in die Regierung einzubeziehen, kaum ein aussichtsreicher Versuch, wahrscheinlich auch nicht wirklich ernstgemeint, kannte der Kanzler doch den Ehrgeiz seiner jungen Königin besser als jeder andere.

Christina hatte bereits am 20. Januar des Jahres, wie üblich streng vertraulich, aber wohl kaum ein besonders gehütetes Geheimnis, Englands Gesandten informiert, sie beabsichtige, »die Krone niederzulegen«, wolle ihre »verbleibende Zeit in aller Stille« verbringen, bat Whitelocke um seinen Rat. Und wiederum führte sie, der Engländer notierte es getreulich, an, sie sei als »Frau ungeeignet zu regieren«, Karl Gustav hätte alle Eigenschaften, die Kronaufgaben besser zu erfüllen. Er, Whitelocke, habe sicher gehört, »was zwischen ihm und mir begonnen hatte, aber ich habe beschlossen, mich niemals zu verheiraten«. Daher sei es für Schweden »vorteilhafter, daß er die Krone trägt, da niemand dazu tauglicher ist als er«.[39] Ihrem Freund Chanut schrieb Christina im Februar, sie sei »im Begriff, meine Rolle zu Ende zu spielen, um mich vom Schauplatz zurückzuziehen«, kümmere sich nicht um den »Beifall«, wüßte selbst, »daß die Szene, die ich aufgeführt habe, nicht nach den gewohnten Theaterregeln gebaut sein konnte«.[40] Möglich, daß sie es wirklich als ein Rollenspiel aufgefaßt hatte, was sie seit dem Krönungstag planvoll »inszenierte«, sich die Hauptrolle, den anderen, auch Karl Gustav, Statistenauftritte zubilligte. Der Vorhang jedenfalls hob sich, so wollte es Christina nun, für das ganze »Theatrum europeum«, alle sollten es sehen. O ja, sie wünschte schon Applaus, wußte natürlich, daß beide Diplomaten ihre Regierungen unverzüglich informieren würden. Was überall als verschwiegene Sache anvertraut wurde, war sofort Gespräch, sollte es sein.

Whitelocke notierte am 15. Februar in seinen Aufzeichnungen, ihm sei vertraulich »berichtet, daß die Königin gesonnen wäre, die Regierung niederzulegen, und daß sie es dem Rat mitgeteilt habe, der darüber ganz verstört wäre«.[41] Christina selbst war am 22. Februar nach Västeras gereist, um sich hier mit dem Erbprinzen über die Abdankungsbedingungen zu verständigen, wünschte seine Zusicherung ihrer Rechte, fürchtete vor allem finanzielle Konsequenzen aus ihrer Entscheidung.

Am 7. April erzählte sie Whitelocke, der es längst besser wußte, sie »habe jetzt beschlossen«, sich in »Pommern niederzulassen und in diesem Sommer« nach Spa zu reisen, dort den Brunnen »zu nutzen«.[42] Mag er die offensichtliche Lüge mit diplomatischer Gelassenheit überhört haben, Christinas Anliegen vier Tage später dürfte den Puritaner weitaus mehr beunruhigt haben. Sie bat ihn ernsthaft, Cromwell zu bewegen, er möge in den Allianzvertrag Englands mit Schweden eine Klausel einfügen, er könne den »Bund« aufkündigen, »falls nach der Abdankung Ihrer Majestät« Schwedens Regierung ihre Christina gegebenen Versprechungen nicht erfüllen würde.[43] Ein merkwürdiges Anliegen an einen, der Cromwells Politik gegen Karl I. mitgetragen hatte, die Hinrichtung des Stuart als Landesverräter auch moralisch verteidigte. In seinen Notizen verzichtete Whitelocke auf eine Wertung, kein Wort über eine Königin, die ernsthaft glaubte, ihre geheiligte Person könne das Interesse Englands an einer Übereinkunft mit Schweden aufwiegen. Ihr Wunsch muß ihm merkwürdig naiv erschienen sein. Sicher vergaß er nicht, daß er einer noch regierenden, nahezu souverän herrschenden Königin gegenübersaß, empfahl Christina schließlich, sich in einem geheimen Brief diesbezüglich selbst an der Lordprotektor zu wenden. Ein Gedanke, den die Königin bei einer weiteren Audienz am 9. April aufgriff, Whitelocke informierte, sie schreibe Cromwell »auf die Weise, wie Ihr es vorgeschlagen habt, und will ihn in Eure Hände geben«.[44] »Regiebemerkungen« einer »Politikerin«, die nicht für das »Publikum« bestimmt waren, auch schwerlich verstanden werden konnten, weder von den so verratenen Schweden noch von Realpolitikern überall in Europa.

Anders dagegen die Eröffnung des Reichstages am 11. Mai im Reichssaal des Schlosses zu Uppsala. Hierher hatte die Königin auch die Diplomaten geladen, erlebte Bulstrode Whitelocke den Beginn des letzten »Aktes«, ein Spiel exakt nach Christinas »Regeln«. In einer kurzen Ansprache, einer Rede von welthistorischer Bedeutsamkeit, wie die Königin glaubte, kündigte sie an, was »ungewöhnlich und ohnegleichen sei«, vergaß in diesem Augenblick selbstgewählter eigener Größe, daß vor ihr schon bedeutendere Herrscher abdankten, äußerte überzeugt, Schwedens Stände könnten »es nicht ohne allergrößtes Verwundern« hören.[45] Sie wünsche »unser liebes Vaterland mit dem Königlichen Thron, der Krone, dem Zepter und der Leitung« ihrem Cousin »zu geben und zu überlassen«. Und wieder die Versicherung, »keine Sache liegt mir näher am Herzen als das Wohl des Vaterlandes«.[46] Es scheint sie wenig berührt zu haben, daß mancher der Zuhörer wußte, welche eigenen Wohltaten sie sich zubilligen wollte, um welchen Preis sie auf die Krone verzichtete.

Wochenlang hatte Christina um das Eigentums- und Souveränitätsrecht ihr zu überlassender schwedischer Landschaften gerungen, um eine jährliche Pension von 200 000 Reichstaler gestritten. Christinas Position verschlechterte sich, da Gerüchte über die bevorstehende Konversion bereits die Ständevertreter beschäftigten, das Geheimnis nicht mehr auf wenige Aristokraten und gutinformierte höhere Geistliche beschränkt blieb. Christinas Versicherung, sie reise nur zur Brunnenkur nach Spa, wünsche sich anschließend auf ihren Unterhaltsgütern niederzulassen, wurde kaum noch gelaubt.

Die Räte und Karl Gustav entschieden schließlich, Christina solle die Inseln Gotland, Öland und Ösel, die Städte Norrköping in Schweden und Wolgast in Pommern erhalten, dazu die sogenannten Tafelgüter in Pommern, Domänen, die allerdings an verdiente hochadlige Familien vergeben waren, eine »Reduktion« also, auf der nun auch Christina energisch bestand. Ein langer Streitpunkt, denn nur mit Mühe konnte die adlige Zustimmung eingeholt werden. Christina mußte versichern, diese »Reduktion« sei ein Sonderfall, keine Präzedenzentscheidung. Und wieder spielte sie ein doppeltes Spiel, gelobte in einem vertraulichen Schreiben dem Präsidenten des Kammerkollegiums, Herman Fleming, einem überzeugten Anhänger einer allgemeinen »Reduktion«, es sei ihre persönliche Erklärung gewesen, an die sich der Erbfürst nicht gebunden betrachten müsse.

Aufschlußreich die Haltung des Bauernstandes bei Christinas offizieller Erklärung der Abdankungsabsicht, von dem tief beeindruckten englischen Gesandten aufgeschrieben, wohl ein interessantes Zeitdokument, selbst noch unter den gewöhnlich üblichen Verklärungen amtierender Gewalten im barocken Zeitalter; immerhin in einer sehr persönlichen Rede des Bauernsprechers abgegeben zu einem Zeitpunkt, da dieser wissen sollte, daß Karl Gustav, der Pfalzgraf, in Kürze die Krone tragen würde, man ihm die Reaktionen der einzelnen Redner berichten würde, vielleicht mitgerissen von der allgemein als beeindrukkend empfundenen Ansprache Christinas, eine blendende Rhetorikerin ganz im Geiste des Vaters, möglicherweise auch jener tief verwurzelte bäuerliche Royalismus, rührend naiv als letzter ehrlicher Versuch gedacht, die Tochter Gustavs II. Adolf auf dem Thron zu halten, Geist des gleichen Geistes, der auch Christina leitete, gewachsen aus der Überzeugung, was Gott durch die Geburt für die Krone bestimmte, müsse es auch bleiben. Mit Tränen in den Augen habe sich der Mann erhoben, »gekleidet in eine grobe Bauerntracht, sprach seine Worte an die Königin gewandt, ohne Verbeugungen oder andere Zeremonien«.[47] Es beunruhigte ihn und seinesgleichen zu hören, »daß Sie daran denken uns zu verlassen, die wir Sie so lieben. Können Eure Majestät es denn irgendwo besser finden als Sie es hier haben?« Sie sei doch Herrscherin über alle diese Länder, werde kein zweites solches Reich finden. Er hoffe, Sie werde es nicht tun, denn sonst »werden wir alle, Sie und wir, es bereuen, wenn es zu spät ist«. So bitte er im Namen des Bauernstandes – und hier schwangen zweifellos die Befürchtungen mit, das starke Königtum als Bollwerk gegen gutsherrliche Gewalt müsse geschwächt werden durch diesen Verzicht –, sie, die Königin, möchte »ein wenig besser darüber nachsinnen und die Krone auf dem Haupt behalten«, die eigene Ehre und den Frieden bewahren. »Wenn Sie aber die Krone niederlegen, so bringen Sie uns alle in Gefahr.« Deshalb möge sie weiter bleiben, wie sie sei, »und wir wollen Ihnen helfen, die schwere Bürde zu erleichtern«. Und wieder die Erinnerung an Christinas Vater, dem sich diese Bauern besonders verpflichtet fühlten, vergessen offenbar die Zeiten des Murrens, der offenen Auflehnung, der Verweigerungen während der schweren Kriegsjahre, einen König, den sie liebten, »solange er lebte: und Euer Majestät ist sein einziges Kind, die uns ziemlich gut regiert hat und so lieben wir Euch auch von ganzem Herzen«. Der Erbprinz sei »wohl ein braver Herr«, sie würden ihm folgen, »doch solange Ihr lebt, wollen wir nicht von Ihnen lassen, und so bitte ich Euch, Gnädigste Königin, geht nicht von uns«. Er habe, so der Engländer, sich dann, wiederum ohne jede Verbeugung, zu der Herrscherin begeben, ihre Hände ergriffen, sie »zwei- oder dreimal geküßt«, ein kleines Taschentuch hervorgezogen, die Tränen abgetrocknet, sich still zurück auf seine Bank inmitten der Bauern begeben.[48]

Sicherlich kein Dokument, das Ablehnung und Haß auf die

verschwenderische Königin belegt, vielleicht wirklich nur Ausdruck des Augenblicks, möglicherweise »nur Gesten, die zur Zeremonie gehörten«,[49] uns heute fremd sind. Auf jeden Fall wünschten auch die Bauern nicht, daß die Königin die Landesteile zur freien Verfügung, zu Eigentum erhielt, bestanden auch sie darauf, sie nur als »Apanage« zu vergeben, als »Unterhaltsgüter«, die Christina nicht veräußern konnte, bei ihrem Tode an die Krone zurückfielen, eine wohlüberlegte Vorsichtsmaßregel, mehr als angebracht, wie die Zukunft zeigen sollte. Eine starke Minderheit wünschte ohnehin die Festlegung, Christina müsse im Lande bleiben, ihre Rente dort verzehren. Andere wollten die Summe von 50000 Reichstaler festlegen, dazu beunruhigte die Ständevertreter das Gerücht, Christina wolle die besten Kriegsschiffe »an Spanien ... verkaufen«.[50]

Als am Morgen des 6. Juni 1654 Christina in einem feierlichen Zeremoniell die Krone niederlegte, hatte sie dennoch erreicht, was möglich schien, wenigstens auf dem Papier standen ihr die 200000 Reichstaler zu, waren alle Landschaften und Städte, die Tafelgüter und zwei Ämter in Mecklenburg, Neukloster und Poel, ihr zugesprochen, die juristischen Rechte über ihre Untertanen, vor allem die persönliche Souveränität gesichert, dazu hatte Karl Gustav versprochen, seine »Frau Mutter« Christina allzeit mit dem »Respekt eines Sohnes« zu ehren.

Dafür entband Christina nun alle Untertanen ihres Treueids, übertrug ihre Regierungsgewalt unwiderruflich an den Pfalzgrafen, nun Karl X. Gustav, der wenige Stunden später in der ehrwürdigen Uppsalaer Domkirche gekrönt wurde, ohne Christina, die zur gleichen Zeit vor der Stadt spazieren gehen wollte, eine Geste, die schon bald die Frage nach Reue aufkommen ließ. War es denn so, beunruhigte sie ihre Entscheidung in dieser wichtigen Stunde, so können sie solche Gedanken nicht lange und keineswegs sehr gequält haben.

Es ist immer wieder gerätselt worden, warum die Königin Schweden wenige Tage später überstürzt, wie bei einer Flucht verließ. Manche Historiker meinten, die Diskussionen des Priesterstandes, Christinas evangelisches Bekenntnis als Bedingung für eine Unterhaltspflicht festschreiben zu müssen und ihre erzwungene Versicherung, sie wolle allzeit dem lutherischen Bekenntnis treu bleiben, hätten sie zu der schnellen Abreise bewegt. Aber das alles war ja nun schriftlich geregelt und beschworen; zum Katholizismus bekannte sie sich erst wesentlich später, niemand konnte sie in Schweden halten, im übrigen reiste sie später noch zweimal zurück. Vor allem erklären solche Überlegungen nicht, warum sie auf die in Kalmar wartenden Kriegsschiffe, von Karl X. Gustav für ihre Reise nach Spa bereitgestellt, verzichtete und plötzlich über Dänemark nach Norddeutschland reiste, einen Weg nahm, der ihr jederzeit auch von Pommern aus offenstand? Vor der Welt dokumentierte sie zweifellos auf diese Weise völlige Unabhängigkeit von Schwedens neuem Herrscher, bedeutete, daß sie tat, was sie wollte. Sinnvoll war diese Demonstration trotzdem keineswegs. Auch nicht die laut bekundete Ablehnung alles Schwedischen, die Jubelrufe über die Freiheit.

Üblicherweise in Männerkleidung reisend, erreichte sie, überall das gewünschte Aufsehen erregend, ohne Paß Dänemark passierend, auch das eine Ungeheuerlichkeit, Anfang Juli Hamburg, setzte die Reise nach wenigen Tagen fort, traf am 5. August in Antwerpen ein. Sie fühlte sich frei und unabhängig, verwirklicht war eine Idee, die sie vielleicht schon als junges Mädchen beherrschte. Christina hoffte, glaubte, die Welt läge ihr zu Füßen, nun könne sie wirklich tun, was sie wolle.

Christinas Ringen um Selbstverwirklichung

Als sie Pierre Chanut im Frühjahr 1654 ihren endgültigen Thronverzicht ankündigte, hatte Christina behauptet, sie bereite sich auf eine »große Stille« vor, wollte sie zur Selbstprüfung nutzen, unberührt bisherige Irrtümer ihres Lebens überdenken, noch immer die überzeugte Stoikerin. Selbstgefällig bemerkte sie, »den Menschen Gutes getan«, »die Erhaltung des Staates jedem anderen Interesse vorgezogen« zu haben, Zeilen, die offenbar schon damals für eine baldige Publikation, wenigstens für eine breitere Öffentlichkeit geschrieben waren. Tatsächlich ließ Chanut diesen und andere Briefe kurz danach in Abschriften kursieren.

Undenkbar, daß dieser Kenner der Verhältnisse in Schweden das Fiasko der Hofhaltung nicht genau kannte, die Erklärung der Königin, sie »habe ohne Prunk besessen«, scheide daher unberührt aus Stockholm,[1] nicht als Lüge, Heuchelei, wenigstens aber als Irrtum verstehen mußte. Er wußte, daß Christinas Hof zeitweilig als teuerster in Europa galt, kannte mit Sicherheit die Höhe der Verschuldung Christinas, leitete ja gerade erst die wahnsinnigen Forderungen der Schwedin an Mazarin weiter; konnte als französischer Patriot kaum blind für den Egoismus Christinas sein, das Angebot, Schwedens Flotte zu veräußern, anders als Ungeheuerlichkeit empfinden. Aber vielleicht ist das alles nur der Blickwinkel unserer Zeit, waren Chanut, der Königin, der Mehrheit der Menschen damals Königtum, Prunk, egoistische herrschaftliche Verschwendung selbstverständlich, berechtigt, glaubte Christina selbst, daß sie beanspruchte, was ihr zustand, ihrem Königtum entsprach.

War sie denn wirklich überzeugt, tatsächlich Prunk und Pomp entbehrt zu haben, entdeckte sie Luxus nun in Flandern, hatte bereits in Hamburg Unsummen Geldes aus ihrer Reisekasse verschleudert, dort Hof gehalten, eine Königin ohne Land, herrlicher als jemals zuvor, suchte gewißlich keine Stille. Bereits in Antwerpen litt sie unter akutem Geldmangel, ließ Wertgegenstände veräußern, verschwendete weiterhin bedenkenlos, was sie heimlich außer Landes schaffen ließ, bevor sie Schweden verlassen hatte, genoß im Rausche höchsten Glücks die neue wirkliche Freiheit, wie sie meinte. Christina, der gesellschaftliche Mittelpunkt Antwerpens, hastete von einer Lustbarkeit zur anderen, Zerstreuungen ohne Ende. Graf Raimondo Montecuccoli, als einer der Mächtigen des österreichischen Habsburg, am Kaiserhof Feste und Luxus gewöhnt, schrieb enthusiastisch, offenbar tatsächlich beeindruckt, über die »Ausfahrten, Musik, Theaterbesuche« Christinas, nannte das damalige Antwerpen mit der Königin »eine der glücklichsten Inseln, die inmitten des tobenden Ozeans friedliche Stille atmen«,[2] eine Idylle, ganz der Euphorie Christinas entsprechend. Möglich, daß ihm die festliche Atmosphäre zunächst wirklich ein friedvolles Paradies erschien, Christina muß es ähnlich empfunden haben, wenn sie von den Landpartien zurück in die Stadt fuhr, unter Böllerschüssen, mit Fackelzügen einer applaudierenden Bürgerschaft zu ihrem Wohnsitz heimgeleitet wurde, Tag für Tag eine Kultur genoß, die nicht nur vielhundertjährige Ahnen aufwies, sondern auch jenen Vorstellungen weitestgehend entsprach, denen Christina im trutzigen alten Stockholmer Schloß so lange beharrlich entgegenträumte. Begreiflich, daß das Angebot des Erzherzogs, der ihretwegen nach Antwerpen reiste, Christina möge doch im Brüsseler Stadtschloß residieren, das Hochgefühl der Königin weiter steigerte, wenngleich sie es vorzog, in Antwerpen in scheinbarer Unabhängigkeit zu bleiben.

Sie lebte in diesen Monaten in der Tat für kurze Zeit ganz ihrem Freiheitstraum. Christina habe in seltener Aufrichtigkeit, so Sven Stolpe, in einem Brief an den Prinzen Condé, kurz vor ihrer Abreise aus Stockholm, geschrieben, sie wünsche »Ruhe« zu finden, das zwar für einen hohen Preis, müsse deshalb Schweden verlassen, »das sei zu ihrem Glück notwendig«. Sie habe dort »nichts von einem Konflikt mit ihren Pflichten« erwähnt, sonst überall geäußert, kein »anderes edles Motiv« angeführt, wichtig war ihr »ausschließlich der Grad des Glücks«, das sie so gewinnen wollte. Dafür sei sie, so der kritische Schwede bitter, ähnlich wie Condé bereit gewesen, »ihr Vaterland zu verraten«.[3] Als sie an Ebba Sparre schrieb, fühlte sie sich noch als »Christina im Glück«, plauderte ausgelassen über neue Eßgewohnheiten, meinte »mit jedermann gut« zu stehen außer mit dem Prinzen von Condé, genieße ihre Zeit »in angenehmster Weise«, bat »Belle« im Überschwang der Zufriedenheit ironisch, auch ihre Neider in Stockholm zu grüßen, denen sie gerne verzeihen wolle.[4]

Sie gab sich Illusionen hin. Condé war keinesfalls der einzige, der ihr weniger gut wollte, wenn auch hier in Antwerpen ihr bedeutendster Gegner. Der ebenso ehrbesessene Franzose konnte Christina nicht verzeihen, daß sie ihn weniger hofieren wollte als den Erzherzog, ihm nicht die gleichen Ehrerbietungen wie dem Statthalter Flanderns einräumte, »aus Gründen der Etikette kaum mit dem Prinzen« verkehrte,[5] »wegen einiger Verbeugungen mehr oder weniger«.[6]

So mag es eine Erklärung sein, daß es keineswegs ohne boshafte Schadenfreude formuliert wurde, als Condé dem Grafen de Fiesque klagte, ihn peinige der schlechte Ruf Christinas hier in Antwerpen, behauptete, ihr nahezustehen, sie zu verehren. Man erzähle überall, »Christina erkenne keinen Gott und keine Religion an«, dulde keine Prediger in ihrer Nähe, »predige öffentlich den Atheismus, sie könne nicht sprechen ohne libertinische Ausdrücke in ihre Rede zu mengen«.[7] Doch sind ähnliche Schilderungen damals von vielen Beobachtern berichtet worden.

Das zwang schon seinerzeit bedeutende katholische Autoren, nach Erklärungen zu suchen. Einleuchtend, daß sie besonders oft von einer Tarnung Christinas schrieben, darstellten, die Königin habe sich verstellen, sorgfältig verbergen müssen, »daß sie Katholikin war«, bedeutete schon Sforza Pallavicino, jener Beauftragte des Vatikans, dem es oblag, Christinas Konversion der Welt darzustellen. »Darauf beruht es, daß das unglaubwürdige und boshafte Gerücht entstand, sie besitze überhaupt keine Religion.« Man habe sie nun für eine Atheistin gehalten, da man wußte, daß sie sich vom Luthertum losgesagt, sich aber zu keiner anderen Religion bekannt hätte. »Diese Ansicht erhielt Nahrung durch die freie Redeweise der Königin, die ... keineswegs ... fromm oder vorsichtig« war, der »sie sich bediente, um geschickt ihren wahren Glauben zu verbergen«. Sie hätte dies vor allem getan, weil sie daran gewöhnt war, »sich selbst ihr Gesetz zu geben, und es sich nicht von ihren Untertanen vorschreiben zu lassen«.[8] Wohl keine sehr glückliche Argumentation, natürlich beherrscht von der Sorge, man könne der unbefangen fluchenden, der Prediger spottenden Christina die Ernsthaftigkeit des Bekenntniswechsels nicht glauben, dahin folglich der erwünschte öffentliche Effekt. Treffend sicher die Bemerkung, die Königin demonstriere bewußt, daß sie ihre eigenen Gesetze bestimme, weniger einsichtig, warum sie ausgerechnet den Atheismus, die schrecklichste Form geistiger Verirrung, von allen, ob Katholiken, Reformierte oder Lutheraner, so empfunden, zur Täuschung wählen mußte, wo Schweigen die bessere, einleuchtende Alternative gewesen wäre.

Aufschlußreich für eine unparteiische Wertung ist auch ein bezeugtes Gespräch, das Christina mit den Jesuiten in Löwen führte, wo einer der Padres höflich bemerkte, offenbar bereits vertraut mit der Konversion, zumindest aber mit dem Vorhaben, die Königin werde »die gleichen Ehren erringen wie die heilige Birgitta«, der damals einzigen Heiligen des Nordens, schockiert die Antwort hörte, sie, Christina, wolle »lieber zu den Gelehrten als zu den Heiligen gerechnet werden«.[9] Das Moment eines »Versteckspiels« entfiel hier offensichtlich, erklärte ohnehin nicht das bewußt provozierende antireligiöse Auftreten der Königin. Noch erstaunlicher ein Brief Christinas, im Januar 1655 an Pierre Gassendi, den prominentesten Libertiner und bekanntesten Neoepikureer, geschrieben. Nur wenige Tage vorher, am Heiligen Abend 1654, bekannte sich die Schwedin in Anwesenheit des Erzherzogs, Pimentels, Montecuccolis und einiger weiterer Zeugen heimlich zum Katholizismus, hörte die Messe des Dominikaners Guemes, empfing von ihm die Heilige Kommunion. Nun appelierte die Konvertitin ausgerechnet an Gassendis Verständnis, hoffte, dessen »Achtung« werde sie vor allen »rehabilitieren, die meine Handlung verurteilen«, seine »Zustimmung« werde sie in ihrer Ansicht »bestärken, ... richtig gehandelt« zu haben.[10]

Wiederum ein Jahr später, nun schon aller Welt bekannt als

Katholikin, vom Papst Weihnachten 1655 öffentlich kommuniziert, in der Sixtinischen Kapelle aufgenommen in die große katholische Glaubensgemeinde, schockierte Christina in Frankreich den damals bedeutenden katholischen Gelehrten Claude-Barthélemy Morisot mit dem Eingeständnis, sie ziehe »die Religion der Philosophen« allen anderen Bekenntnissen vor. Diese Worte, bewußt formuliert auf ein Frage-und-Antwort-Spiel Christinas, der Franzose möge raten, zu welcher Religion sie sich bekenne. Eine solche Hervorhebung der antiken Lehren, des Stoizismus, ihrer Philosophie, im Gegensatz zu den christlichen Dogmen, mußte nicht nur diesen Wissenschaftler verwirren, der selbstredend entgegnet hatte, alle Welt wüßte doch, sie, die Königin, habe sich zur katholischen Religion bekannt, schmeichelnd ergänzte, wäre er nicht bereits Katholik, würde er dem Beispiel »einer so großen Fürstin« folgen.[11] Im weiteren Verlauf des Gesprächs benannte die Königin die religionsphilosophischen Gedanken des Lukrez in »De rerum natura« als persönlichen Leitfaden, empfahl Morisot, er solle den Lukrez kommentieren, einen römischen Vertreter des »unbarmherzigsten Materialismus«.[12]

Erinnert man sich der ehrlichen Sorgen des strenggläubigen de la Bardie in seinem Briefwechsel mit Pierre Chanut, berücksichtigt auch die Feststellung des Diplomaten, die Königin habe »sich allzu stark« der libertinischen »Philosophie der Heiden und ihren Sitten« angepaßt,[13] dominiert auch für den heutigen Historiker der Eindruck, Christina habe lange gezögert, zum Zeitpunkt der Konversion wohl kaum das eigentliche römische Bekenntnis gemeint, Notwendigkeiten entsprochen, die aus ihrer finanziellen Notsituation in Flandern erwuchsen. Das ein sehr persönlicher Eindruck, sicher, dem aber Fakten hinzugefügt werden sollen! Die zugesagten Aufwendungen für Christinas Unterhalt flossen nur sehr zögerlich aus den schwedischen Landschaften, der neuerliche Krieg Schwedens in Polen belastete das ohnehin völlig verarmte Land. Christinas Versuch, durch eine einmalige Befriedigung ihrer Ansprüche die fortlaufenden Zahlungen abzulösen, »die für ihre Subsistenz reservierten Landesteile gegen eine entsprechende Geldsumme« aufzugeben, wie König Philipp IV. dem neuen Papst Alexander VII. in

Rom mitteilte,[14] mißlang völlig. Die »Stelle« einer Markgräfin von Antwerpen stand nicht zur Disposition. Rom aber mit seinen Palästen und Festlichkeiten öffnete sich nur einer katholischen Christina, so entschied Alexander VII. trotz der Bitten Philipps IV.

Am 22. September 1655 hatte die schwedische Königin Brüssel verlassen, sich entschieden, nicht länger auf die immer unsicherer scheinenden Bezüge aus Schweden und Pommern zu hoffen, wissend, daß einer konvertierten Christina in Österreich und Italien Kredite offenstanden. Tatsächlich wurde der Zug über Köln, Frankfurt, Rothenburg, Augsburg nach Innsbruck ein einziges großes Fest, überall Empfänge mit höchsten Ehren, Applaus, Paraden und Feuerwerke. Die Königin, die in den letzten Monaten in Flandern auffällig still wurde, unter »Schwermut« litt,[15] lebte auf, genoß sichtbar ihre neue europäische Bedeutung.

In Innsbruck wußte der Erzherzog Ferdinand Karl noch Ende September nichts von der päpstlichen Entscheidung, dort den öffentlichen Glaubenswechsel vollziehen zu lassen. Er lieh von den Pächtern der einheimischen Salzbergwerke die notwendigen Gelder, um der Schwedin den gebührenden festlichen Empfang bereiten zu können, bot Schauspieler und Tänzer auf, die berühmte Besucherin zu unterhalten, wußte man doch, wie sehr Christina Komödien und Ballett liebte, nahm höchst verwundert die Ankunft des vatikanischen Bibliothekars Pater Lucas Holstenius am 28. Oktober wahr, erfuhr wohl erst jetzt von der Entscheidung Alexanders VII. Mit ihm, einem anerkannten Gelehrten, persönlichen Freund des Papstes, der selbst vom Protestantismus zum Katholizismus konvertiert war, aus Hamburg stammte, war Pater Francesco Malines gereist, der sofort weiterfuhr, Christina kurz vor Innsbruck erreichte. Malines diskutierte die letzten Einzelheiten mit der Königin, hastete mit Christinas Einverständnis zurück. Das Ereignis von welthistorischer Bedeutung konnte vollzogen werden, so die feste Überzeugung der Beteiligten, ganz sicher auch dies das Gefühl Christinas. Ganz Europa würde in den folgenden Tagen auf Innsbruck schauen, wenigstens aber tief erregt die Nachricht erfahren.

Zu den Ungehörigkeiten, mit denen sich die Königin in diesen Tagen auch an Schweden verging, zählte die Bestimmung der Parole für die Innsbrucker Garnison. Die kaiserliche Feldlosung »Jesus Maria«, von Gustav II. Adolf in so vielen blutigen Schlachten bekämpft, galt nun Christina als Schlüsselwort ihres Einzugs, wahrlich ein eigenartiges Dokument ihrer beschworenen Vaterlandsverbundenheit, in allen Briefen an Karl X. Gustav und den Reichsdrosten Per Brahe betont, die Geldforderungen aus Flandern noch so begründet. Nun war der Schlachtruf eines Tillys, Pappenheims und Wallensteins so recht gegründet, die schließliche Niederlage der Politik Gustavs II. Adolf in Gestalt seiner Tochter zu illustrieren. In diesen Tagen, da Herrschergeschichte als Völkergeschichte gelesen wurde, bekannte sich Christina nicht zufällig dazu, wußte, wie ihre Sympathien verstanden werden mußten. Sie blieb wunderlich auch sonst für ihre Umgebung, die noch immer ihr dienenden Schweden. Ihrem Kammerherrn, einem schwedischen Lutheraner, hatte Christina, kurz vor dem Eintritt nach Innsbruck, erklärt – wenigstens berichtete es ein Augsburger Korrespondent nach Stockholm –, da sie »nun auf der reise nach Rom begriffen, und Sie nicht alle reliquien und anderß werde zu sehen bekommen, sie verändere denn die religion«, werde sie genötigt sein, »die Catholische oder Papistische religion ... anzunehmen«.[16] Das kann eine protestantische Simplifizierung sein, vielleicht der Grund für jene Erklärungen, Christina habe das Bekenntnis lediglich der Reisemöglichkeiten wegen gewechselt. Argumentiert haben mag sie dennoch so vor ihrem Lakaien, damals vor der entscheidenden Stunde, es würde ihrer Art entsprechen, den Eindruck erwecken, die Entscheidung habe bei ihr gelegen, sei nicht durch Alexander VII. vorgegeben worden. Es belegt auf jeden Fall, wie überraschend selbst für ihre engeren Vertrauten die Hinwendung zum römischen Glauben war, man ihr offenbar doch das freiere libertinische Bekenntnis zutraute. Also doch nur eine Irreführung, wie Pallavicino weismachen wollte? Nun, auch hier mag der Leser eigene Schlüsse ziehen.

Die Zeitgenossen, die Christinas öffentliche Konversion am 3. November 1655 in der Innsbrucker Hofkirche erlebten, gläubige Katholiken, haben sich tief beeindruckt zu diesem Ereignis bekannt. Die beiden Habsburger, Erzherzog Ferdinand Karl und sein Bruder Sigismund, hätten Christina von der Hofburg zur Hofkirche geleitet, die Königin ein einfaches schwarzes Seidenkleid getragen, durch ein Diamantenkreuz geschmückt, berichteten viele der Zuschauer. Christina verlas, vor dem Altar kniend, das Tridentinische Glaubensbekenntnis mit lauter, klarer Stimme, dann hielt der Hofprediger, der Jesuit Pater Staudacher, eine Predigt in deutscher Sprache. Ein Festmahl mit Fakkeltanz und der Aufführung eines Schauspiels habe den Tag beschlossen.

Die Weiterreise über Trient, Mantua nach Ferrara erwies sich als ein wohldurchdachter, durch das Zeremoniell des Vatikans bestimmter Jubelzug Christinas. Noch vor der Grenze des Kirchenstaates sandte die Königin den von Alexander VII. erwarteten Demutsbrief; tatsächlich sehr ungewöhnlich für Christinas Stolz und Hochmut. Später empfahl sich die Königin nie wieder so untertänigst, ließ den Vatikan bei vielen Gelegenheiten spüren, daß sie sich selbst für eine Stellvertreterin Gottes auf Erden fühlte. Damals aber, am 5. November 1655, hatte sie formuliert, sie wolle »Euer Heiligkeit« vermelden, »demütig für die Ehre danken«, »Eure so wohlwollenden Befehle« erfüllen zu dürfen. Sie hätte »mit größter Freude das Land verlassen«, in dem man den Papst nicht ehrte, »jede menschliche Rücksicht beiseite gelassen, um zu verstehen zu geben, daß ich größeren Wert auf die Ehre lege, Euer Heiligkeit gehorchen zu dürfen, als auf den angesehensten aller Throne«. Sie »flehe« ihn daher an, »die ich jeder menschlichen Größe bar bin«, er möge sie mit jenem väterlichen Wohlwollen aufnehmen, dessen er sie »bisher stets gewürdigt« habe ... Es muß der Königin, selbst jener Christina, die sich lächelnd der Verstellung und Heuchelei rühmte, ungeheuer schwer geworden sein, solche Zeilen zu schreiben. Die Königin konnte gelegentlich im Umgang mit Gelehrten Bescheidenheit bekunden, in wenigen Fällen sogar beeindruckt reagieren, Ebenbürtigkeiten anerkennen, niemals aber sich wirklich unterordnen. Dieses Schriftstück an den Papst ist so auch Zeugnis dessen, wozu Christina bereit war, um Rom, die vermeintliche Freiheit, zu erringen. Sie weihe dem Papst als kirchlichem »Oberhaupt ... den Rest meines Lebens«, ersehne den Tag, »da ich niederfallen und demütig die Füße Euer Heiligkeit küssen darf«.[17] Glauben möchte man Christina diese Zeilen dennoch auch nicht als Ausdruck kurzzeitiger ehrlicher religiöser Verzückung, da sie vorher und nachher niemals entsprechend schrieb, sprach oder handelte. Eine pflichtgemäße Verbeugung also vor jenem, der den Schlüssel zu Rom besaß, ja, vermutlich! Der Papst war vielleicht derjenige, den diese Frau am meisten enttäuschte, er möglicherweise einer von denen, die Christinas wahre Befindlichkeit und Interessen zu spät erkannte, zweifellos auch er ein Politiker, dennoch offenbar in der Illusion befangen, die schwedische Königin treibe ernsthafter Glaubenseifer nach Rom.

Alexander VII. eröffnete kurz vor Christinas Eintreffen in Rom dem Kardinalskollegium seine Erwartungen, ermahnte die hohen Geistlichen, die römische Kirche würdevoll zu verkörpern. Die Kardinäle sollten bedenken, so äußerte der Heilige Vater, daß Konvertiten besonders kritisch alles prüften, was ihnen in Rom begegnete, wußte gewiß um die Enttäuschungen, die dem jungen Martin Luther der Aufenthalt in Rom bereitete. Er zitierte in dieser denkwürdigen Zusammenkunft mit dem eigenen höchsten geistlichen Gremium Erlebnisberichte eines Kölner Gastes, der seinerzeit ein Tagebuch in Rom führte, Verfehlungen damaliger Kardinäle notierte, die der Papst während der langen Verhandlungen in Münster, damals noch der Kardinal Fabio Chigi, gelesen hatte. Er war in der Tat kein Alexander Borgia, dieser Kleriker, der gegen die Bestimmungen des Westfälischen Friedens die Stimme erhoben, die Zugeständnisse an die Protestanten verurteilt hatte, der hier an das Verhalten seines Kollegiums appellierte, Murren einiger, Zustimmung anderer erhielt. Er irrte, als er glaubte, Christina »habe eine religiöse Krise« durchlebt, sich daher zum Katholizismus bekannt.[18]

Erstaunlich, daß der Papst so schlecht informiert war. Denkbar natürlich auch, daß man ihn bewußt in der Überzeugung ließ, in Christina tatsächlich eine dankbare Bekennerin des rechten Glaubens zu erwarten, deren Streben die geistige Vertiefung in die religiöse Welt des geheiligten Roms sei. Das Senatstagebuch Bolognas hat er möglicherweise niemals gesehen, wenigstens nicht am Tage der feierlichen Vermahnung seiner Kardinäle gekannt. Dort hatte der Stadtschreiber das Ereignis aufgezeichnet, Christinas Auftreten beschrieben, das Protokoll mit der Bemerkung geschlossen, durch »ihr ganzes Auftreten verriet sie, daß sie die Tochter ihres großen Vaters war, gewohnt zu siegen und zu triumphieren. So war sie!«.[19] Alexander VII. hätte gewarnt sein müssen, die demütige Christina vor dem Heiligen Stuhl hatte viele Gesichter, am seltensten das einer freundlichen, gütigen Katholikin.

Noch in Innsbruck informierte Christina auch den schwedischen König über den Glaubenswechsel. Am 8. November 1655 schrieb sie Karl X. Gustav, sie habe in der Hauptstadt Tirols »offentlich bekennete, was ich längst bin«, überraschte den Vetter wohl kaum noch sonderlich mit diesem Eingeständnis. Schon nach Antwerpen hatte ihr der beunruhigte Monarch den Grafen Claes Tott gesandt, um offiziell seine Eheschließung mit Hedwig Eleonore von Holstein-Gottorp anzuzeigen, tatsächlich aber, um die Königin zu warnen, er könne möglicherweise nach einer Konversion nicht mehr für ihren Unterhalt garantieren. Ein geltendes Reichsgesetz, 1602 beschlossen, regelte, »daß, wer von der Augspurgischen Confession zu dem Römischen glauben übertreten würde, dadurch sofort alles seines erb-rechtes und friedens-genußes in Schweden verlustig seyn sollte«.[20] Wohl hatten die Stände durch den Vertrag mit Christina die Verpflichtungen festgeschrieben, auch die Absicht aufgegeben, dieses Versprechen an die evangelische Religionsausübung zu binden, eine Diskussion, die Christina zeitweilig sehr beunruhigt hatte. Aber juristisch regelte der Reichsbescheid diese Frage ohnehin eindeutig, war durch den abgeschlossenen Vertrag mit Christina keineswegs aufgehoben. Vielleicht war das ein Grund, daß die Königin den einstigen Verlobten und Jugendfreund noch einmal ausdrücklich wissen ließ, sie habe »diese Herligkeit« der katholischen Religion der Herrschaft über Schweden vorgezogen, vermutete wohl zu Recht, diese Zeilen würden auch dem Vatikan und anderen katholischen Herrschern schnell bekannt. Im übrigen erinnerte die schlaue Christina den Vetter, er müsse »diß Werck gern sehen«, selbst wenn er ihre Entscheidung nicht billigen könne, die ihm »so nützlich ist und so herelich«, eine kluge Erinnerung an die Vorteile und Sicherheiten für die Pfälzer Dynastie, die aus dem

Konfessionswechsel Christinas erwuchsen.[21] Karl X. Gustav wird es wahrscheinlich begrüßt haben, daß Christina so endgültig die Neigungen der Mehrheit der Schweden verlieren mußte, die ihr vorher aus dem Kriegertod ihres Vaters erwachsen waren.

Derweil erreichte Christina Rom, das Ziel ihrer Wünsche. Ein Gefolge von mehr als 200 Personen begleitete sie, noch immer ein schwer begreiflicher Aufwand, den die nahezu mittellose Königin trieb. Päpstliche Geschenke, Pferde, eine Karosse, etwa 22000 Taler wert, mochten ein liebenswertes Willkommen sein, ließen hoffen. Christinas Geldprobleme lösten sie nicht. Erfreulich nur, daß der Papst entschied, sie und ihr Gefolge zunächst im Vatikan zu beherbergen, unmittelbar neben der Bibliothek, eine freundliche Geste gegenüber Christina, auch das fast ein Bruch mit einer jahrhundertealten Tradition, sieht man von einigen Päpsten ab, deren Schlafräume gewöhnlich von Konkubinen bevölkert waren.

Am Abend des 20. Dezember 1655 zog die Königin zunächst »inkognito« in Rom ein, geleitet durch einige delegierte Kardinäle, genoß das begeistert Vivat schreiende römische Volk, das die Straßen zum Vatikan säumte, wurde von Alexander VII. noch zu vorgerückter Stunde empfangen, küßte Hände und Füße des Papstes, erlebte dann die Genugtuung, neben Alexander VII., zu dessen Rechten sitzen zu dürfen; eine ungewöhnliche Auszeichnung, die Christina offensichtlich verwirrte. Wenigstens empfanden die Anwesenden das, registrierten erstaunt, sie habe während ihrer Rede an den Papst gestottert, plötzlich seltsam hilflos gewirkt. Die dürftigen Nachrichten erlauben keinen Schluß, ob diese merkwürdige Analogie zu Christinas Audienzen zufällig war, ob die Königin ihrerseits Verwirrung heuchelte, glaubte, was ihr gefiel, müsse auch den Papst beeindrucken. Dachte sie so, war sie erfolgreich. Ihr Gastgeber half ihr gütig lächelnd über die Schwäche hinweg, plauderte freundlich, schien sehr zufrieden.

Der 23. Dezember 1655 war auf Geheiß des Papstes im Kirchenstaat zum allgemeinen Feiertag deklariert worden, als besondere Ehrung Christinas gedacht. Der Vatikan hatte alle Bürger Roms angewiesen, die Häuser und Straßen für den feierlichen Einzug der Schwedin zu illuminieren. So ritt Christina, gefolgt von allen Kardinälen und Legaten, »durch einen einzigen, herrlich geschmückten Palast«,[22] wie Pallavicino den Empfang in Rom trefflich illustrierte. Am ersten Weihnachtstag zelebrierte der Papst selbst die Messe, erhielt Christina Maria Alexandra, so ihr katholischer Name, die Sakramente aus der Hand des Stellvertreters Petri. An diesem Abend wechselte Christina dann in den Palazzo Farnese, den römischen Sitz des Herzogs von Parma, einen der schönsten Gebäudekomplexe der Stadt, ihre neue Wohnstätte. Christina wähnte sich endlich am Ziel aller Wünsche. In ihren prunkvoll ausgestatteten Räumen häuften sich die Geschenke des römischen Adels und hohen Klerus. Die Großen des Kirchenstaates wetteiferten, Bankette und Theatervorstellungen zu ihren Ehren zu geben, die beiden Kardinäle Barberini, einflußreiche vermögende Kirchenfürsten, ließen sogar ein besonderes Theater für die Königin erbauen, der Karneval 1656 stand völlig im Zeichen der neuen Römerin.

Und doch, Christina, die in diesen Wochen von Fest zu Fest eilte, wieder in jener bekannten Hast und Sorge, etwas versäumen zu können, jede Pause verschmähend, spürte erneut bedenkliche Geldnot. Mochten die über schier unerschöpfliche Mittel verfügenden Oberen des Vatikans und Roms Aristokraten auch die Feste finanzieren, der Hofstaat der Königin ging zu Christinas Lasten. Das Geld für die Romreise, ohnehin in Antwerpen auf künftige Zahlungen aus Schweden geliehen, war schnell verbraucht. Ein Lichtblick, daß Karl X. Gustav Christina antwortete, der Abdankungsvertrag werde trotz des Glaubenswechsels eingehalten. Das neuerliche Angebot der Königin, ihre Ansprüche gegen 300 000 Reichstaler einzulösen, blieb dennoch nur Wunschtraum Christinas wie so vieles andere. Schwedens Truppen in Polen kosteten jeden Steuerpfennig des Landes, Geld für entsprechende Ratenzahlungen lag nicht in der Staatskasse, Glück für die Königin, die selbst eine solche Summe sofort verschwendet hätte, dann mittellos gewesen wäre. So gingen kleinere Zahlungen ein, der Pfälzer hielt sich an die Absprachen, bemühte sich zumindest.

Das ungetrübte Verhältnis zwischen der Königin und dem Papst währte nicht lange. Der tief gläubige Alexander VII.

mußte bald betrübt erfahren, daß Christina »noch viele Fehler anhafteten, die bereits in Flandern jene Kritik herausgefordert hatten«,[23] wie Pallavicino formulierte. Ob der gelehrte Kirchenmann und spätere Kardinal verstand, daß Christinas jetziges Verhalten auch seine früheren Erklärungen und Entschuldigungen Lügen strafte, nun, wo das Argument notwendiger Täuschung der Zeitgenossen entfiel? Der Papst und andere Fromme im Vatikan entdeckten stirnrunzelnd, daß die Königin keine geistlichen Dispute suchte, die Kirchen Roms als Baudenkmäler bewunderte, den Beichtstuhl aber beharrlich mied, Versäumnisse, die selbst Pallavicino »wahrhaftig nicht klein« erschienen.[24] Alexander VII. schickte Christina Bücher, fromme Schriften, ließ die Königin behutsam ermahnen, sie möge der Öffentlichkeit zeigen, wie ernst ihr der Glaubenswechsel sei, bedingte sich aus, als er Christinas Bitten um Geld entsprach, sie möge sich dafür auf ein Leben besinnen, das anderen Gläubigen als Vorbild diene. Natürlich tobte eine erzürnte Christina, beschimpfte laut Papst und andere Würdenträger, spottete weiter über Heiligenkult und Reliquienverehrung, jetzt gerade! Berichte der Botschafter nach Paris und Madrid schilderten Christinas Entgleisungen; sie »sei keine Betschwester« war noch eine der friedvollsten Bemerkungen der Königin.[25]

Die Gesandten klagten vor allem, selbst während der Messe erhebe sie sich, wende sich laut schwatzend dem einen, dann wieder dem anderen ihrer Begleiter zu, gewöhnlich schreiend auffallend gekleidet, ganz unweiblich; ein Affront für das barocke Rom, keineswegs mehr die lebensfrohe Weltstadt der Renaissance, nun ganz die geistige Hochburg der Gegenreformation. Christina artikulierte dennoch und vor allem wie schon in Stockholm und Antwerpen trotzig Protest und Opposition. »Sie war in eine kirchlich eingestellte Umgebung gekommen, die mindestens ebenso streng dachte wie die schwedisch-lutherische«, so Sven Stolpe, dessen ehrenwerte Ansichten doch so nicht geteilt werden können, bedenkt man, daß Nepoten im Kardinalsrock sicher weniger religiöse Bestimmung empfanden als die übergroße Mehrheit der orthodoxen Geistlichen Stockholms. Streng war man wohl nur in bestimmten Kreisen des Vatikans. Andere, auch mancher hohe Würdenträger der Kirche, gab sich sehr gelöst in der Gesellschaft Christinas, auch das ein beständiges Ärgernis für Alexander VII. Richtig ist aber zweifellos, daß religiöse Eiferer in der päpstlichen Umgebung, auch unter den Jesuiten, bald erklärte Feinde Christinas, den orthodoxen Lutheranern Schwedens kaum nachstanden, wie einst in Schweden nun auch Klagen von den Kanzeln gegen die Königin und ihren Lebenswandel laut wurden.

Wohl bemerkte Pallavicino in seiner Darstellung des Pontifikats Alexanders VII., dieser habe natürlich seufzend sehen müssen, daß Christina jeder »Ernst der Überzeugung in Tonfall und Mienenspiel« abging, sie sich »die Achtung ihrer Umgebung nicht erhalten, ja kaum ihrer Geringschätzung« entziehen konnte, doch habe er vertraut, »die Frucht sei gesund, wenn auch noch bitter im Geschmack, verließ sich darauf, daß die Zeit sie zur Reife« brächte.[26] Auch das die freundliche Umschreibung eines Diplomaten des Vatikans, man ahnt den Kummer des Papstes, der sich von Christinas Konversion ganz andere Folgen versprach, dem schnell sogar schwere diplomatische Verwicklungen mit Spanien drohten, da Christina, die Politikerin, die Intrigantin, keinesfalls bereit war, in Rom das zurückgezogene Dasein einer Gelehrten zu führen, das sie beständig beschwor, wonach sie sich angeblich gesehnt hatte. Sie »liebe den Sturm«, war einer ihrer bekanntesten Leitsätze![27] 1655 waren es offenbar die Winde Neapels, die Christina zu lieben begann, eine gefährliche Neigung, die Alexander VII. wenig Freude bereiten sollte.

König Ferdinand II. von Aragonien hatte 1504 die Franzosen aus Neapel vertrieben. Das Königreich Beider Sizilien zählte fortan zum spanischen Weltreich, die herrliche Stadt unterhalb des Vesuvs war Residenz eines Vizekönigs von Spanien, ein Regime, gegen das sich die Neapolitaner wiederholt erhoben hatten. Viele aristokratische Gegner Spaniens lebten als Emigranten in Rom, unter ihnen Pompeio Colonna, Fürst von Gallicano, ein gebildeter Patriot, der bald Christinas Freundschaft gewann. Begreiflich das wachsende Mißtrauen der spanischen Diplomaten beim Heiligen Stuhl, die ihrerseits besondere Dankbarkeit Christinas einforderten, sich in der Geste der Förderer gefielen, auf ihre Hilfe hofften, eine antifranzösische Politik der Königin erwarteten. Bestürzt bemerkte auch Don Pimentel, Spaniens Botschafter am Hofe Königin Christinas, dem Herzog von Terranova, Spaniens Gesandtem beim Vatikan, als Berater zugeordnet, daß die Schwedin sich gegen den Kardinal Gian Carlo de Medici, das Haupt der spanischen Kardinalspartei, stellte, wenig später auch die spanischen Hofbeamten entließ, gegen Italiener eintauschte, dann sogar mit dem Herzog von Terranova brach. Dieser, ein strenggläubiger Katholik, kritisierte schon im Januar 1665, gegen die ausdrückliche Weisung Madrids, offen Christinas libertinische Äußerungen, begriff nicht recht, warum die Königin ihrerseits suchte, ihn zu beleidigen, einen Mann, dessen Ahnenreihe die Größe seines Hochmuts bestimmte, hierin Christina ebenbürtig, anders in der Weite des Intellekts.

Man wußte in Madrid, wes Geistes Kind der Herzog war, suchte auszugleichen, wo nichts mehr zu retten war. Christina muß ungetrübte Freude empfunden haben, mit Spanien, dem lästig gewordenen Freund, auf so glückliche Weise brechen zu können. Obgleich Madrid seinen Botschafter anwies, neue Konflikte unbedingt zu vermeiden, ließ sich der Spanier von Christina provozieren, reagierte erneut laut verärgert, diesmal über eine Begegnung der Königin mit dem Franzosen Hugues de Lionne, einem engen Vertrauten Mazarins, dem die Königin gestattete, mit ihr »bedeckten Hauptes zu sprechen«. Terranova, ein »cholerischer Pedant der Etikette«, wie der Schwede Curt Weibull formulierte,[28] forderte selbstverständlich Genugtuung, bestand auf Armstühlen für Audienzen bei Christina, die gewöhnlich den Kardinälen vorbehalten waren, wünschte seinerseits um jeden Preis bedeckten Hauptes mit der Schwedin verkehren zu dürfen, ein Anliegen, dem wiederum der Papst persönlich widersprach. Die spanischen Granden sollten ebenso wie der römische Adel und die Botschafter anderer Mächte Christina entblößten Hauptes entgegentreten, so wollte es das Protokoll, forderte es Alexander VII. ausdrücklich von Christina, erklärte aber dem Spanier, er seinerseits wolle sich natürlich nicht einmischen ...

Christina entsprach nur zu gerne der Entscheidung des Papstes, gehorchte, »und die spanischen Granden konnten niemals über ihre Türschwelle kommen«.[29] Spanien, bisher in Rom eine unantastbare Macht, hatte durch die Ungeschicklichkeit, den zeremoniellen Eifer des Herzogs, eine empfindliche Niederlage erlitten. Der Papst und Christina freuten sich eines Sieges; Terranova verstand noch immer nichts!

Zwistigkeiten dieser Art, uns heute eine mehr als lächerliche Angelegenheit, den Menschen damals wohl kaum, am wenigsten auch Christina, die sehr wohl auf dem Zeremoniell bestehen konnte, lösten damals in der Tat sogar kriegerische Konflikte aus. Die Königin als Kind ihrer Zeit wußte das. Die unterschiedliche Behandlung der Franzosen und der Spanier belegt, die Schwedin suchte eine neue Verbindung zu Frankreich. Das aber bedeutete notwendigerweise den Zusammenstoß mit Spanien. Der Herzog von Terranova »garantierte« beides, das Debakel Spaniens und die politische Aufwertung Christinas, der Königin ohne Land. Er bahnte ihr einen Weg an die Seite Frankreichs, höchst unfreiwillig, aber dennoch mit durchschlagendem Erfolg. Christina bewies in diesen Monaten, daß sie bei Axel Oxenstierna Politik »gelernt« hatte.

Demonstrativ berief die Königin den Fürsten von Gallicano in ihre neugegründete Akademie, ließ ihn dort philosophische Fragen erörtern, die Terranova und anderen als verabscheuungswürdige libertinische Phrasen galten. Schlimmer noch, der Neapolitaner geißelte immer öfter die »Tyrannei« der Spanier in seiner Heimat, auch das ein wichtiger Trumpf im neuen Spiel Christinas. Die Königin lehne die »Tyrannei der Spanier« ab, berichtete Lionne Anfang März 1656 an Brienne.[30] Terranova seinerseits klagte in Madrid, Christina habe mit Spanien »vollkommen gebrochen und sich endgültig den hiesigen Franzosenfreunden zugewandt«, Spanien, vor allem aber ihn beschimpft.[31] Der spanische Staatsrat reagierte prompt, versuchte noch einmal, den fürchterlichen Eifer seines Gesandten zu dämpfen, rügte den Herzog, forderte, er solle sich künftig jeder Einmischung in Christinas Angelegenheiten enthalten, umsonst. Ein nun erst wirklich Gereizter unternahm alles, seine Ehre zu verteidigen, der eigenen Regierung zu beweisen, wie recht er hatte und tat, wie verderblich Christina Spaniens Interessen entgegenstand. Der Papst werde, so glaubte »man«, »diese unverbesserliche Frau mit Verachtung strafen«, sie aus Rom ausweisen, sie »zwingen, in ein Kloster zu gehen«, meldete er erbost nach Madrid, fügte hinzu, die hochverschuldete Königin werde schließlich völlig mittellos um Unterhalt in der spanischen Botschaft »bitten müssen«.[32] Anzunehmen, daß der temperamentvolle Herzog solches auch vor Freunden und Diplomaten äußerte. Einer seiner Granden, Christinas einstiger Hofmarschall Antonio de la Cueva, vergaß sich, sprach jenen bekannten Vorwurf aus, die Schwedin sei die größte Dirne der Welt...

Eine solche Gelegenheit nutzte Christina, möglicherweise auch wirklich verärgert, haßerfüllt, gelegen jedenfalls kamen ihr solche Verleumdungen. Niemand konnte sie nun böswilliger Undankbarkeit schelten. Dem Spanier eröffnete sie zu seiner Verabschiedung als Hofmarschall kühl, sie werde allzeit Gutes belohnen, Böses strafen. Sollte sie ihn für einen Verleumder erkennen, würde sie ihn entsprechend behandeln. Spaniens König ließ sie unmittelbar darauf durch Pimentel und den Kardinal de Medici wissen, sie habe nur aus Achtung für Philipp IV. Cueva, einen spanischen General, nicht auspeitschen lassen. Eine schreckliche Kränkung Spaniens, so mußten es die Granden verstehen, wußten dennoch, daß Cueva und Terranova durch ihre Worte die Haltung der Königin rechtfertigten, eine Entschuldigung Spaniens die einzige Möglichkeit blieb, Christinas Politik zu durchkreuzen. Ein indiskutabler Gedanke! Die Weltmacht Spanien oder das, was geblieben war, bat nicht um Verzeihung...

Den beunruhigt, ja ängstlich den Machtkampf beobachtenden Papst, der Spanien wohl treffen, aber nicht beleidigen wollte, gewann die kühle Politikerin durch ein ebenso skrupelloses wie kluges Taktieren. Plötzlich, von vielen ehrlichen Gläubigen im Vatikan bedauert, hatte sich Alexander VII. entschlossen, nun auch seinerseits Verwandte mit hohen Ämtern zu betrauen, ernannte seinen Bruder und zwei Neffen zu Nepoten. Der allgemeine Protest verunsicherte den Papst, um so glücklicher reagierte er auf die sichtbare Auszeichnung seiner Verwandten durch Christina. Die Königin empfing alle drei, behandelte sie in der Audienz wie Kardinäle, diesmal wahrlich nicht kleinlich im Zeremoniell. Der Papst dankte ihr auf seine Weise, informierte Terranova, er betrachte jede »Kränkung Christinas als Kränkung seiner eigenen Person«.[33] Die Königin handelte schnell, nutzte die Schwäche Alexanders VII., veröffentlichte ein Manifest, bekundete offen ihre Verachtung für den früheren spanischen Hofmarschall und dessen Gattin, erwähnte vor allem ihre Überlegungen, Cueva prügeln zu lassen, behauptete, sie habe den Kardinal de Medici gerügt, drohte dem Herzog von Terranova, ihn gegebenenfalls durch ihre Edelleute bestrafen zu lassen.

Ein vor Empörung nun kopfloser Herzog berichtete spontan nach Madrid, Christina verpfände bereits ihren Schmuck, sei im übrigen nur die Nachfahrin eines »Aufrührers gegen den dänischen König«, eine der Offenbarungen der heiligen Birgitta, eine scharfe Kritik, ziele auf die schwedische Königin, dies »wisse« er »ganz genau«.[34] König Philipp IV. und seine Minister »erinnerten sich plötzlich«, daß der Herzog von Terranova vor längerer Zeit um seine Abberufung gebeten hatte.[35] Christinas Sieg war vollständig, das wußte man in Rom und Madrid, verstand es auch in Paris.

Schon bei seiner ersten Audienz hatte Frankreichs Sonderbotschafter Lionne Christina beteuert, der Hof in Paris blicke voller Hochachtung auf sie, empfinde tiefe Freundschaft für die Königin. Christina beklagte dagegen, daß man sie »in Frankreich mißachtet habe«, sie keine Hoffnungen auf dortige »freundschaftliche Neigungen« hegte. Ein warmherziger Disput folgte, so berichtete der Franzose, man habe sich versichert, die Differenzen in Ruhe aufzudecken, Christina ihn in herzlichen Wendungen gebeten, sie häufig zu besuchen.[36]

Lionne verstand, Christina suchte neue Verbindungen zu Frankreich, wartete klug. Ende Januar schrieb die Königin dem Franzosen, sie wünsche seiner Gattin, anders als gewöhnlich üblich, bei der nächsten Audienz einen Stuhl anzubieten, eine Auszeichnung, die sie den Botschaftergattinnen sonst nicht gewährte, nicht einmal den römischen Fürstinnen, schmeichelhaft für Lionne, ein Achtungsbeweis für Frankreich und Mazarin. Mehr als zwei Stunden plauderte die Königin mit Lionne bei dieser Audienz, diskutierte die politischen Verhältnisse Europas, empfahl sich Frankreich als Kennerin und Verbündete. »Ich ließ die Königin über alle Gegenstände reden«, wollte ihre Gedanken ergründen, erhoffte sich so auch Aufschluß über bestimmte Ansichten des Papstes, notierte Lionne.[37] Christina versuchte ihrerseits den Franzosen zu gewinnen, sich selbst als bestinformierte Beobachterin der Zeitläufte und des Vatikans zu präsentieren. Karl X. Gustav greife nach Danzig, wünsche die Kaiserkrone, so bedeutete sie dem überraschten Franzosen. Dieser empfahl Mazarin in seinem Brief vom 7. Februar 1656, »daß es vielleicht nicht unklug wäre, diese geistreiche Frau zurückzuerobern«, die das Vertrauen des Papstes besäße.[38]

Christina hatte herausgefunden, daß Mazarin Lionne beauftragt hatte, seinen politischen Gegner, den Kardinal de Retz, bei Alexander VII. in Mißkredit zu bringen, eine diskrete Aufgabe, deren Erfolg über Sein oder Nichtsein Lionnes entschied. Der Wunsch Mazarins, wie gutinformierte politische Kreise Roms vermuteten, Kardinal de Retz als Verräter an Frankreich arretiert zu sehen, des Erzbischofstuhls für Paris verlustig erklärt, war kaum erfüllbar, zumal de Retz die einflußreiche Kardinalsfraktion repräsentierte, die Alexander VII. gewählt hatte, diente Mazarin wohl nur zur beabsichtigten Demonstration, daß der Papst ein Gegner Frankreichs sei, sollte verhindern, daß der so Gescholtene als Mittler im Krieg zwischen Spanien und Frankreich akzeptiert werden mußte. Mazarin, in der Tat einer der bedeutendsten Politiker der Geschichte!

Lionne durchschaute offenbar das Konzept seines Auftraggebers nur ungenügend, anders Christina. Sie beurteilte die Positionen de Retz' in Rom richtig, kannte diesen Kirchenpolitiker auch persönlich, ahnte, daß ihm früher oder später Mazarins politisches Erbe in Frankreich zufallen würde.

Schon eine Woche nach jenem längeren Gespräch bat Christina Lionne erneut zu sich, offenbarte ihren Entschluß, für Frankreichs Interessen tätig zu werden, eine Nachricht, die ein überglücklicher Lionne am 21. Februar 1656 Mazarin sandte. Frankreichs »heimlicher Herrscher« las sicher mit Interesse Christinas Charakteristik des Papstes, eines Mannes, der sich an Klatsch und Nebensächlichkeiten erfreute, »nicht im geringsten wert, der Herr der Christenheit zu sein«. Sie leide sehr darunter, lenke den Papst bei ihren Diskussionen ständig auf die wesentlichen Fragen »wie Polen oder irgend etwas anderes gleichwertiges von Bedeutung« hin. Sie habe ihm erklärt, so Lionne, sie bedeute Alexander, »er könne niemals etwas größeres, glänzendes und ehrenvolles ausführen ohne Mazarin und ohne Hilfe von ihm«.[39] Und ein geschmeichelter, zufriedener Lionne öffnete Christina sein Herz, schilderte den Auftrag gegen de Retz, die Hoffnungslosigkeit, seine bevorstehende Abberufung aufgrund des Mißerfolgs. Die Königin versprach zu helfen, gelobte zu versuchen, de Retz zum Verzicht auf die Erzbischofswürde zu bewegen. Der sichtlich bewegte Franzose beschwor Mazarin, Christina zu vertrauen, die eine Scheinverbindung mit de Retz knüpfen wolle, den Papst überraschen werde mit der vertraulichen Nachricht, die unzufriedene französische Regierung gedenke Lionne zurückzurufen, den Botschafterposten verärgert unbesetzt zu lassen, ein gefährlicher Skandal für den Vatikan, dem Alexander VII. nur entgehen könne, gewänne er de Retz für den freiwilligen Verzicht auf die Pariser Würde.

In mehreren Audienzen beim Papst bemühte sich Christina, Mazarins Wünsche zu befördern, betonte klug Frankreichs Bedeutung für ein künftiges befriedetes Europa, warnte wie vereinbart vor den Folgen einer Verärgerung der Pariser auch für den Kirchenstaat. Überraschend die Antwort des Papstes, es wäre besser, keinen Gesandten Frankreichs in Rom zu akkreditieren als einen »Botschafter ohne Titel«, im übrigen sei Lionne nicht der richtige Mann für dieses hohe Amt, gelte bei Hofe nichts.[39] Christina brach ihre Bemühungen ab.

Bis heute streitet die Geschichtsschreibung, ob die schwedische Königin wirklich zeitweilig Fäden zu beiden Parteien spann, Mazarins Politik unterstützte, bereits auf de Retz als künftigen Nachfolger und »Herrn« Frankreichs setzte, wie viele Zeitgenossen und wahrscheinlich auch Mazarin selbst vermuteten. Gesichert bleibt, Christina traf den Kardinal in diesen Wochen sehr häufig, die Agenten Mazarins wie auch Lionne selbst beobachteten lange, intensive Gespräche. Spielte sie ein doppeltes Spiel, eine Frage, die sich die Franzosen damals besorgt stellten. Es scheint, sie verfolgte zielbewußt ihre eigenen Interessen, wünschte den Kontakt mit Kardinal Mazarin, ahnte möglicherweise als Ziel der französischen Politik den politischen

Bruch mit dem Papsttum, das für eine Balance zwischen Spanien und Frankreich wirken mußte und wollte. Kardinal de Retz' Pariser Stuhl, ob besetzt oder leer, blieb bedeutungsloses Instrumentarium in diesem großen europäischen Szenario. Tatsächlich wurde er nie der Erbe Mazarins, setzte sich Alexander VII. zwischen alle Stühle, weitete sich die Kluft zwischen dem Vatikan und Frankreich, gewiß nicht wegen des Kardinals de Retz, hatte Christina dennoch die Folgen der päpstlichen Politik richtig prophezeit. Sie selbst aber hatte gewonnen, wenigstens glaubte sie es, hatte längere Zeit auch allen Grund dazu.

Noch Ende Januar 1656 warnte Mazarin Lionne in einem Antwortbrief vor Christina, selbst im Februar, während die Königin bereits mit Alexander VII. debattierte, reagierte er noch ähnlich abweisend. Mazarin wünschte Verbindungen zur Königin, wollte »ihr Neuigkeiten entlocken«, lehnte aber eine wirkliche Zusammenarbeit ab. Frankreich würde es wie Spanien ergehen, wollte es der Königin vertrauen, er habe es »von Anfang an vorausgesehen und gesagt«. Der Brief Lionnes über Christinas Plan, die Affäre de Retz mit Hinweisen auf Frankreichs Verstimmung zu verhandeln, änderte Mazarins Verhalten. Frankreichs politisches Genie sandte am 12. März 1656 seinem Botschafter die Versicherung, er »bewundere die einzigartige Klugheit und Geschicklichkeit«, mit der Christina dieses Problem lösen wolle.[40]

Insbesondere beteuerte Mazarin, seine Einschätzungen des Papstes deckten sich mit denen Christinas. Lionne möge der Königin versichern, Frankreich und dessen »Majestäten« schätzten vor allem Christinas Anregungen für einen Ausgleich zwischen Rom und Paris. Da war er wieder, Frankreichs alter Traum von einem französisch dominierten Papsttum! In Christinas so dokumentierten politischen Talenten erkannte Mazarin jene Kraft im Umkreis des Vatikans, die Frankreich bisher in Rom entbehrte, belächelte sogar die Doppelrolle, die Christina seiner Meinung nach zu spielen gedachte. Er habe »eigentlich nichts dagegen, daß sie gut mit dem Kardinal de Retz« stehe, so der große Franzose. Dem Kardinal Bichi, nach Abberufung Lionnes der Interessenvertreter Frankreichs in Rom, erläuterte Mazarin am 8. April 1656, Christina habe sich selbst erboten, »den Papst die Bedeutung verstehen zu lassen, sich die Freundschaft des französischen Königs zu erwerben«. Mazarin würdigte nebenbei auch Christinas Bemühen, den Papst zu bewegen, den Kardinal de Retz zum Verzicht auf die Pariser Würde zu veranlassen. »Ich weiß wohl, daß man ihrem Wort nicht allzu sehr vertrauen kann«, er wüßte auch, in welch guter Beziehung sie nach wie vor mit de Retz stünde. Doch müsse man sie anhören, sich um ihre Freundschaft bemühen, verpflichte sich in keiner Weise, wenn man sie Frankreichs Hochachtung versichere.[41]

Mitte Juni 1656 informierte Christina den Papst über Reisepläne zu König Karl X. Gustav, begründete das mit der Absicht, ihre Finanzen zu regeln, erbat einige päpstliche Galeeren für die Reise nach Marseille, französische Pferde und Kutschen für die Weiterfahrt nach Flandern und Hamburg. Schnell kursierten Gerüchte in Rom. Einige vermeinten, Christina suche zwischen Frankreich und Spanien zu vermitteln, andere verwiesen auf den Krieg Schwedens in Polen, manche vermuteten, die Königin wolle nach Paris übersiedeln. Nur wenige der Spione dürften damals bemerkt haben, daß einer der Agenten Mazarins bereits Ende Mai mit einem chiffrierten umfangreichen Schriftstück Christinas an den Kardinal in Paris abgereist war.

Interessanterweise wurde die Königin am 29. Juli 1656 in Marseille auf Weisung Mazarins vom Herzog von Guise empfangen, Frankreichs Oberbefehlshaber des Feldzuges gegen Neapel 1654. Das umfangreich erhaltene Quellenmaterial dokumentiert eine Unzahl festlicher Empfänge, eine neuerliche Jubelreise Christinas bis nach Compiègne an den französischen Hof, vergleichbar dem Zug knapp ein Jahr vorher von Brüssel nach Rom. Ein einziger Brief nur belegt, die Königin bereitete damals Gespräche mit Kardinal Mazarin über Neapel und ihre Krönung vor.

Frankreich hatte 1646, 1647 und 1654 versucht, Neapel zu erobern, Spanien in Italien zu schlagen. Die Feldzüge waren gescheitert, nicht aufgegeben dagegen die Pläne, das Königreich dennoch Spanien zu entreißen. Mazarin war weitsichtig genug, Spanien nicht einfach durch Frankreich ersetzen zu wollen. Er suchte einen Monarchen, der, von den Süditalienern gewollt,

Frankreichs Interessen in Italien wirkungsvoller verteidigen würde, als es ein Bourbone und französische Kanonen dauerhaft konnten. Philipp von Anjou, Ludwigs XIV. Bruder, schien einigen neapolitanischen Hochadligen geeigneter als einer von ihnen, voraussehbar, daß die zurückgesetzten Geschlechter den neuen Herrscher nicht anerkennen würden. Zufriedenheit bei dem jungen Ludwig und Anna von Österreich, der Mutter und Königinwitwe, nicht so die Reaktion Mazarins. Der Kardinal wünschte eine weniger offenkundige französische Variante. Und doch, Frankreichs Agenten drängten, empfahlen wieder und wieder, die deutliche Unzufriedenheit, Unruhe, den Haß der Neapolitaner gegen Spanien zu nutzen, das Eisen zu schmieden, solange das Feuer brannte. Am 9. März 1656 hatten einige neapolitanische Aristokraten und Staatssekretär Brienne einen Vertragstext entworfen, der Frankreichs militärische Unterstützung eines Aufstandes gegen die spanische Herrschaft, die Krone für Philipp von Anjou vorsah.

Zu dieser Zeit unterhielt Christina sowohl enge Verbindungen zu Fürst Gallicano wie auch zu dem Grafen Gian Rinaldo Monaldesco, einem der Anführer der Aufstandspartei Neapels und Vertrauten des Herzogs von Guise 1654. Hugues Lionne, Christinas neuer Freund und Mitverschworener gegen den Papst, knüpfte im Auftrag Mazarins von Rom aus die Fäden für den neuerlichen Angriff auf Neapel, koordinierte die Verbindungen zwischen Frankreichs Truppen in Modena und den Freikorpsführern Neapels. Und er entdeckte auch hier eine neue entschlossene Freundin Frankreichs, eine mögliche Alternative zu Philipp, die Chance, Mazarins Wünschen besser zu entsprechen?

Die erhaltenen Papiere belegen nicht, wann Christina erstmalig den Plan entwickelte, Mazarins Abneigung gegen eine Throninvestitur Philipps für die eigene Präsentation zu nutzen, sich als Frankreichs bessere Möglichkeit anzubieten. Schwedische Historiker vermuten, Mazarins plötzliches ungewöhnlich starkes Interesse an Christinas bekundeter Hinwendung zu Frankreich beantworte diese Frage. Der chiffrierte Brief der Königin an Mazarin Ende Mai, obgleich erwähnt, ganz sicher in Paris gelesen, ist nicht auffindbar. Doch kann kein Zweifel bestehen, daß Christinas Frankreichreise, das auffallend herzliche Willkommen, der Triumphzug, dem Ziel dienten, »ihr den Weg auf Neapels Königsthron zu ebnen«.[42]

In Compiègne vereinbarten Christina und Mazarin einen förmlichen Vertrag, unterzeichneten beide am 22. bzw. 23. September 1656 das Abkommen. Christina wurde als künftige Königin Neapels benannt, vereinbart, das Reich solle nach ihrem Tode an Frankreichs Bourbonen fallen. Frankreich verpflichtete sich, 4000 Infanteristen und 1200 Kavalleristen, Geld für Waffen und Pferde bereitzustellen. Die Ausrüstung der Bevölkerung Neapels, die Verpflegung der Truppen oblag Frankreich, das auch die Ausrüstung der notwendigen Flotte, die Entsendung der Schiffe in den Golf von Neapel und das Landungsunternehmen verantworten sollte. Laut Vertrag sollte der Angriff vor dem Februar 1657 begonnen werden. Christina jubelte, wähnte sich am Ziel, streute in Absprache mit Mazarin aus, Karl X. Gustav habe brieflich gelobt, Christinas ausstehende Zahlungen zu sichern, sie könne daher ihre Reise abbrechen, nach Italien zurückkehren.

Am 19. November traf die Königin in der kleinen italienischen Stadt Pesaro in der Nähe Roms ein, ließ sofort verbreiten, sie meide die Hauptstadt wegen der Pest, widersprach auch nicht böswilligen Gerüchten, die nahezu mittellose Herrscherin ohne Thron bleibe aus Sparsamkeitserwägungen dem teuren römischen Leben fern. Dagegen entwickelte sie in aller Stille, geschützt vor den meisten Agenten der europäischen Mächte und den kritischen Blicken des Vatikans, das Programm des Feldzuges gegen Spanien, bemerkte aber schließlich beunruhigt, daß die französische Regierung das Unternehmen verzögerte. So brach sie im Spätfrühling 1657 trotz aller Einwände Mazarins, der die Gefahr einer vorzeitigen Entdeckung ihrer Absichten beschwor, erneut nach Frankreich auf, bezog kurze Zeit später das Schloß Fontainebleau nahe Paris, suchte ein neues Gespräch mit dem Kardinal.

Am 10. November des Jahres schreckte Christina den französischen Hof und die meisten europäischen Regierungen ebenso wie den Vatikan durch die Nachricht auf, sie habe den Grafen Monaldesco durch einige ihrer Vertrauten hinrichten lassen.

Der Pater le Bel hat das Ereignis, zu dem ihn Christina als Geistlichen gebeten hatte, ausführlich geschildert. Lesestoff schon den Zeitgenossen, ausführlich referiert in den meisten bisherigen Christina-Biographien. Erschüttert nahmen die Todesurteile durchaus Gewöhnten die Grausamkeit der Königin und die Entscheidung auf, den Italiener auf französischem Boden bestrafen zu lassen, diskutierten die berühmtesten Juristen noch Jahrzehnte später über Recht oder Unrecht der königlichen Verfahrensweise. Christina selbst hat ihre Haltung in einer kurzen Erklärung zu rechtfertigen gesucht. Sie habe den Marquis als Verräter entlarvt, nachgewiesen, daß er einen anderen ihrer Höflinge des Verrates bezichtigte, für diesen die Todesstrafe forderte, so habe sie ihn berechtigt töten lassen, den gemeinen Verräter, der »sich auch dem Papst Alexander, seinem natürlichen Herrn, gegenüber als illoyal erwies«.[43]

Gewichtiger als diese Darstellung scheint der Brief zu sein, den Christina Mazarin schrieb. Dieser hatte ihr sofort Pierre Chanut gesandt, versuchte zu retten, was ihm wichtig erschien. Er wollte unbedingt erreichen, daß Christina die Tat als einen Zwischenfall darstellte, der aus den üblichen Kavaliersdelikten zwischen den Höflingen erwachsen war, ein Duell, die beste Lösung. Die Königin, die bereits die verschreckte Reaktion des Papstes kannte, dessen Vorschlag, sie solle besser nicht nach Rom zurückkehren, sich auf den päpstlichen Besitzungen in Avignon, Roms Enklave in Frankreich, niederlassen, antwortete Mazarin hochmütig, sie lasse sich auch nicht von ihm erschrekken. Sie stehe zu ihrer Entscheidung, sehe »keinen Anlaß zur Reue, aber viele Gründe zur Befriedigung«. Es würde sie auch nicht hindern, »diese Auffassung zu vertreten«, daß er, Mazarin, verärgert sei.[44]

Natürlich glaubten viele Zeitgenossen, Christina habe einen untreuen Liebhaber bestraft. Die Literatur ist Legion, die solches zu beweisen sucht. Die Geschichtswissenschaft konnte bis heute nicht sicher ermitteln, welcher Verbrechen Christina den Grafen bezichtigte. Der päpstliche Nuntius in Neapel aber berichtete Alexander VII. nach Rom, die Königin habe an der Seite Frankreichs Spanien vertreiben wollen, der Plan wäre dort bekannt. Tatsächlich schilderte der Gesandte dann einem höchst verärgerten Papst die Einzelheiten im Detail. Interessanterweise datierte der Nuntius seinen ersten entsprechenden Bericht am 6. November, vier Tage vor der Tötung Monaldescos, konnte damals erwähnen, daß der Vizekönig von Neapel Verteidigungsmaßnahmen gegen einen erwarteten französischen Angriff organisierte.

Der für die Befreiung brennende Monaldesco habe wohl kaum Geheimnisse an Spanien verraten, an das Land, das er haßte, vermutete Sven Stolpe wohl mit Recht. Christina sprach ausdrücklich von einem »unglaublichen Verrat« ihrer wichtigsten persönlichen Interessen, bemerkte, daß nur er und ein zweiter ihrer Vertrauten das Geheimnis kannten. Sie selbst hatte Monaldesco zu Verhandlungen mit Mazarin autorisiert. Tatsächlich findet sich kein Beleg in den spanischen Archiven über Informationen durch Monaldesco. Einleuchtend Stolpes Vermutung, Mazarin habe seine Pläne geändert, allmählich das Interesse an dem Neapel-Unternehmen verloren. Frankreich hatte schon am 23. März 1657 ein Abkommen mit England gegen Spanien vereinbart, orientierte sich nun auf Flandern, wünschte die Rückgewinnung Dünkirchens und Gravelines für das Bourbonenreich, benötigte Waffen und Geld jetzt im Norden. So hatte Mazarin Christina informiert, die Aktion verzögere sich, er denke jetzt an einen Beginn im September des Jahres und eine verärgerte, beunruhigte Königin glaubte reagieren, Frankreich an seine Verpflichtungen erinnern zu müssen. Daher reiste sie im Sommer nach Fontainebleau, wartete dort ungeduldig auf eine Zusammenkunft mit dem Kardinal, mahnte ihn noch am 8. November, die Gelegenheit sei günstig, sie fürchte aber jede Verzögerung, ahnte bereits das Ende. Kardinal Decio Azzolino, so fand die schwedische Historiographie heraus, bemerkte seinerzeit, Monaldesco verriet Verhandlungen, »die er selbst im Namen der Königin mit Kardinal Mazarin und anderen geführt hatte«.[45] Möglicherweise entdeckte Christina, daß Monaldesco mit Mazarin neue Pläne diskutierte, der Kardinal durch gezielte Indiskretionen das vereinbarte Konzept des Überfalls verriet, so den Angriff aufschieben konnte, eine politische Variante ohne die Königin bedachte. Das würde auch die scharfen Reaktionen Christinas erklären, als Mazarin ausstreuen ließ, die Königin treffe keine Schuld am Tode des Grafen. Niemand, »er mag noch so hochgestellt und mächtig sein«, könne sie veranlassen, sich nicht zu ihrer Entscheidung zu bekennen. So war das Urteil möglicherweise vor allem als Bestrafung des mächtigsten Mannes in Europa gedacht, dessen Politik sie so durchkreuzen, wenigstens aber auf ihre Weise beurteilen wollte. Denn auch das ist unbestreitbar: Christina hat sich danach niemals mehr freundlich über den Kardinal geäußert. Ist das auch kein schlüssiger Beweis, muß doch ergänzt werden, daß 1659, beim Friedensschluß mit Spanien, »Frankreich ausgeblutet« war, Mazarin eine glücklichere Variante bedachte. Nun betrieb er die Vermählung Ludwigs XIV. mit einer Tochter der spanischen Habsburger, wußte, daß sein Monarch »dadurch Anrechte auf die spanische Thronfolge erhalten würde«.[46] Damit mußte auch das spanische Neapel an Frankreich fallen, die Herrschaft ohne gefährliche Revolutionierung der Neapolitaner errungen werden können. Nicht Spanien zerschlug Christinas Pläne, Frankreich, Mazarin verhinderte dies.

Christina verließ erst im Frühjahr 1658 Frankreich, von Anna von Österreich beharrlich gemieden, wieder und wieder aufgefordert, die Gastfreundschaft des Landes nicht zu mißbrauchen, ein Ansinnen, das Christina ignorierte, vielleicht auch, nahezu mittellos, mißachten mußte. Schließlich baten Ludwig XIV. und Mazarin Christina dennoch nach Paris, hofften, sie würde anschließend endlich abreisen. Der Kardinal räumte ihr seine Zimmer im Louvre ein, unmißverständlicher Hinweis, daß er und der Hof erwarteten, die Königin würde ihm diese Unbequemlichkeit nicht lange zumuten. Im übrigen blieb Anna von Österreich auch jetzt noch frostig. Ludwig XIV. tanzte als Mitwirkender im Ballett »Alcibiades« vor Christina, nach ihren Wünschen richtete er sich nicht. Das Spiel wurde jetzt ohne die Schwedin inszeniert. Frankreich brauchte die Politikerin Christina nicht mehr, der Empfang in der Académie française für die »Gelehrte« war nur noch ein Akt der Höflichkeit. Mazarin lieh ihr schließlich 50 000 Taler, bot der Königin seinen Palast in Rom als Wohnsitz an, konnte endlich am 18. März 1658 Christina verabschieden. Frankreich sah sie nie wieder! Wohl traf sich die Königin in Modena noch mit dem Herzog, dem Oberbefehlshaber

»ihrer« Truppen, die von ihr bereits bestellten Uniformen und Waffen für das eigene Kontingent benötigte sie nicht mehr. Der Herzog versprach wie Mazarin den baldigen Angriff, wußte, daß er sein Wort nicht einlösen würde. Und Rom empfing sie unfreundlich, der Papst beantwortete ihre schriftlichen Grüße nicht, empfahl erneut, sie solle den Wohnsitz besser außerhalb des Kirchenstaates nehmen.

Ruhe suchte sie dennoch nicht. Zunächst agierte sie, die europäischen Mächte und den Papst an der Seite Venedigs gegen die Türken zu vereinen, die Insel Kreta, das letzte Bollwerk der Venezianer im Mittelmeer, zu verteidigen, ein Unternehmen, kaum geeignet, die anderen christlichen Potentaten zu aktivieren. Christina schenkte mit großzügiger Geste von dem wenigen, was aus Pommern und Schweden einging, der Verkauf kostbaren Schmucks erbrachte, der Dogen-Republik ein Regiment Soldaten. Sie versandte Appelle an die Throne Europas, gab diese Bemühungen ebenso schnell wieder auf, wandte sich erneut dem Ausgleich zwischen Frankreich und dem Papsttum zu. Verweigerten ihr die anderen Staaten die erhoffte europäische Anerkennung, so wünschte sie in Rom ihren Platz zu behaupten, setzte jetzt vor allem auf die einst geknüpften Verbindungen zu Hugues Lionne, nun Minister in Paris. Auch das vergebens! Frankreich mochte keine Vermittlerin, schon gar nicht die intrigante Christina, wollte nicht Ausgleich, keinen Kompromiß, wo es Unterordnung suchte. Der Vatikan mußte sich nach einem längeren diplomatischen Streitfall mit Frankreichs Gesandtem im Februar 1664 unterwerfen. Ludwigs XIV. Botschafter, nach demonstrativer Abwesenheit zurückgekehrt nach Rom, übersah die eifrige Friedensstifterin geflissentlich. Christina sollte es begreifen, sie war nur eine Privatperson, mochte sie sich Königin nennen, so oft sie wollte. Mazarin war tot, aber man hatte in Paris Fontainebleau und ihr unverschämtes Auftreten, die Arroganz gegenüber Europas bedeutendster Macht, nicht vergessen. Erst Ende 1665 lenkte Ludwig XIV. ein, der Sieger, der keine souveräne Christina im Vatikan duldete.

Noch träumte Christina weiterhin von europäischer Größe, erstrebte nun, sicherlich zögernd, die polnische Krone, mehr geschoben von Kardinal Azzolino, dem einflußreichen Staatssekretär im Vatikan, denn selbst getrieben, ahnte sogar, daß mancher der Kardinäle sie lieber fern von Rom sah, Warschau weit genug erschien.

Der letzte polnische Vasa dankte am 16. September 1668 ab. Er wünschte anders als Christina wirkliche Ruhe, war ohnehin immer Jesuit im Herzen geblieben, hatte, plötzlich zum Monarchen gewählt, die Kardinalswürde aufgegeben, die Krone als König nur getragen in der Hoffnung, später wieder ins geistliche Leben wechseln zu können. Möglich, daß weder der Papst noch Christina selbst ernsthaft an die Kandidatur glaubten, Clemens IX., Freund beider, Kardinal Azzolinos und der Königin, jedenfalls versprach, Christinas Ansprüche auch öffentlich zu unterstützen, wenn die Sondierungen in Polen ernsthafte Siegeschancen offenbarten.

Da alle bekannten Kandidaten, der Herzog von Pfalz-Neuburg, Prinz Karl von Lothringen, der Prinz von Condé und der Zarewitsch Fjodor, auf wenig polnische Gegenliebe stießen, begann Christina, sich mehr und mehr für Polen zu erwärmen. Sie betraute den Danziger Zisterzienserabt Pater Anton Michael Hacki mit der Mission, dem päpstlichen Nuntius in Warschau ihren Anspruch zu erläutern, den Zögernden zu gewinnen, unterstützt durch Kardinal Azzolinos werbende Briefe. Auch hier argumentierte Christina wie vor Mazarin um Neapel, da sie ehelos bleiben wolle, würde die Krone nach ihrem Tode wieder zur Disposition stehen, wäre das Wahlreich durch sie nicht gefährdet, zweifellos ein starkes Argument für die adelsstolzen Polen. Den streng religiös gebundenen katholischen Magnaten des östlichen Riesenreiches suchte sie sich gleichfalls als Konvertitin aus Überzeugung zu präsentieren, betonte erneut ihre gern und oft erzählte Geschichte von der thronverzichtenden Herrscherin aus Glaubensqualen, wähnte ihre Chancen als echte Vasa höher denn die anderer Kandidaten. Decio Azzolino tat ein übriges, den Nuntius in Warschau zu gewinnen. Er versprach den Kardinalshut als Dank für die Thronerhebung Christinas, ahnte vielleicht, daß der Herzog von Neuburg gleiches gelobt hatte, seinerseits betonte, hinter ihm stünde der Heilige Vater als Helfer und Werber. Wohl keine leichte Entscheidung für den päpstlichen Nuntius in Warschau, Monsignore Marescotti, der natürlich die Neigung Clemens IX. für Christina und Azzolino kannte, zwischen dem offiziellen Schreiben des Papstes für den Neuburger und dessen vertraulich geäußertem Wunsch, Christina zu unterstützen, wählen mußte. Immerhin hatte Clemens IX. Christina »eine Heldin, bemerkenswert durch ihre Frömmigkeit, ihre Weisheit und ihre Tapferkeit« genannt, seine Zustimmung unterstrichen.[47] Vorsichtig wandte der Nuntius ein, es werde schwer, Christina zu präsentieren. Auch in Polen runzele man die Stirn über ihren Lebenswandel, kenne ihre katastrophale finanzielle Lage, wüßte, daß die Königin nur noch mit päpstlicher Unterstützung Hof halte, im übrigen sei da noch die fürchterliche Affäre mit Monaldesco ...

Azzolino drückte weiter, Pater Hacki versuchte das seine. So reiste der Nuntius schließlich zu dem einflußreichen Bischof von Posen, einem der wichtigsten polnischen Politiker. Konnte man ihn gewinnen, dürfte er den Vorschlag wagen, Christina als Thronprätendentin zu benennen. Die Legende weiß zu berichten, der fromme Mann in Posen habe sich verschreckt bekreuzigt, als er Christinas Namen hörte, dann laut gelacht über den »schlechten Witz«, endlich den päpstlichen Gesandten angefleht, »niemals ein Wort darüber zu verlieren, um nicht das ganze Land lachen zu machen«, den Papst und Christina zu blamieren,[48] so eine Version, eine andere, die das »Gelächter« an die Diskussion des Posener Bischofs mit einigen Magnaten band.[49]

Christina betrieb die Stimmensammlung sehr vorsichtig, eifriger Azzolino und der Papst, die beide wohl auch ein wenig hofften, die merkwürdige Schwedin künftig fernab von Rom zu wissen. Die Königin selbst hatte auch zunächst bedenklich geäußert, so recht wüßte sie »nicht, was ich in dieser Sache wünschen soll«. Der Gedanke, »Rom für immer zu verlassen, um den Rest meines Lebens unter einem barbarischen Volk zu verbringen«, bedrücke sie, lasse sie auf »einen Mißerfolg der Verhandlungen« hoffen,[50] wohl auch ein wenig ehrlich empfunden, waren Rom und Azzolino ihr tatsächlich das wichtigste in diesen Jahren. Andererseits lebte sie nach wie vor der Hoffnung, Europas politische Entwicklung wieder wesentlich mitgestalten zu können, schwang sicher selbst in der skeptischen Äußerung an den

Kardinal mit, sie wolle, auf den polnischen Thron gesetzt, »etwas gegen die Türken« tun.[51]

Dem Nuntius in Warschau schrieb Christina, ganz gegen ihre Verachtung weiblicher Herrschaft, er solle gegen die übliche Weigerung, eine Frau auf dem Thron zu akzeptieren, einwenden, es fänden sich »zwei bemerkenswerte Beispiele in Polens Geschichte«. Auch solle man sich dort erinnern, sie »sei geboren für den Thron und daß Gott mich kaum mehr als das Tageslicht sehen ließ, als er mir schon das Zepter in die Hand drückte«. Indem er sie »als Herrscherin über Schweden« durch die Geburt bestimmte, erhob er sie »über den Rest des weiblichen Geschlechts«. Überall in der Welt wisse man ja, sie habe in Schweden »als absoluter Herrscher mehr denn einer der Könige vor ihr« regiert, sei auch heute noch »gefürchtet und respektiert«, ein Argument, das Marescotti sicherlich kaum weiterreichen wollte, zu deutlich die Reserviertheit Frankreichs, die Ablehnung Christinas durch den schwedischen Reichsrat, die offene Feindschaft Spaniens, merkwürdig wohl nur, und auch hier bezeichnend die Selbstüberschätzung der Königin.[52] Tatsächlich empfahl sie sich auch als Feldherr, behauptete in diesem Brief, würde man sie »nicht ins Feld ziehen lassen, würde sie« die Königswahl »niemals akzeptieren«. Selbstüberhöhung, gedacht, die Wähler zu überzeugen, sicher, und doch bleibt sehr wahrscheinlich, daß Christina selbst glaubte, auch als Feldherr und Amazone begabter als andere zu sein, sie, die Todesurteile unberührt unterzeichnete, das Sterben nur aus dieser Perspektive kannte, sich dennoch dem Kriegshandwerk nahe wähnte. Sie wolle ausdrücklich erklären, bemerkte Christina, »daß, wenn es nicht aus Gründen der Staatsraison« bisher geschehen mußte, »sie es nie toleriert hätte, daß andere als ich selbst meine Armeen kommandiert haben«. So aber habe sie alles für das Staatswohl »geopfert«, selbst ihre »Neigungen für Feldzüge«. Im übrigen wünsche sie auf keinen Fall zu heiraten, doch könne der Nuntius den Trick gebrauchen und den Polen »die Hoffnung eingeben, falls die Wahl auf meine Person fiele, die Überredungen Seiner Heiligkeit und ihre Gebete zusammen mich vermögen könnten, eine Ehe zu akzeptieren«.[53] Gewiß nicht die wahrheitsliebende Christina, die hier für sich warb, auch das nur eine selbstgefällige Behauptung der Königin, von den Zeitgenossen ohnehin selten geglaubt!

Pater Hacki wies sie in einem weiteren Brief an, er möge die Polen erinnern, sie habe auf die schwedische Krone verzichtet, »um Katholik zu werden«.[54] Auch das vergeblich! Die polnische Schlachta wählte einen der ihrigen, Christinas Kandidatur blieb nahezu geheim, stand nicht zur Abstimmung. Zu diesem Zeitpunkt weilte Christina bereits wieder in Rom, schrieb anläßlich des bald erfolgten Todes Johann Kasimirs, des letzten polnischen Vasas, in Paris ein Resümee ihrer polnischen Kandidatur, auch das wenig schmeichelhaft für die Königin, deutlich eine beleidigte Verliererin, aber wohl auch ein wenig erleichtert. Sie freue sich, daß Johann Kasimir »unter menschlichen Lebewesen« starb. »Hätte der Tod ihn in dem Lande erreicht, über das er einmal herrschte, wäre er unter Tieren gestorben.«[55] So war es sicherlich auch wirkliche Verachtung der bestechlichen polnischen Magnaten, als sie es ablehnte, Geld zu schicken, um Wählerstimmen zu kaufen, einige Jahrzehnte später der Schlüssel zum Erfolg Augusts des Starken im Ringen um die polnische Königswürde. Sie, so Christina damals, kenne die Polen. »Sie nehmen das Geld entgegen, von wem auch immer«, würden dann trotzdem unsichere Helfer bleiben, besser Bezahlenden die Stimme geben. Sie selbst aber würde »für den Rest« ihres Lebens sich selbst verachten; wahre Worte vielleicht, der Stolz, sich eine Krone erkaufen zu müssen. Wahrscheinlich aber auch die Gewißheit, nicht ausreichende finanzielle Ressourcen zu besitzen, um den Erfolg garantieren zu können. Im übrigen hat Christina ähnlich boshafte Bemerkungen auch wiederholt über die Deutschen formuliert, der Vergleich zu den Tieren beleidigte auch die Hamburger. Mochte sie auch denken, die Nachbarn und ihre Besonderheiten zu kennen, sie war ganz sicher nicht die völkergewichtende Instanz des 17. Jahrhunderts!

In Rom erlebte sie am 9. Dezember 1669 auch den Tod des Freundes Clemens IX., des einzigen der Päpste, dessen Pontifikat kurz genug währte, sich nicht mit der Schwedin zu überwerfen, für Christina ein Jahr wirklicher Zufriedenheit in der Vatikanstadt; auch die Zeit, da ihr ruheloser politischer Geist neue Allianzen suchte, sie an der Seite Kardinal Azzolinos, des vatikanischen Staatssekretärs, ihre neue europäische Aufgabe gefunden glaubte. Um so hoffnungsvoller nun die Zukunft, die Azzolino das hohe Amt erhalten, wiederum einem seiner politischen Freunde die Tiara bringen sollte. So jedenfalls wollte es auch Christina, dachten ebenso andere einflußreiche Kardinäle.

Christina kam als diplomatischer Arm Azzolinos in den kommenden Monaten noch einmal wirkliche politische Bedeutung zu. Sie leitete die Verhandlungen um Spaniens Unterstützung für Azzolinos Kandidaten, den Kardinal Vidoni, dessen Wahl jedoch nur möglich schien, konnte man das Interesse der sogenannten »Schwadron«, der Kardinäle zwischen den Parteiungen für Paris oder Madrid, der Fraktion eines möglichst unabhängigen Vatikans, verheimlichen. Dem nun übermächtigen Frankreich die Stirn zu bieten, bedeutete, Hilfe bei Spanien zu suchen, beide Rivalen geschickt gegeneinander auszuspielen. Christinas und Azzolinos Bemühungen wurde Erfolg, der spanische Gesandte benannte selbst Kardinal Vidoni als Kandidaten für Madrid.

Auch Frankreichs Gesandter, der Herzog von Chaulnes, sah in Christina die Vertreterin der »neutralen« Kardinalspartei, suchte ihre Vermittlung zur »Schwadron«. Der Franzose berichtete nach Paris, die Königin habe ihn für Azzolino gewinnen wollen, sie »drang in mich, mich für ihn zu erklären«, ein gewiefter Diplomat, der wohl begriff, daß die Schwedin Azzolino benannte, dessen Kandidaten meinen mußte. Ihr Freund und Vertrauter war zu jung, um mehr als der »Königsmacher« zu sein, der wichtigste Mann des künftigen Pontifikats dennoch.

Zunächst schien auch das ein Sieg der klugen Taktik Christinas zu werden, schrieb doch auch der Herzog an Ludwig XIV., er empfehle den Kardinal Vidoni als Frankreichs Mann. Christinas Unglück, daß in Rom erneut ein unfähiger Gesandter Spanien vertrat. Der Botschafter beauftragte seinen Vertrauten im Vatikan, für Vidoni zu wirken, bat ausgerechnet das Haupt der spanischen Kardinalspartei, de Medici, Christinas langjährigen Gegner, für deren Kandidaten zu arbeiten. Schnell überzeugte Kardinal Medici, ein Opponent der »Schwadronisten«, seinen Gesandten, daß Vidoni der Wunschpapst Frankreichs sei, Spanien diesen Mann auf keinen Fall unterstützen dürfe.

Christina wirkte inzwischen eifrig weiter, einigte sich mit Frankreichs Gesandten, verteilte bereits künftige Kardinalshüte, versprach, Ludwigs XIV. entsprechende Wünsche bei Azzolino und dem neuen Papst durchzusetzen. Zu spät jedoch, da Azzolinos Intrigen bekannt wurden, ein unvorsichtiger Brief an einen eventuellen Zweitkandidaten, einen möglichen Ersatz für Vidoni, Frankreichs Gesandten in die Hände kam, er und Paris mißtrauisch fragten, ob sie mit Spaniens Wunschpapst betrogen werden sollten.

Noch einmal, im April 1670, reagierte Madrid ganz im Sinne Christinas, wies seine Kardinalsphalanx an, für Vidoni zu stimmen, verärgerte damit Medici, das eigene Oberhaupt, schokkierte aber auch den Kardinal Chigi, Frankreichs Vertrauten. Und beide Kardinäle wußten nur zu gut, daß Vidoni ihre Opposition vermerkt hatte, verstanden, daß dieser Papst ihnen und ihren Familien wenig Gutes bedeuten würde. So einigten sich alle, Frankreichfreunde und Spanienanhänger, auf einen Kandidaten, dessen Alter sowohl Machtlosigkeit als baldige Neuwahl versprach. Am 27. April wählten die Kardinäle, ohne Azzolino zu hören, fragte niemand die wenigen Verbliebenen aus der »Schwadron«. Der achtzigjährige Kardinal Altieri, allen bekannt als körperlich und geistig gebrechlich, weinte erschrocken, ein frommer Mann, bat ehrlichen Herzens um eine bessere Wahl, wurde dennoch nahezu einmütig benannt, weigerte sich eine Stunde lang standhaft, das Ergebnis anzuerkennen, gab schließlich nach.

Clemens X. erlebte noch am Abend seiner Wahl eine sich glücklich gebende Christina, die erste Gratulantin aus der Schar der Großen Roms. War sie auch verärgert, enttäuscht, Hoffnungen blieben ihr dennoch, die nächste Wahl würde bald anberaumt, das schien sehr sicher, der Sieger sollte Azzolino heißen, dann endlich das Triumvirat einer »römischen Königin Christina« beginnen! Da mochten die nächsten Jahre frommer, allen sichtbarer Dienste im Namen der Kirche geeignet sein, das Bild Christinas in neuen Farben zu zeigen. Eine fleißig betende Königin, wirklich ein neuer Abschnitt auch in der Geschichte des Vatikans, Clemens X. sah, was Alexander VII. immer erhofft hatte. Schließlich zwang der alte Mann auf dem Stuhle Petri sogar seinen regierenden Neffen, Christina, wieder einmal geschmäht, Genugtuung zu geben, mußte sie persönlich für seine Unfreundlichkeiten um Vergebung bitten. Dies vielleicht ein wirklicher Höhepunkt im Leben Christinas, Grund auch, sich weniger bitter der schweren sechziger Jahre zu erinnern …

Auf dem Tiefpunkt

Das Leben präsentiert eine Rechnung

Mochte sich Christina auch Ende 1658, wieder in Rom, nun in Mazarins Palast residierend, stolz wie immer geben, laut ihre Souveränität verkünden, von ihrer Bedeutung überzeugt bleiben, die Ignoranz Alexanders VII., das feindselige Schweigen des römischen Hochadels, die Reserviertheit nahezu aller Kardinäle, der Haß der spanischen Diplomaten und die Unverbindlichkeiten Frankreichs überzeugten, die Königin mußte einen Weg suchen, den Papst zu versöhnen, die Neapel-Idee vergessen zu machen.

Decio Azzolino, der einzige aus dem Kollegium der Kirchenoberen, dessen Freundschaft und Zuneigung Christina über den schweren politischen Mißerfolg tröstete, wurde nicht müde, der gereizten Monarchin zu bedeuten, sie müsse hier in Rom das einseitige Bekenntnis zu Frankreich aufkündigen, ohnehin nur noch eine »Wohnungsfrage«, gewiß nicht Zeichen inniger Verbindung mit Mazarin, der »ihre Diamanten für einen Bissen Brot« während ihres Parisaufenthaltes erwarb.[1] Der Papst könne, so Azzolino, »Neapel« nicht verzeihen, solange sie die Neutralität des Vatikans zwischen Spanien und Frankreich durch demonstratives Verweilen im Palazzo Mazarin gefährde. Christina, verunsichert zwischen ernsthafter Verstimmung über Mazarin, Trotz gegenüber den Forderungen Alexanders nach Unterwerfung und dem dringenden Bedürfnis nach Geld und öffentlicher Anerkennung, schwankte, registrierte verärgert bösartige Äußerungen des Papstes zu Venedigs Gesandten, einem ihrer wenigen zeitweiligen Freunde. Sie sei »eine geborene Barbarin«, barbarisch aufgewachsen, noch immer dieser Haltung verbunden,[2] eine verletzende Bemerkung, mußte Christina tief treffen, die solches gerne von ihren Schweden, den Deutschen und Polen behauptete, um so erzürnter reagieren sollte, verweigerte ihr Rom die Anerkennung als Kulturpersönlichkeit.

Schmerzlich vor allem für Christinas ungebrochene Arroganz, daß ihr nahezu nichts verblieben war, ihren Stolz wirkungsvoll zu verteidigen, den Papst fühlbar zu strafen. So wirkte denn schließlich Azzolinos Verheißung, Alexander könne einen Umzug auch durch Pensionen und Geschenke wohlwollend fördern, selbst für die solcherart schwer Gescholtene versöhnend, immerhin versetzte die Schwedin damals gerade ihren Krönungsmantel, weitere Schmuckstücke.

Sie litt tatsächlich schwer unter der allgemeinen Ablehnung in Rom in diesen Monaten, konnte und wollte nicht verstehen, daß auch ihre Günstlinge den Protest der Öffentlichkeit, vor allem des Vatikans erregten. Der Abenteurer Ludovici Santinelli, einer aus der Reihe verarmter, adelsstolzer, zweifelhafter italienischer Grafen, in die Affäre Monaldesco verstrickt, Henker des unglücklichen Höflings, so Christina, Mörder, wie man es allgemein formulierte, warb auf eine sehr temperamentvolle Weise um die gerade verwitwete Herzogin De Ceri. Ein indiskutabler Freier, wie die römische Aristokratie unverhohlen äußerte, auch Papst Alexander VII. Christina informieren ließ, ein Liebhaber der schönen Herzogin schon zu Lebzeiten des Gatten, wie es der Volksmund wußte und auch mancher wohlinformierte Aristokrat und Kleriker erzählte, ein »Witwenmacher«, wie es die Feinde Santinellis und die Familie De Ceri ausstreuten. Zupackend war er zweifellos, der Gardekapitän Christinas, für dessen Ehewünsche sich die Königin nun auch öffentlich verwendete, die Ablehnung des Papstes ignorieren wollte, wieder einmal nicht verstehen konnte, daß selbst Azzolino verzweifelt Christinas Unüberlegtheiten beklagte, Rache für die »Barbarin«, wo besser klug eingelenkt werden sollte.

Sie hatte in der gewohnten Weise höhnisch reagiert, in geistreichen Bemerkungen Alexanders VII. gespottet, das Kontingent päpstlicher Truppen rund um ihren Palast dokumentierte dennoch unübersehbar, daß der Papst nicht mehr bereit war, die politischen und persönlichen Extravaganzen dieser Frau zu akzeptieren. So gab sie nach, gewiß nach schwerem innerlichen Kampf, fühlte wohl auch die Nichtigkeiten ihrer kleinlichen Rache, der Nadelstiche gegen den Papst. Der Vatikan erreichte die drastische Reduzierung der wegen der Neapelhoffnungen stark angewachsenen Garde Christinas. Die zahlreichen Agenten des Papstes wiegten bedächtig die Köpfe, als sie bemerkten, daß die Unbelehrbare ausgerechnet den Günstling Santinelli beauftragte, Uniformen und Waffen zu veräußern. Wollte sie so Alexander VII. treffen, schadete sie wieder einmal sich selbst, füllte nur die Kassen Santinellis. Glücklicher dagegen Azzolino, Pallavicino und Angelo Correro, Venedigs Gesandter, die Christina zu einer formalen Versicherung an den Papst bewegen konnten, ihre Hilfe für Santinelli bei der Werbung um die Herzogin aufzugeben, sich von dem Abenteuer loszusagen, erreichten auch sie bei Christina nicht. Die Königin beschloß, den umstrittenen Höfling als ihren Vertreter in Wien zu akkreditieren, spielte mit dem Gedanken einer politischen Neuorientierung, suchte nach Spanien und Frankreich einen neuen starken Freund, begriff noch immer nicht, daß sie persönlich uninteressant war, nur in der Verbindung zum Vatikan an Bedeutung gewann.

Auch diese Entscheidung schwer begreiflich, bei einer so klugen Frau wie der Schwedin kaum erklärlich, mußte Zeitgenossen wie spätere Historikergenerationen bewegen, die nie ganz aufgegebenen Vermutungen einer tieferen Bindung Christinas an Santinelli oder seinen Bruder scheinbar bestätigen. Vielleicht war Christina auch persönlich von der Stärke der Leidenschaft ihres Günstlings für die Herzogin beeindruckt. Sie erlebte damals wahrscheinlich den Beginn aufkeimender eigener Emotionen für Kardinal Azzolino. So entsprachen Mut und Kompromißlosigkeit Santinellis ihrer eigenen Auffassung menschlicher Selbstverwirklichung jenseits der Konventionen, hatte sie doch auch, sehr zum Unwillen Anna von Österreichs und Kardinal Mazarins, den jungen Ludwig XIV. in Compiègne ermuntert, die geliebte Maria Mancini zu heiraten, sich nicht zu einer Ehe aus dynastischen Erwägungen zwingen zu lassen. Das nur eine sehr fragwürdige Erklärung für jene zweifelhaften, unbedachten Entscheidungen Christinas, andererseits sonst wahrlich nicht verständlich, selbst dann nicht, argumentiert man wieder mit ihrem sprichwörtlichen Trotz und Starrsinn.

Santinelli wagte es, drang in das Kloster ein, in dem sich die Herzogin auf direkte Weisung Alexanders VII. seit dem 1. Juni 1658 aufhalten mußte, gewiß nicht der geeignete Ort intimer

Treffen. Eine Ungeheuerlichkeit, eine Provokation der römischen Öffentlichkeit und eine Ohrfeige für den Papst, so urteilte die Allgemeinheit, nur Christina wollte es anders sehen. Alexander VII. ließ die Herzogin in der Neujahrsnacht 1658/59 in das Gefängnis des Vatikans, die Engelsburg, bringen, Christina sandte Santinelli dennoch nach Wien als ihren Gesandten. Und auch das scheint bezeichnend für die Haltung der Königin! Sie entsprach gleichzeitig dem Wunsch des Papstes, wechselte vom Palazzo Mazarin in den Riario-Palast.

Damals unterbreitete Christina Wien das Angebot, auch in ihrem Namen und mit ausdrücklicher Billigung eine kaiserliche Armee nach Pommern zu senden, das Land Schweden zu entreißen, in dem sich ohnehin bereits brandenburgische Soldaten ausbreiteten, Kurfürst Friedrich Wilhelm gefährliche Ansprüche erhob. Sie bot dem Kaiser an, ihr Pommerns Einkünfte lebenslang zu garantieren, präsentierte als »Wechsel« für den künftigen Verzicht schwedischer Rechte die schriftliche Garantie, Pommern solle nach ihrem Tode an Kaiser und Reich zurückfallen. Wie bei den Angeboten an Frankreich berührte es Christina wenig, daß ihr der Abdankungsvertrag ausdrücklich derartige Rechte absprach, sie damit auch die Bestimmungen des Westfälischen Friedens negieren würde. Es war ja ohnehin »ihr« Vertragswerk, so meinte sie zeitlebens. Erstaunlich dennoch, daß sie, die manchmal politische Einsichten bewies, nicht verstehen konnte, daß der Kaiser ihr Angebot zurückweisen mußte. Unbegreiflich auch, daß sie nicht voraussah, daß der Vorschlag auch im schwedischen Reichsrat, bei Karl X. Gustav, Verärgerung, vielleicht sogar ein wenig Belustigung auslöste. Gefährlich war dieser Vorschlag dennoch, immerhin diskutierte man ihn in Wien, marschierten bereits kaiserliche Soldaten in Jütland ein, setzten sogar nach Fünen über, eine schwierige Zeit für Karl X. Gustav. Tatsächlich rettete nur Frankreichs unnachgiebige Haltung Schwedens Machtstellung. Merkwürdig nur, daß der Pfälzer auch diese Entscheidung der Cousine nicht nutzte, seine Verpflichtungen ihr gegenüber aufzukündigen, jene Festlegungen des Abdankungspapiers, die Königin dürfe niemals gegen Schwedens Interessen wirken, ihm unanfechtbare Rechte einräumten. Vielleicht war er doch wirklich der einzige, den mehr mit dem Menschen Christina als mit der Königin verband ... Noch kurz vor seinem Tode, Ende 1659 in schwerster Bedrängnis durch die zahlreichen Feinde, auch in Dänemark gescheitert, sandte Karl X. Gustav 20000 Taler an Christina, eine Summe, die das Land, seine Armee dringend benötigte. Damals aber lagen Christinas Vorschläge schon in Wien.

Andere waren ihr weniger zugetan, sahen Christina vor allem als Medium eigener Bereicherung. Glück für Christina, daß Alexander VII. Kardinal Azzolino beauftragte, die Verwaltung der Finanzen der Schwedin zu beaufsichtigen, seinerseits Sorge zu tragen, die ständigen Belastungen des Vatikans, aus Christinas Leichtsinn und Unfähigkeit, mit Geld umzugehen, erwachsen, auf ein erträgliches Maß zu begrenzen. Schnell entlarvte der Kardinal Santinellis Betrügereien, bewegte Christina, sich nun endlich auch öffentlich von diesem Abenteurer zu trennen. Das landläufige Bild »der Verrückten«, wie es offensichtlich auch Ludwig XIV. und seine Minister bei Gesprächen über Christina beschworen,[3] wirkte trotzdem zählebig weiter, die Königin blieb Gesprächsstoff vor allem aufgrund ihres ständigen Geldmangels, nur langsam sprach sich herum, daß den Hof inzwischen einige geschicktere Beamte aus Azzolinos Umgebung beherrschten. Mit dem Abbé Mattheo Santini und Lorenzo Adami gewann Christina zwei hervorragende Helfer, besonders Adami erwarb sich bald auch in Schweden Achtung und Anerkennung als Ökonom der Königin, effektivierte die Verwaltung der Güter in Schweden und Pommern, erwirtschaftete durch Verpachtungen endlich die notwendigen Mittel, den Schuldenberg allmählich abzutragen, dennoch fast die Quadratur des Kreises, da Christina niemals haushalten lernte.

Der überraschende Tod Karls X. Gustav am 13. Februar 1660 veränderte alles. Für Schweden bedeutete das eine Katastrophe, brachte erneut eine Vormünderregierung, diesmal ohne einen Axel Oxenstierna; für Christina konnte es den Ruin, die Aufkündigung des Abkommens von 1654 bedeuten, nun, da der Pfälzer nicht mehr schützend zwischen ihr und einigen ihrer einflußreichen Feinde im Reichsrat stand. Die Königin entschied sich sofort zur Reise nach Schweden, hoffte, ihr Auftreten in der alten Heimat sollte die Stände überzeugen, würde ihre Ansprüche sichern. Im übrigen trug sich Christina bereits seit einiger Zeit mit dem Gedanken, nach Hamburg zu reisen, wollte dort auch selbst mit den kaiserlichen Unterhändlern über ihren Pommernplan verhandeln, mit ihrem Bankier über Varianten künftiger Kreditierung nachdenken. Nun ging es um mehr!

Der Aufbruch verzögerte sich dennoch, nicht, weil die Königin wieder einmal alles verwarf, die Reise aufschob. Diesmal stand kein Helfer bereit, auch nur einen Scudi vorzuschießen. Schließlich überredete Azzolino den Papst, Christina einen Kredit von 20 000 Talern einzuräumen.

In Hamburg erwarteten Christina unangenehme Neuigkeiten. Erstaunlich, wie schnell Ideen, Wunschvorstellungen, für Christina Realität wurden, wie oft sie wirklich betroffen eigenen Phantastereien nachlebte. Der Frieden des Kaisers mit Schweden raubte ihr die Illusion, Pommern auf die erhoffte Weise verkaufen zu können. Die Enttäuschte wandte sich ebenso schnell dem französischen Gesandten zu, der auf der Durchreise nach Schweden die Hansestadt passierte, suchte nun wieder Hoffnungen an Frankreich zu binden, reiste mit Botschafter Terlon über Kopenhagen nach Stockholm. Sie erreichte ihre einstige Hauptstadt am 12. Oktober 1660 schon in der Gewißheit, daß die Reichsräte ihrer Ankunft mit sehr gemischten Gefühlen entgegensahen, ihr dringlich angeraten hatten, nicht anzureisen. Sie reagierte trotzdem befremdet, tat zumindest verwundert, daß man sie und ihre Verdienste um Schweden so wenig würdigte, bekundete nicht einmal Unruhe, als man sie wissen ließ, man verüble ihr den Handel mit dem Kaiser. Und wieder provozierte sie nahezu alle, bestand auf freier Religionsausübung, obwohl das Gesetz gebürtigen Schweden den Katholizismus verbot, offenbar wirklich überzeugt, über allen Bestimmungen zu stehen, an kein Gesetz gebunden zu sein, drohte, wo kluges Taktieren Türen öffnen konnte. Einleuchtend, daß die Historiker bis heute fragen, warum sie so handelte, wer der Adressat war.

Die Ausweisung ihrer mitreisenden Priester beantwortete sie, noch immer von der Position der Stärke verhandelnd, mit einer Erklärung über ihre Thronansprüche bei Aussterben der Linie Karls X. Gustav. Sie habe nur ihren Vetter und dessen leibliche Erben auf den schwedischen Thron gesetzt, so der Tenor ihrer schnell abgefaßten Schrift an die Stände. Sie, die offensichtlich die schwedische Krone nach wie vor als ihr gottverliehenes Eigentum verstehen wollte, mußte überrascht lernen, daß die Mächtigen Schwedens vor ihr, der einstigen Königin, weniger Ehrfurcht bezeugten, als Christina sich selber zugestehen wollte, beständig in Frankreich, Spanien oder im Kirchenstaat einklagte. Die Räte zwangen sie, erneut ihre endgültige und vollständige Abdankung zu bestätigen, wollte sie nicht selbst das ursprüngliche Vertragspapier von 1654 gefährden. Deutliche Worte, die eine erzürnte, aber auch nachdenkliche Königin zu rascher Abreise bewegten. Wohl blieb sie dann, auch das eine berechnete Geste, noch vier Monate in Norrköping, ihrer schwedischen Residenz, bedachte dort erneut große europäische Pläne, unter anderem das Projekt der »Europäischen Liga« gegen die Türken, kehrte dann nach Hamburg zurück, wo sie am 8. Juli 1661 einen Vertrag mit ihrem Bankhaus vereinbarte, von 107000 Reichstalern jährlichen Revenuen ausgehend, 8000 Reichstaler monatlicher Ratenzahlung zugesichert erhielt. Auch das nur ein kurzer Hoffnungsschimmer, denn Zahlungen in dieser Höhe gingen niemals ein, die Begleichung ihrer holländischen und sonstigen Schulden verschlang nahezu alles.

Wenig später, am 30. Juli, richtete Christina dann von Hamburg aus Appelle an die katholischen Monarchen, den König von Dänemark und den Hamburger Senat, das katholische Glaubensbekenntnis in den protestantischen Ländern zuzulassen. Sicherlich ein lobenswerter Akt notwendiger Toleranz, zweifelhaft nur dadurch, daß die Königin wohl die katholischen Hauptmächte zu entsprechenden politischen Aktivitäten in den protestantischen Ländern bewegen wollte, Ludwig XIV. auch sogleich, Philipp IV. zögerlich zustimmte, gleichbedeutende Zugeständnisse für die Protestanten Frankreichs, für ebensolche Bekennende in Spanien und Italien von Christina nicht angesprochen wurden. Im übrigen lehnte der Kaiser ohnehin jegliche Glaubensinitiative sofort ab, fürchtete natürlich entsprechende Gegenforderungen der Protestanten in seinen Erbländern. So war auch das nur ein Mißerfolg, denn Dänemarks und Hamburgs Regierende waren ebenso wenig bereit wie der schwedische Reichsrat, die konventionelle Einheit aufzugeben. Christina dürfte kaum Illusionen gehabt, muß die Niederlage kalkuliert haben. Demnach auch das nur eine Geste, die einzig bedeuten sollte, daß sie, Christina, nicht aufgab, in Europa mitzusprechen, ihre königlichen Rechte solcherart weiterhin dokumentieren wollte. Tatsächlich aber dachte sie an den Papst, er war ihr Adressat und »in Rom hatte es gefallen«.[4]

So reiste Christina zurück in der Gewißheit, Papst Alexanders VII. Neigungen zurückgewonnen zu haben, wußte natürlich, daß der Vatikan ihren in Stockholm so nachdrücklich bekundeten Glaubenseifer wohlwollend registriert hatte, alte Querelen bereitwillig vergessen würde. Interessant nur, daß Christina später, als es ihren unmittelbaren finanziellen Vorteil galt, weniger konsequent auf Priester und Messe bestand, ihre katholischen Beamten ermahnte, man könne auch Katholik im Herzen bleiben, »Gott findet man überall und er allein genügt«.[5]

Einstweilen erntete sie die Frucht solch standhafter Glaubenstreue, gestaltete sich die Ankunft in Rom am 20. Juni 1662 wieder zum persönlichen Triumph der Königin, öffneten sich diesmal, anders als nach der Rückkehr aus Frankreich, die Pforten des Vatikans, empfingen der Papst und viele Kardinäle Christina zu Gesprächsrunden, wähnte sie sich wieder einmal der diplomatische Mittelpunkt Roms. Traurig für sie, daß diese Glücksphase nur kurze Zeit währte.

Hatte Christina einst ihre Auseinandersetzung mit dem Herzog von Terranova als Ringen um den »Armstuhl« begonnen, so erlebte sie nun eine unerwünschte Wiederholung durch Frankreichs Gesandten, auch der ein Herzog und offenbar ebenso etikettenpedantisch wie der Spanier knapp ein Jahrzehnt zuvor.

Ein liebenswürdiger Brief Christinas an König Ludwig XIV. schlichtete zunächst die begonnene Auseinandersetzung zu ihren Gunsten, der König wies seinen Gesandten an, sich dem einfacheren Sitzmöbel hinzugeben! Ein entzürnter Herzog de Créqui gehorchte, verhehlte seinen Ärger kaum, konnte wenig später befreit aufatmen, mußte solchen Schimpf nicht länger erdulden. Die korsische Garde des Papstes und Frankreichs Botschaftssoldaten feuerten aufeinander, einige ganz Kecke schossen sogar auf Ludwigs XIV. Botschaft, just in dem Moment, als der Gesandte, der Herzog de Créqui, den Balkon betrat, andere griffen die Karosse seiner Gattin an, töteten einen ihrer Pagen. Das war Krieg! Und niemand ahnte die Folgen schrecklicher als Christina.

Die Königin drängte sofort Azzolino, Alexander VII. zu bewegen, sich schnellstens bei Ludwig XIV. zu entschuldigen, empfahl die öffentliche Hinrichtung einiger Korsen, gegebenenfalls, so Christina, auch die Hinrichtung einiger Unschuldiger, um Frankreichs schleunigste Genugtuung zu erwirken. Unglücklicherweise kommandierte der Bruder Alexanders VII. die päpstliche Garde, Fluch des Nepotenwesens, war in die Auseinandersetzungen verstrickt, der Papst, nun ein Opfer familiärer Rücksichten, schreckte vor notwendigen Konsequenzen zurück, suchte den Bruder zu schützen. Er wollte trotz der Abreise des französischen Botschafters nicht verstehen, daß Frankreich nun nachdrücklich reagieren mußte, die bedeutendste europäische Macht dieser Zeit. Christina, noch Vertraute Frankreichs, wenigstens formal durch Ludwig XIV. akzeptiert, gleichermaßen im Vatikan zu Hause, bot Paris sofortige Satisfaktion an. Sie schrieb dem verärgerten Herrscher und Minister Lionne, sie würde Alexander VII. überzeugen, dem Herzog de Créqui und Frankreich die selbstverständliche Ehrerbietung zu erweisen, das Vergehen auf das schärfste zu ahnden. Unbegreiflicherweise wechselte Christina plötzlich auf die Seite des Papstes, fand nun Entschuldigungen für die Korsen, glaubte, Ludwig XIV. darstellen zu können, die Soldaten der Botschaft hätten den Zwischenfall provoziert.

Die Geschichtswissenschaft kann heute nicht mehr sicher beurteilen, wer die Auseinandersetzungen auslöste. Christina entschied sich vermutlich nicht grundlos spontan für Frankreich, wußte wohl zumindest, daß ein solcher Zusammenstoß die Großmacht herausfordern würde. Erstaunlich, daß sie dann später die päpstlichen Positionen verteidigte, auf den Dank Alexanders setzte, ihrerseits die Verärgerung Ludwigs XIV. riskierte. Glaubte sie sich letztlich Rom näher, überschätzte sie die eigene Bedeutung in Paris? Auch das kaum zu entscheiden. Sei es, daß die Königin meinte, persönlich die Toleranz und Nachgiebigkeit des französischen Monarchen für sich voraussetzen zu können, von Alexander VII. Dank und Anerkennung erwartete, oder sich Azzolinos Bitten öffnete, die Folgen für sie jedenfalls waren niederschmetternd. Ein höchst ungehaltener Ludwig XIV. verbat sich nahezu beleidigend jede weitere Vermittlung Christinas. Er bedeutete ihr, Frankreich würde ihre Haltung als Einmischung in seine Angelegenheiten verstehen, warnte die Schwedin. Diese wiederum, auch das unbegreiflich, verteidigte nun in einem neuen Brief sogar das Nepotentum des Papstes, würdigte die Verwandten Alexanders VII. als fähige Beamte des Vatikans, goß Öl in das Pariser Feuer ...

Als Ende Mai 1664 der Herzog de Créqui nach Rom zurückkehrte, der Papst sich gedemütigt hatte, wartete Christina vergebens auf eine Visite des Franzosen. Der Gesandte bekundete für alle ersichtlich, daß die Königin für Frankreich bedeutungslos sei. Paris hatte sogar in Stockholm offiziell protestiert, plötzlich jedoch die Klagen zurückgezogen, wollte wohl nicht, daß der Reichsrat Christinas Pensionen strich. Man berücksichtigte vielleicht auch schon, daß Alexanders VII. Tage gezählt waren, ein neuer Papst der Gruppe um Kardinal Azzolino reale Wahlchancen hatte, Christina folglich an Einfluß gewinnen würde. Im übrigen glaubte Ludwig XIV. an die göttliche Berufung der Monarchie, erkannte in Christina die Königin von Gottes Gnaden an, fühlte sich ihr zweifellos prinzipiell verbunden. Sie blieb doch eine geborene Königin, mochte sie ihm auch merkwürdig erscheinen in ihren Haltungen und Äußerungen. Frankreichs Herrscher ließ der Schwedin übermitteln, ein freundlicher Brief könnte ihn versöhnen, Christina schrieb, der Konflikt mit Frankreichs Monarchen schien beigelegt.

Dafür drückten Christina erneut schwere Geldsorgen, konnte selbst Azzolino nur verwalten, was an Zahlungen einging. Der Geldfluß aus Schweden war nahezu völlig versiegt. Nur knapp die Hälfte der vereinbarten Summe wurde auf das Bankhaus Texeira in Hamburg überwiesen, der Portugiese reduzierte Christinas Wechsel auf 5000 Reichstaler, nahezu eine Unmöglichkeit für die Königin, mit dieser geringen Zahlung den kostspieligen Haushalt in Rom zu finanzieren. So spielte sie mehrfach mit dem Gedanken, zeitweilig in Norrköping zu residieren, die Bücher ihrer einheimischen Verwalter zu kontrollieren, einigen

Reichsräten Fragen zu stellen. Sie mußte jedoch erneut erfahren, daß der Reichsrat katholische Messen und Priester in ihrer Stadt nicht dulden würde. 1664 versteifte sich der Widerstand der Räte. Sie ließen Christina wissen, die Stände müßten jede Reise nach Stockholm vorher genehmigen, man wolle in Christinas Umgebung nur Lutheraner dulden. Waren solche Ankündigungen auch wenig geeignet, Christina abzuhalten, war vorauszusehen, sie würde sich nicht an diese Beschränkungen halten, war die Festlegung dennoch kein Lichtblick für die Königin, deren europäische Bedeutung in dieser Zeit äußerst gering gewertet wurde. Man sprach fortwährend von ihr, aber die Gespräche rankten sich nur um ihre sprichwörtliche Geldknappheit, und das keineswegs mitfühlend.

Ein diesbezüglicher Hoffnungsschimmer erwuchs Christina aber, als sie Azzolinos Verwandten, Lorenzo Adami, ihren neuen Gardekapitän, am 2. Juli 1665 als Verwalter und Kontrolleur der pommerschen und schwedischen Güter verabschiedete. Als der Italiener am 1. August in Stockholm eintraf, mögen Christinas schwedische Vögte zunächst noch spöttisch gelächelt haben, schließlich sprach Adami die Landessprache kaum, kannte Sitten und Gewohnheiten Schwedens nur sehr unzureichend, wohl kaum ein sehr kritischer Prüfer! Wer leichtfertig solches gedacht und auf die Schwächen des Italieners gebaut hatte, entdeckte schnell seinen Irrtum. Christinas fähiger Beamter enthüllte bald die Unregelmäßigkeiten der Abrechnungslisten, erzwang Nachzahlungen, organisierte ein neues Verwaltungssystem. Christina zählte befriedigt bereits verlorengeglaubte Zahlungen für die Jahre 1660 bis 1664, natürlich auch das wiederum nicht genug für den römischen Bedarf.

So waren möglicherweise Adamis Gespräche mit oppositionellen Reichsräten, unzufriedenen höheren Offizieren und leitenden Beamten wie dem Grafen Claes Tott, Feldmarschall Karl Gustav Wrangel und Reichsrat Björneklo der Königin fast noch bedeutsamer. Adami entdeckte bald, daß einige Aristokraten beunruhigt Frankreichs Hinwendung zu Dänemark vermerkten, dem gefährlichsten Feind der Stockholmer Außenpolitik und natürlichen Gegner einer schwedischen Ostseeherrschaft. Die Annäherung an England, zuerst eine freudig begrüßte Alternative zu Frankreichs erkalteter Freundschaft, drohte nun belastend zu werden. Holland und England kämpften erneut um die Seeherrschaft und Michiel de Ruyter, der fähige Admiral der Generalstaaten, besiegte im Juni 1666 das englische Geschwader im Kanal. Da Dänemark England den Krieg erklärte, fürchtete nun auch Schweden, noch immer schwer gezeichnet von den großen Siegen Karls X. Gustav, kaum fähig, das hinzugewonnene Land, geraubtes, auf das andere, rechtmäßige Besitzer und neue Räuber, Anspruch erhoben, wirkungsvoll zu verteidigen, eine Großmacht auf tönernen Säulen, durch den Vertrag mit England möglicherweise in neue blutige Auseinandersetzungen hineingezogen zu werden, dänische Soldaten bald in Südschweden, im gerade erst erworbenen Holland, schanzen zu sehen. Und mancher der Reichsräte erinnerte sich nun wieder Frankreichs, glaubte in Christina eine Freundin Ludwigs XIV. zu kennen, sah Lorenzo Adami daher nun freundlichen Blickes, grüßte einen Helfer in der Not. Auch das nur ein Trugschluß, schnell verstanden von jenen, die Freundlichkeiten nach Rom sandten. Christinas Bitten an den französischen Herrscher, ihre pommerschen Besitzungen zu neutralisieren, diplomatische Unterstützung gegen Holland und Dänemark zu erwirken, war wenig Erfolg beschieden, wieder blieb ihr nur, selbst nach Schweden zu reisen, die Stände des Reiches als bewaffneten Garanten auch ihrer Besitzungen zu mobilisieren, vor allem zu sichern, daß das Land nicht für einen Frieden und die Garantie der einstigen dänischen Provinzen auf die deutschen Eroberungen, ihre wichtigste Geldquelle, verzichtete. Mancher der Reichsräte hatte diese Idee bereits laut gedacht.

Diesmal nur mit 6000 Talern in der Reisekasse, weniger als jemals zuvor, brach die Königin erneut auf, wußte, daß ihr der Bankier Texeira noch 2000 Taler in Nürnberg reservieren würde, wahrlich nur eine äußerst geringe Summe. So hatte sie ihren königlichen Haushalt nach entsprechenden Vorhaltungen Kardinal Azzolinos reduziert, reiste ab wie eine gewöhnliche höhere Adelsdame, lediglich mit zwei Karossen und einer Kalesche, gefolgt von nur wenigen Reitern, kaum mehr als eine Herzogin, ein bitterer Tag im Leben der stolzen Schwedin, dieser 25. Mai 1666.

Vieles war quälend und ungewiß. In einem späteren Brief enthüllte Christina dem geliebten Mann, Kardinal Azzolino, sie habe die ganze Nacht in Utricoli, dem ersten Reiseziel, bitterlich geweint, noch einmal gezögert, an Umkehr gedacht, meinte wohl vor allem den leidenschaftlich vermißten Freund, ahnte gewiß auch die Gefahren und Unwägbarkeiten des neuen Unternehmens. Schwankte sie wirklich in diesen Stunden, so trieb sie sich dann mit bewundernswerter Energie fort, fast, als wolle sie jene überschwenglichen Anerkennungen ihrer körperlichen Ausdauer durch Pierre Chanut zwei Jahrzehnte vorher beweisen, in wilder Hast über Ferrara, Verona, Trient, Augsburg, Coburg, Erfurt, Braunschweig, Lüneburg weiter nach Hamburg, erreichte die Hansestadt bereits am 22. Juni 1666, scheinbar zufrieden und frisch, ein völlig erschöpftes Gefolge hinter sich.

Um so niederschmetternder die Hamburger Nachrichten auch diesmal. Verlor sie ein halbes Jahrzehnt vorher in der Elbmetropole die Hoffnungen, in Schweden freudig begrüßt zu werden, desillusionierte sie das kaiserliche Verhalten, so traf sie jetzt die Kunde, die Einberufung der Stände bleibe ungewiß, das Warten auf diese Entscheidung könne sie noch lange in Hamburg festhalten. Im übrigen lehne der Reichsrat eine Reise Christinas zum Ständetag in Schweden grundsätzlich ab. Sicher, solche Eröffnungen tat die Königin mit einer gelangweilten lässigen Geste ab, aber dennoch, es wuchs die Unruhe.

Eine traurige Zeit für sie, getrennt von Rom, der Stadt, die mehr und mehr ihre Heimat wurde, allein ohne den bewunderten Azzolino, den Ratgeber und Kritiker, den einzigen, dessen Vorwürfe und Klagen sie hinnahm, den sie jetzt furchtbar vermißte. Dem Historiker sind etwa 50 Briefe überliefert, die Christinas Alltag, ihre Gefühle und Gedanken spiegeln, deren wesentlichste Passagen chiffriert geschrieben sind, ein persönlicher Code, zwischen Azzolino und ihr vereinbart, von Baron Bildt vor hundert Jahren entschlüsselt, ein Fragment nur, ein Teil verloren, vernichtet alle Antworten des Kardinals. Und doch, aus Christinas glücklichen Äußerungen, ihren bitteren Reaktionen erschließt sich eine wichtige Etappe im Leben der Königin, zwei Jahre schwerster Prüfungen, auch Tage tiefster menschlicher Enttäuschung, Christina nun längst nicht mehr die kühle Stoikerin, keine gelassene, emotionslose Frau, eine unglücklich Liebende, eine Erfüllung Wünschende.

Erfreulicherweise numerierte die Königin wie eine verläßliche Buchhalterin jedes ihrer Schreiben an Azzolino, sandte ihm, kaum in Hamburg eingetroffen, bereits den vierzehnten Brief. Bedenkt man, daß sie folglich dreizehn aus den Reisequartieren an den Kardinal adressiert hatte, so ahnt der Leser die Tiefe ihres Gefühls, die Größe ihres Bedürfnisses, sich auch jetzt mit Decio Azzolino auszutauschen. Sven Stolpe, der alle diese Briefe Wort für Wort wog, kam zu dem überzeugenden Schluß, Christina muß »längere Zeit in den Kardinal heftig verliebt« gewesen, »eine glückliche, relativ ungestörte Epoche in ihrem gegenseitigen Verhältnis vorangegangen« sein, eine Zeit, die nun plötzlich abbrach, schon vor Reiseantritt beendet scheint. Daher habe die Königin »voller Angst und äußerst beunruhigt« geschrieben, Eifersuchtsqualen durchlebt, sich sogar »lächerlich« gemacht.[6]

Sieht man von Azzolinos Wünschen ab, Christina möge Geld für die Hofverwaltung senden, übergeht die harten kritischen Worte des Kardinals über Verschwendungssucht und prahlerische Großzügigkeit, auf die Christina nur gezwungenermaßen und gewöhnlich beschönigend eingeht, dann dominiert neben den politischen Gedankenspielen, dem europäischen Hofklatsch, vor allem das einzigartige, so kaum erwartete Gefühlspanorama jener Frau, deren emotionale Kälte für alle Historiker erwiesen schien, die den Schmähschriften und Schilderungen angeblicher Liebesorgien der Schwedin keine Bedeutung beimaßen, sie bestenfalls als Zeugnis einer beispiellosen Leichtfertigkeit und des Gefühlsdefizits der Königin werteten.

Jener Brief, in dem Christina den Kardinal wissen ließ, sie würde Rom niemals verlassen, »lieber in Rom von Wasser und Brot leben und bloß eine einzige Kammerjungfer in meinem Dienst haben, als anderswo alle Königreiche und Schätze der Welt besitzen«, war denn auch weniger das Hohelied Roms als vielmehr Antwort auf Azzolinos Anfrage, vielleicht auch Hoffnung, so jedenfalls fürchtete die mißtrauische Königin, er habe gehört, sie wolle nicht mehr nach Rom zurückkehren. Daher versicherte sie ihm dann wieder und wieder, sie wüßte, niemals mehr glücklich zu werden, ihn trotzdem »bis in den Tod« zu lieben, wobei sie »lieben« durch einen Codebuchstaben verschlüsselte.[7]

Stolpe fand heraus, daß Christina gleichzeitig Azzolinos Gefühle für sie nur als »Freundschaft« deutete, denen sie ihre »Liebe« entgegensetzte, auch das wohl ein Beleg, daß sie verstanden hatte, tiefere Gefühle entweder verloren oder nie besessen zu haben. Sie reagierte beglückt, als ihr der Kardinal bedeutet hatte, seine Gefühle für sie »seien wärmer, als sie es sich vorstellen könne«, auch das nur erschließbar aus Christinas freudiger Antwort vom 14. Juni 1666.[8] Und wieder folgten Briefe mit Christinas Versicherungen, ihm auch dann ergeben zu bleiben, sollte sich sein Herz verändern. Auch durch Gleichgültigkeit könne er »doch nicht mein eigenes Herz verändern«, Treue bis zum Tode, so gelobte sie, merkwürdige Erinnerung an jene Schwüre, die Christina schon Karl Gustav schrieb. Interessant, daß nahezu alle Kenner nicht zweifeln, es seien tiefe leidenschaftliche Empfindungen, die sie Azzolino offenbarte, während Karl Gustav vermutlich nur Schwärmereien, dann Pflichtworte galten. Im Oktober 1666 bedeutete eine verletzte Christina, offenbar auf einen Brief Azzolinos reagierend, in dem sich der Kardinal, wie und warum auch immer, verbeten haben muß, von ihrer Liebe zu lesen, er könne ihre »Gefühle weder ändern«, noch ihr solche untersagen, schließlich die scharfe Bemerkung am 23. Oktober, ihre »Kühle kann mich nicht daran hindern, Sie bis in den ... (Tod als Codewort) anzubeten«.[9]

Aus Christinas Briefen, aus Schreiben ihrer Höflinge, Azzolino erhielt ständige Informationen von einigen seiner Vertrauten in der Umgebung der Königin, aus Berichten von Besuchern, ist belegt, daß Christina zu dieser Zeit sehr abmagerte, in Schwermut verfiel, Zeichen, die jeder Psychologe entsprechend deuten würde, manche Mütter mit Sorge in bestimmten Entwicklungsphasen ihrer Töchter registrieren. Am 26. Januar 1667 äußerte eine sich selbst verleugnende Christina – und nur, wer das Gesamtbild dieser Herrscherin überblickt, mag ermessen, was hier verkündet wurde –, sie wolle »leben und sterben als Ihre Sklavin«, meinte Azzolino, ihren Herrn! So muß wohl Sven Stolpe beigepflichtet werden, daß dieser und die anderen Briefe dokumentieren, die »Attitüde des Übermenschen ist zusammengebrochen«, nichts sei geblieben »von ihrer stolzen Gewißheit, stets Herrin ihrer Leidenschaften zu bleiben«. Nun habe sie ähnlich ihrer Mutter, die einst um Gustavs II. Adolf Liebe »bettelte«, genauso sehnsuchtsvoll auf Erfüllung ihres Lebensanspruchs gehofft, »bettelte hier kläglich um die Liebe eines Mannes, der nichts von ihr wissen wollte«, dessen Sklavin sie dennoch sein wollte.[10] Möglich, daß das Bild der »Bettelnden« zu scharf, vielleicht ungerechtfertigt ist, Sehnsucht nach einem wirklichen Partner immer solche Vergleiche malt, die Eifersucht auf eine quälende Information. Auch Christina hatte ihre Spione in Rom, Azzolino habe sich beim französischen Gesandten zweier Schauspielerinnen besonders auffallend angenommen, der leidenschaftliche Satz, er sei »sicher ... in den Spuren des Erlösers gewandelt, um sie zu bekehren«, jene verletzende Ironie, belegt, Christina kannte ihren Kardinal, hatte eigene Vorstellungen und Bilder über das Verhältnis Azzolinos zu Frauen, glaubte kaum an einen geistlichen seelsorgerischen Akt ihres geliebten Freundes in vergleichbaren Situationen.[11] Auch das nur eine sehr natürliche Reaktion, jener Wechsel zwischen bedingungsloser Hingabe und verletzter Distanz, millionenfach gelebt, gewöhnlich die Kehrseite starker Gefühle, hier gewiß nicht Ausdruck einer gedemütigten »Sklavin«, sondern wohl eher der stolze Protest einer Liebenden; aber auch das vor allem der Gegenstand eines Psychologen mehr als der des Historikers ...

Auf jeden Fall folgte auf Azzolinos Rechtfertigung oder Erklärung dann am 30. März das Eingeständnis Christinas, er, Azzolino, habe »unbegrenzte Macht« über sie, sein »Wille mir Gesetz ist, gegen das ich mich nie auflehnen werde«. Welche Veränderung im Auftreten dieser Frau, die dennoch später in ihren öffentlichen Erinnerungen Stolz und Unabhängigkeit beschwören wird, Gott selbst unberührt solcher heimlicher Offenbarungen als Zeugen benennend. Wen wundert es, wenn der aufmerksame Leser das Vertrauen in Christinas autobiographische Beteuerungen verliert, mehr jenen Dokumenten glaubt, die für den einen, für Azzolino, dann für das Feuer bestimmt, sicherheitshalber noch verschlüsselt waren, erhofft, daß kein Unbefugter den ausgemachten Code zwischen ihr und dem Kardinal entschlüsseln könne.

Im übrigen beherrschten Christina noch am 17. April 1667 die drückendsten Geldsorgen. Er solle alles verkaufen oder verpfänden, was sie besäße, sie sei selbst »darüber verzweifelt, daß Sie kein Geld haben«, schrieb sie Azzolino, bat, er möge versuchen, Geld zu borgen,[12] ein Problem, das zeitweilig selbst Christinas Verzweiflung über die Trennung von Azzolino überdeckte. Adami leistete dennoch gute Arbeit, konnte Christina schließlich das Angebot des Reichsrats übermitteln, alle Rechte der Königin für 100000 Reichstaler einzulösen, ein Vorschlag, den Christina nur deshalb schließlich ablehnte, weil sie selbst für diese niedrige Summe keine Garantien erhalten konnte, daher Ende November 1666 das Projekt verworfen hatte. Die deutliche Verärgerung Azzolinos trieb Christina dann doch zur Weiterreise nach Schweden. Am 28. April verließ sie Hamburg, wurde in Helsingborg von zwei Aristokraten erwartet, eine Aufmerksamkeit des Reichsrates, jedoch weniger als Ehrengeleit denn als Aufpasser gedacht. Pontus de la Gardie, einer der beiden, eröffnete Christina in Jönköping, nahe ihrer schwedischen Residenzstadt, der Reichsrat bestehe nach wie vor auf dem Verbot der Messe in ihrer Hofhaltung, dulde keine katholischen Priester in Norrköping, würde ihr das Recht auf den katholischen Gottesdienst auch nicht in der französischen Botschaft zugestehen. Schließlich sei sie Schwedin, habe sich dem Gesetz zu beugen ...

Christina reagierte auf ihre Weise, schrieb dem minderjährigen Karl XI. einen hoffärtigen Brief, erinnerte den jungen Pfälzer an ihren Thronverzicht, nannte sich selbst eine Königsmacherin und klagte Dankbarkeit der Dynastie ein, ließ den König sogar wissen, »wer Sie sind und wer ich bin, wollen Sie eingedenk sein, daß Sie nicht geboren sind, um Leuten meiner Art Befehle zu geben«, war hier wieder ganz die Königin, Karl XI. nur Herrscher von Christinas Gnaden, ein »stolze(s) Selbstgefühl« für Kurt Pfister,[13] unbegreifliche Arroganz dennoch, formuliert von einer, die offenbar in Norrköping begriff, daß sie nichts erreichen konnte.

Als die Weigerung des Reichsrates in Norrköping übergeben

wurde, Christina keine Zusicherungen, weder religiöser Natur noch ihre Finanzen betreffend erhielt, reiste sie nach dem üblichen lautstarken Wutanfall ab, verließ am 5. Juni 1667 Schweden, diesmal für immer, traf am 10. Juni wieder im Hamburg ein, durch und durch Siegerin, ungekrönte Beherrscherin Schwedens und des Reichsrates, wenigstens so ihr Auftreten in der Hansestadt. Die Königin schalt verärgert Adami, der ihre unbeherrschte hochfahrende Art kritisierte, seinerseits Auswirkungen auf seine ausgehandelten Abkommen mit dem Rat befürchtete, erfahren mußte, daß diese Frau ihm wenig Dank für seine Bemühungen wußte. Er reichte seinen Abschied ein. Erst die Wahl Kardinal Rospigliosis zum neuen Papst Clemens IX. am 20. Juni erfüllte Christina mit neuer Hoffnung, ließ sie am 25. Juli 1667 in Hamburg ein großes Fest feiern, wußte sie doch bereits, daß Azzolino vom neuen Papst zum Staatssekretär des Vatikans ernannt, ihr Freund nun der wirklich mächtige Mann des Kirchenstaates geworden war.

Und auch das ist bezeichnend für diese Königin! Der Magistrat hatte um eine gedämpfte Feier in Hamburg, einer protestantischen Hochburg, gebeten, fürchtete Mißfallensreaktionen der Lutheraner in der Stadt. Christina wiederum provozierte einen Zwischenfall, wünschte eine Explosion, die man bis Rom hören sollte. Sie bekam den gewollten Volksauflauf, ließ unberührt schießen, als die erbitterten Eiferer das »papistische Fest« stören wollten. Acht Tote, viele Verletzte, auch das ein Tribut an ihre »Souveränität«, ein Ausrufezeichen, das im Vatikan wahrgenommen werden sollte als Ausdruck ihrer ungezügelten Freude über den neuen Pontifex. Am 3. August schilderte Christina kühl »das barbarischste Attentat, das je verübt wurde«, meinte die anderen, kein Wort ihrer Schuld, nicht einmal Bedauern für die Opfer, dagegen die Versicherung an Azzolino, vor allem »befriedigt mich die Ehre und Gnade, die Seine Heiligkeit mir erwiesen hat, indem Sie meine Rückkehr aus Schweden billigt«.[14] Beides, demonstrierte Glaubensfestigkeit und laute Freudenkundgebungen über Clemens' Wahl, trugen wieder kalkulierte Frucht.

Nur wenige Briefe für den Zeitraum vom Sommer 1667 bis zum Herbst 1668 sind erhalten, spiegeln zunächst neue Hoffnungen und Zufriedenheit, bald wieder tiefe Depressionen, Sehnsucht Christinas nach Rom und Azzolino, zwischendurch noch einmal der Plan, erneut nach Stockholm zu reisen, den Reichstag aufzusuchen, alles doch zu ihren Gunsten selbst zu regeln. Neue Illusionen, denen vom Kardinal entschieden widersprochen wurde, eine Kritik, der sich Christina schließlich schmollend fügte. Auch das wieder Zeugnis, welch ungeheurer Einfluß Decio Azzolino auf alle Entscheidungen Christinas zukam. Ihr Vorschlag, dem Reichstag in Stockholm Ende Juni 1668 unterbreitet, die Unterhaltslandschaften gegen 1,5 Millionen Reichstaler aufzulösen, war nach dem kürzlichen schwedischen Angebot von 100 000 Reichstalern wahrhaftig ein irrealer Gedanke, auch das typisch für die damaligen hochfliegenden Pläne der Königin. Er wurde selbstverständlich von den Ständen abgelehnt, Christinas Kompromiß, die Summe in Raten entgegenzunehmen, dafür das Herzogtum Bremen als Pfand anzunehmen, ebenso abgetan.

Als Christina am 20. Oktober 1668 endlich Hamburg verließ, war nichts erreicht, was nicht bereits in den römischen Tagen als zugesichert galt. Statt dessen hatte ihr der Reichsrat nun grundsätzlich untersagt, Schwedens Territorien während der Minderjährigkeit Karls XI. noch einmal zu betreten. Somit blieb ihr auch der Weg nach Norrköping verschlossen. Sie habe geglaubt, darüber sogar Azzolino täuschen zu müssen, die Niederlage verschleiern wollen, fand Alfred Neumann heraus. In Schweden sei alles »geordnet; die Stände billigten mir alles zu, was ich wünschte«, so eine fast naiv lügende Christina, auch das Ausdruck der Abhängigkeit der Königin von Azzolino, belegt aber wohl auch die manchmal unbegreifliche Leichtfertigkeit der Schwedin, die nicht ernsthaft glauben konnte, den klugen Freund dauerhaft täuschen zu können; Verstimmung des solcherart Betrogenen erwarten mußte. Fürchtete sie eine völlige Abkehr des Kardinals, so sie die Wahrheit berichtete, vertraute auf ein klärendes Wort unter vier Augen in Rom, ja, offensichtlich! Sie sei glücklich, ihn endlich »wiederzusehen«, so Christina in ihrem Brief unmittelbar vor der Abreise, und das glaubhafter als alle anderen Unternehmen, die vielen Unsinnigkeiten der beiden Jahre in der norddeutschen Hansestadt, vergessen nun das Projekt der »europäischen Liga«, die Polenkrone, zurück nach Rom, zu Azzolino. Nur das zählte, auch um den Preis einer dummen Lüge wollte sie als erfolgreiche Politikerin dem Kardinal entgegentreten, hoffte auf den gebührenden Platz in seinem Leben. Sie wollte nun, im Rom Clemens IX., endlich das schwere Jahrzehnt vergessen, hoffte auf neues politisches, vor allem aber doch auf persönliches Glück, ahnte schon das künftige Konklave für Azzolinos weiteren Aufstieg, verstand wohl nicht, daß ihre politisch bedeutsame Zeit bereits Geschichte war, der kurze Traum 1669/70 mit dem Kampf um das höchste Ziel endete im bösen Erwachen, »Christinas absteigendes Leben führte sie wieder in die geistige Sphäre«.[15] Auf den glänzenden Empfang durch Clemens IX. bei der Rückkehr nach Rom, ein kurzes Jahr als »Padrona di Roma«, wirkliche ungekrönte römische Herrscherin an der Seite des kunstliebenden Papstes und seines Staatssekretärs und Freundes Azzolino, folgte der neuerliche Sturz, die Niederlage des so leidenschaftlich geliebten Freundes im Konklave 1670, unbestritten und offensichtlich, daß kein »ambulanter Thronsessel« mehr vom Palazzo Riario aus durch Europas Staaten getragen werden sollte, wenn überhaupt außer Christina selbst jemals einer der einflußreichen europäischen Politiker und Herrscher so gedacht haben könnte, Reisen nach Paris und anderswohin nun auch nur noch Geschichte und Erinnerung waren.

Zurück in Rom

Ein Licht am Ende des Weges

Seinerzeit würdigte die Kritik Liane von Gentzkows Christina-Bild vor allem als gelungenen Versuch, die Konversion der Schwedin als Ausdruck einer tiefempfundenen Gläubigkeit zu verstehen, immerhin auch damals noch ungewöhnlich aus der Feder einer evangelisch-lutherisch Bekennenden, die meinte, die Hamburger Briefe an Kardinal Azzolino belegten jene »religiöse Grundhaltung«, die man Christina »zu Unrecht hat absprechen wollen«.[1] Tatsächlich scheint es nahezu unmöglich zu beurteilen, wie lange die Königin libertinischen Überzeugungen verbunden blieb, wo sie Verbindlichkeiten zu Rom formal bekannte, wann sie sich wirklich mit Auffassungen identifizierte, die De la Bardie, Alexander VII. und andere beständig von ihr forderten. So viel bleibt indes gewiß, sie lebte einer religiösen »Grundhaltung«, vielleicht sogar in der Hochzeit ihres Libertinertums, zweifelte wohl nur konkrete religiöse Ausdrucksformen wie Wunder, Auferstehung, das Jüngste Gericht an. Dennoch müssen Bedenken geäußert werden, folgen Biographen der Schwedin den Auffassungen Liane von Gentzkows, die aus den Hamburger Briefen ein katholisches Bekenntnis als »Grundhaltung« herauslesen wollte. Sven Stolpe betont, Christina habe im Gegenteil Azzolino dort immer wieder »als falschen Moralisten« verspottet, die offenkundigen Verfehlungen vieler Kirchenoberen besser als mancher Historiker registriert. Ein Vergleich bestimmter Schlüsselwörter, so konnte der Schwede überzeugend nachweisen, erschließt andere Bedeutungen als die gewöhnlichen Lesarten, oft wird der Begriff von Christina ironisch ins Gegenteil verkehrt.

Er sei »devot«, wirft die Königin Azzolino vor, erläutert, es wäre »ein Beweis von Devotion, Gott für alle Dummheiten verantwortlich zu machen«. Sie selbst wolle nicht so »devot wie er« sein, lehne »falsche Frömmigkeit«, »kirchliche Konvention« ab.

An anderer Stelle warf Christina dem Kardinal vor, diese Frömmelei hindere ihn, sich als ihr »Geliebter« zu ihr zu bekennen. Auch klagte sie ihn ebenso der »Devotion« an, als er sich beim französischen Gesandten den beiden Schauspielerinnen so intensiv zugewandt haben sollte.[2] Sven Stolpe belegte mit dieser weiteren »Entschlüsselung« gebräuchlicher Wendungen aus Christinas Wortschatz, daß gerade die Azzolino-Briefe eher das Gegenteil denn eine wirkliche Frömmigkeit bezeugen. Es sollte wohl doch bedacht werden, Christinas tatsächliches Aufgehen im aktiven Katholizismus erst für die Jahre nach dem Konklave von 1670 zu suchen, den wirklichen Glaubenswechsel auch als schließlichen Verzicht auf andere vergebliche Hoffnungen zu ahnen.

Noch Anfang des Jahres 1670, als Azzolino gleich den anderen Kardinälen in Klausur über den neuen Papst befinden mußte, Christina und er wiederum über Briefchen und Zettel miteinander verkehrten, empfand die Königin große Freude über eine Nachricht, die der Kardinal mit dem Code »S. M.« adressierte. »Könnte ich Ihnen die Freude beschreiben, die mir der Anblick dieser Initialen bereitete, ... die ich dem Titel einer Königin über das Weltall noch vorziehe«, antwortete Christina und versicherte Azzolino, sie sei »so sehr die Ihre, ... daß mir SM gebührt«.[3] Übersetzt man »Semper mea«, »Meine Geliebte«, dann könne man wahrscheinlich Christinas Glück begreifen, so der Schwede, dennoch bleibe gewiß, Azzolino habe in diesen Jahren bewußt jedem sinnlichen Wunsch Christinas seine Auffassung von Freundschaft entgegengehalten. Ähnliches vermutet auch Oskar von Wertheimer, für den sich Azzolinos Gefühle jetzt »von einer starken platonischen Liebe in eine aufrichtige Freundschaft verwandelt« hätten.[4] Bleibt damit auch die Frage offen, ob es vor 1666 mehr als platonische Liebe war. Christina glaubte immerhin an Beziehungen des Kardinals zu Frauen, mußte das wohl auch besser wissen als spätere »Beobachter« des Vatikans. Einerlei, es scheint erwiesen, Azzolino verstand es nach 1670 – sicher auch, indem er von Zeit zu Zeit solche Hoffnungen wie »S. M.« wieder erweckte –, die Königin auf eine wirkliche Freundschaft zu orientieren, sie so zufriedenzustellen. Allmählich, auch für Christina erträglich, wuchs auf diese Weise eine neue Form der Verbundenheit mit dem Kardinal, noch gefördert durch das Christina zu allen Zeiten eigene tiefe Nachsinnen über Grundfragen des Seins, erwies sich der Kardinal auch hier als ein kluger Partner. Hatte die Königin zeitweilig Antworten im Stoizismus gefunden, den Libertinismus studiert, in Rom enttäuscht manche Konventionen hingenommen, so vertiefte sie sich in den folgenden beiden Jahrzehnten immer intensiver in das Studium religiöser Grundlagenwerke der römisch-katholischen Kirche, suchte insbesondere in der Mystik des hohen Mittelalters wie auch bei zeitgenössischen religiösen Strömungen neue Erkenntnisse. So gesehen ist Christinas Entwicklung auch ein Spiegelbild der religiösen Veränderungen in der zweiten Hälfte des 17. Jahrhunderts in Frankreich und Italien, verdeutlicht den Weg vom Stoizismus zum Glauben.

Von Frankreich ging damals in der katholischen Welt eine Welle der Besinnung auf den Menschen mit seinen Trieben und Unsicherheiten aus, schwenkte beispielsweise auch Pascal plötzlich vom Stoizismus zur Überzeugung, Gott sei alles, der Mensch nichts, beherrschte diesen Philosophen wie mit ihm viele andere vorübergehende Zweifler und Freidenker nun die Angst vor ewigwährender menschlicher Verderbnis, wandten sie sich vom klassischen Menschheitsideal der Antike und der Renaissance ab. Das Ende der französischen Fronde, die Unterwerfung der Aristokratie unter den absolutistischen Herrscher, Mazarins und Ludwigs XIV. Triumph über den eigenen Adel belebten die Rückbesinnung auf die demütige Anerkennung Gottes als Herrn der Menschheit. Nun dominierten kritische Bemerkungen zur Darstellung menschlicher Größe die geisteswissenschaftliche Literatur, betonten die Philosophen in ihren Schriften menschliches Elend, ersetzte Hoffnung auf Erlösung den stolzen Anspruch auf eigene Kraftäußerungen, sprach man in den Pariser Salons ein neues Menschenbild an.

Christina reflektierte die Entwicklung in ihren Maximen, den Lebensbetrachtungen, Verhaltensregeln, distanzierte sich nun zunehmend auch vom Ideal des gleichmütig die Zeitläufte und Ereignisse lebenden Stoikers: »Ruhe, mit der sich die Philosophen brüsteten, ist falsch; sie waren Prahler und Betrüger«, ständig besiegten »heftige Leidenschaften« den Menschen, »wenn sich der Himmel nicht ins Spiel mischt«, der Mensch sei »ein Abgrund an Unglück und Unwissen«, beherrsche weder Körper noch Seele, »ein wahres Nichts«, ein Torso, den die Philosophie »weder zu ändern noch zu bessern« vermag. »Wissenschaft ist nur ein klingender Name für die menschliche Unkundigkeit«, niemand wurde durch die Wissenschaft »klüger«,[5] in der Tat eine völlig andere Christina, nicht mehr die stolze Gelehrte der Jugendjahre.

Ende der siebziger Jahre schrieb Christina die Mehrzahl ihrer Maximen. Nachweislich übernahm sie manche Äußerung der französischen Philosophen La Rochefoucauld und Saint-Évremond wörtlich, verteidigte andererseits zur gleichen Zeit ihre eigene Sonderstellung und Selbstbeherrschung, wohl auch das ein Rest jener herrschaftlichen Arroganz, die ihr Leben bis zum Ende dominierte, auch das ein schwer verständlicher Widerspruch, Schwierigkeit für den Historiker und Biographen, das Phänomen Christina überzeugend zu gestalten.

Parallel mit dieser Aufgabe prinzipieller stoizischer Haltungen wandte sich Christina nun den Alternativen zu, die aus den christlichen Dogmen des Katholizismus erwuchsen. Es bleibt das Verdienst Sven Stolpes, diesen Wandel zu wirklicher Religiosität der Königin in den siebziger Jahren überzeugend dargestellt, dem jahrhundertelangen »Feldgeschrei«: Hie Katholizismus, hie Protestantismus in der jeweiligen Ausschließlichkeit glaubhaft entgegnet zu haben. Dieser Kenner aller römischen Quellen blätterte auch Christinas im Vatikan gesammelte Bibliothek durch, verglich die Glossen der Königin mit den entsprechenden Textstellen der Werke antiker und zeitgenössischer Autoren, notierte Christinas Einwände und Bejahungen, stellte die Aussagen zeitgleicher Briefe Christinas und ihrer Entwürfe zu geschichtsphilosophischen und Maximen-Manuskripten daneben.

Christina pflegte in ihre Bücher Zustimmungen, Fragen, auch Ablehnungen als Randnotizen zu schreiben, eine wichtige Quelle, sucht man Haltungen und den Wandel in ihren Auffassungen zu dokumentieren. Natürlich kann nicht ausgeschlossen werden, daß sie auch hier bewußt spätere Historikergenerationen leiten wollte, Idealbilder von sich übermittelte. Sie verstand sich und ihre Konversion als Epochenereignis, wußte, daß sich auch in ferner Zukunft die Menschen in Zustimmende und Gegner scheiden würden. Auch ist nicht zu verschweigen, daß die Glossen vielfach widersprüchlich sind, ebenso wie die Maximen und autobiographischen Notizen Gegensätzliches aneinanderreihen, Irrtümer neben offenkundigen Lügen stehen. Berücksichtigt man solche Einwände, nähert sich auch hier Christina mit der gebotenen Vorsicht, erlaubt der quellenkritische Vergleich interessante Folgerungen über die geistige und religiöse Gedankenwelt der Königin der späten römischen Jahre.

Vermutlich setzte diese Entwicklung bereits Ende der fünfziger Jahre ein, empfing Christina in Frankreich erste Impulse einer neuen religiösen Verinnerlichung, zeitigte die barocke Gegenreformation in der dortigen Kirche damals erste sichtbare Resultate. Die Königin traf offenbar in Marseille auch den seinerzeit vielbeachteten François Malaval, den »blinden Mystiker«,[6] einen universalgelehrten Theologen, der jenseits äußerlicher Frömmigkeit das Aufgehen der menschlichen Seele in Gott allein durch die Tiefe des Glaubens versprach, wohl ein Denkansatz für die Schwedin, der sich so »ein sanfter und friedlicher Weg zu innerem Frieden« erschließen konnte.[7] Läßt sich solcher Impuls auch nur vermuten, findet sich lediglich ein Beleg, daß Christina am 15. September 1666 Kardinal Azzolino versprach, ihm ein damals viel gelesenes Buch eines französischen Theologen dieser Richtung, Henri de Bernieres de Louvigny, zu besorgen, so dokumentiert diese Quelle jedenfalls, beide, Azzolino und Christina, kannten diese Literatur. Deutlicher der religiöse Reifeprozeß Christinas dann in ihren Randbemerkungen zu den 1681 veröffentlichten Reflexionen der heiligen Katharina von Genua, einer Mystikerin des 15. und beginnenden 16. Jahrhunderts. Zur gleichen Zeit stand die Königin dem Spanier Miguel Molinos nahe, einem der bedeutendsten Quietisten des 17. Jahrhunderts.

Das Studium der Gedanken Katharinas im Vergleich mit Christinas Glossen erlaubt besser als viele andere Momentäußerungen in Briefen der Königin, die allmähliche Identifizierung mit dieser Geisteshaltung, die wachsende Tiefe religiöser Verinnerlichung Christinas nachzuvollziehen, abgesehen von eventuell für spätere Lesergenerationen gesetzten »Spuren«. Erinnert man sich, daß Christina das Dogma des Jüngsten Gerichts und des Fegefeuers schon im lutherischen Bekenntnis ablehnte, in dem frühen Fragment der Autobiographie ausdrücklich bezeugt, noch in römischer Zeit auch gegenüber Azzolino beharrte, das Fegefeuer sei zwar »ein Glaubensartikel«, doch glaube sie »kein Wort von dem«,[8] so überrascht Christinas Bindung an Katharinas von Genua Glaubenssätze nun nach 1681.

Die Heilige drückte in ihren Reflexionen die Überzeugung aus, das Fegefeuer bleibe die notwendige Zäsur auf dem Wege zur ewigen Seligkeit. Christinas Glosse, »Angesichts Gottes verwandelt sich das Fegefeuer in das Paradies«, mag so für sich genommen nur die Konstatierung Katharinascher Gedankengänge sein, die kommentarlose Wiedergabe gewinnt aber im Kontext anderer Bemerkungen der Königin an Zeugniskraft für einen gewandelten Blick Christinas auf christliche Dogmen. Berechtigt warnte Stolpe allerdings, jede der Äußerungen der alternden Königin zu glauben, fürchtete, einige Gleichsetzungen mit dem Werdegang Katharinas seien als Hervorhebung besonderer Weihe ihres königlichen Lebens gedacht, sollten einer Nachwelt suggerieren, auch sie sei, ähnlich der heiligen Katharina von Genua, von Gott besonders auserwählt. So verlieren einige, scheinbar spontan notierte »Wie bei mir!« Christinas ihren Charakter eines überraschten Ausrufs, mögen wohlüberlegte Zeichen für die Nachwelt sein, vielleicht sogar als Basis eigener Kanonisierung gewünscht.

Andererseits wird deutlich, daß sich die Schwedin auch mit vielen Reflexionen kritisch auseinandersetzte, Zweifel äußerte, erst allmählich Überzeugungen reiften, die Glossen in diesem Werk einen Reifeprozeß spiegeln. Katharinas Behauptung, die Seele sei nichts, provozierte Christinas kritischen Einwand, was denn »ein Nichts tun« könne, ein Aufbegehren gegen Passivität und menschliche Bedeutungslosigkeit.[9] Noch in nachwirkenden stoischen Traditionen befangen, wünschte Christina damals mehr als Katharina von Genua in ihrer Zeit ein aktives Moment der Annäherung des Menschen an Gott verkörpert, notierte, »die Gnade« mache den Gläubigen »im höchsten Grade aktiv«. Interessanterweise lehnte die Königin selbst jetzt noch Asketentum ab, von Azzolino und anderen römischen Würdenträgern als nötiges öffentliches Bekenntnis auch der Kardinäle von Zeit zu Zeit erachtet, in Büßerprozessionen durch Roms Straßen demonstriert, durch Geißlerkolonnen thematisiert. »Man tut Gott im höchsten Grade Unrecht, wenn man glaubt, ihm gefallen solche Dummheiten«,[10] auch das eine Kritik an Frömmlertum, Auseinandersetzung mit einigen Äußerungen Katharinas und anderer katholischer Denker; Beleg aber wiederum für die ernsthaften Überlegungen Christinas über das Wesen ihres Glaubensbekenntnisses, interessanterweise vor allem in den Anfangskapiteln dieses Werkes über Katharinas Wirken notiert. Im übrigen muß wohl auch erwähnt werden, daß es Zeitgenossen Christinas waren, die Katharinas Gedanken formuliert, das Werk der schwedischen Königin gewidmet hatten.

Eine weitere wesentliche Quelle für eine Beurteilung der Überzeugungen Christinas zu Beginn der achtziger Jahre sind ihre Aufzeichnungen über den sogenannten Molinos-Prozeß, der Mitte dieses Jahrzehnts vor der Inquisition geführt wurde und nicht nur die Diskussionen in Rom beherrschte. Die im vatikanischen Archiv erhaltenen Schriftstücke dokumentieren einen tiefgreifenden geistigen Wandlungsprozeß, zeigen eine andere, neue Christina, wenige Jahre vor ihrem Tode nun die treue Tochter der römisch-katholischen Kirche, eine Frau, die jetzt auch in ihren Maximen unterstrich, alle Monarchen seien dem »Papst, Gottes Stellvertreter« Gehorsam schuldig,[11] eine Erkenntnis, der sie zur gleichen Zeit in ihrem ganz persönlichen Verhältnis zu Innozenz XI. keinesfalls nachlebte, ein Widerspruch, der selbst Liane von Gentzkow zu kritischen Wertungen bewegte. Es werde »immer ein Schatten auf dem Gedächtnis Christinas bleiben, daß sie den großen Charakter dieses Papstes nicht verstanden und aus persönlicher Gekränktheit heraus« dem Kirchenoberhaupt Unrecht tat.[12] Natürlich wäre auch eine Lesart möglich, daß die Königin in ihren Auffassungen schwankte, nur dann gläubige Katholikin, wenn es ihren Interessen entsprach, Kritikerin, wenn die eigene Selbstverwirklichung an Grenzen der römisch-katholischen Dogmenwelt stieß, eine kluge Anpaßlerin also auch hier? Nun ja, böswillig wird man solches unterstellen, die tatsächlichen Widersprüche in dieser Frau jederzeit so ausdeuten können, gerechterweise wird man jedoch fragen müssen, warum sie Kritikerin und Heuchlerin zugleich sein sollte, da sie bei vielen Gelegenheiten auch dann auf ihren Überzeugungen beharrte, wenn Nachteile für sie erwuchsen.

Gesteht man ihr gleichermaßen auch wirkliches Aufgehen in dem erwählten Bekenntnis zu, dann beeindruckt auch das Eingeständnis eigener Schwäche, mit dem Christina Katharinas Verzweiflung über die Hilflosigkeit der Seele vor den Anfechtungen des Leibes kommentierte. Das sei ja ihr eigenes Erlebnis, »oh, ich Arme!«, die Glosse Christinas hier und wenig später die wohl ernstgemeinte Hervorhebung, sie »habe für viele andere Sünden Buße zu tun«. Die Aussage, sie, Christina, sei »nichts, vermag nichts, will nichts und begehre nichts«,[13] wenn auch nur eine von vielen Erklärungen der Königin, gewiß durch andere selbstgefällige Behauptungen widerlegt, so bestenfalls spontan beim Lesen solcher Reflexionen gespürt, wäre dennoch die völlige Aufgabe ihrer stoischen Überzeugung von der aktiven Rolle des Menschen, ebenso ein spätes Eingeständnis, daß sie in den letzten Jahren ihrer schwedischen Herrschaft den eigenen körperlichen Anfechtungen weniger gewachsen war, als sie es gerne behauptete, in der für die Öffentlichkeit geschriebenen Selbstbiographie auch fast zur gleichen Zeit erklärte. Christina habe bei der Lektüre Katharinas versucht, »wenigstens einen Rest ihres früheren Menschenglaubens zu bewahren, kapitulierte aber schließlich in Angst oder jubelnder Anbetung Gottes, der von ihr das Bewußtsein ihrer Sündhaftigkeit und ihrer Selbstvernichtung fordert«.[14] Dem soll auch deshalb nicht widersprochen werden, weil die Königin auch später in zahllosen Bemerkungen, Briefen, weiteren Glossen in anderen Büchern »frommes Priestergeschwätz« ablehnte,[15] wirkliche Gläubigkeit suchte und achtete, im Angesicht des Todes ohnehin so ungewöhnlich nicht, findet doch mancher Atheist im Alter zum Kindheitsglauben zurück.

Die Auseinandersetzungen mit Alexander VII., dessen Forderungen nach demonstrierter Religiosität Christina wiederholt zu öffentlichen Protesten veranlaßte, dem sie andererseits mit ihrer stolzen Forderung nach Messe und Religionsausübung für sich in Schweden wirkungsvoll nachkam, sollten wohl Argument sein, daß Christinas spätes intimes Suchen nach neuen Formen eigener Religiosität, auch das übrigens gemeinsam mit dem geliebten Azzolino, vielleicht ein weiterer Beweis für die Aufrichtigkeit, als Aufgehen in Rom gewertet werden muß, eine schwärmerische Hinwendung zum unmittelbaren Dialog mit Gott, gewiß auch das durchaus die Form des inbrünstigen Gebetes, bei der Königin stellenweise aber auch wie ein Gespräch zweier annähernd Gleicher formuliert; das jedoch schon wieder ein sehr persönlicher Eindruck.

Der Quietismus, zu dem sich Christina zwischen 1682 und 1687 bekannte, setzte eine andere Königin voraus als jene, die Europa während der Jahrzehnte von 1654 bis 1670 erlebte. Seit Mitte des 17. Jahrhunderts breitete sich die religiöse Strömung in Spanien, Frankreich und Italien aus, die bald als gefährliche Entartung des Katholizismus durch die Inquisition und den Jesuitenorden geahndet wurde.

Die Anhänger dieser Lehre verkündeten die Suche nach dem »Frieden«, den Jesus seinen Jüngern im Neuen Testament verhieß, knüpften an die großen Mystiker des Mittelalters an. Der Quietismus wuchs als eine Reaktion auf die strengen Äußerlichkeiten religiöser Übungen, wie sie die Gegenreformation den Gläubigen vorschrieb, besonders die Jesuiten sie durchzusetzen trachteten. Quälten sich solcherart Hunderttausende streng die religiösen Regeln befolgende Betende, in Gott aufzugehen, rangen hartnäckig und doch verstimmt mit langem Schweigen, mißverstanden sich wähnend, verstoßen, Alleingelassene, die in sich hineinhorchten, keine Antwort vernahmen, so wiesen die Quietisten nun einen einfacheren, glückverheißenden Weg. Sie sprachen besonders gläubige Frauen mit ihren Verkündungen an. Man solle sich nicht verkrampfen, müsse sich völlig gelöst Gott geben. Antworte der Herr dem so Betenden, werde es der Suchende mühelos wahrnehmen, erzwingen könne er Gottes Reaktionen nicht. Schnell verbreitete sich die Überzeugung, nur »ein unverfälschtes und ursprüngliches Gebet« öffne Wege zu Gott, gewann auch in Italien die Gläubigen. Der Gedanke, Gott wirke spontan auf den sich ihm passiv Hingebenden, wurde bald von eifernden, aber auch besorgten Priestern mit nachlassender

Frömmigkeit gleichgesetzt, als Gegnerschaft zu institutionalisierter Kirche gedeutet, zunehmend bekämpft. Christina wuchs in den italienischen Auseinandersetzungen um den Quietismus »zur Mystikerin«, wurde »persönlich religiös«, wie Sven Stolpe die Quellen las.[16]

Der spanische Priester Miguel Molinos wirkte jahrelang in Rom, von Papst Innozenz XI. gefördert, auch von Azzolino anerkannt, für die Masse der römischen Gläubigen fast ein Heiliger. Schon 1675 hatte er einen »Geistlichen Führer« publiziert, eine Bibel des Quietismus, auch von Christina gelesen, bald eine Schülerin dieses Priesters.

Die italienische Ausgabe erlebte sieben Auflagen, wurde ins Lateinische, Französische, Holländische und Deutsche übersetzt, keineswegs sonderlich neue Gedankengänge, der früheren mystischen Literatur eng verwandt. Molinos betonte, aktives Suchen nach Gott sei übel, in Schweigen und Resignation müsse der Mensch auf Gottes Eingebungen warten, sich selbst als ein Nichts verstehend, solle er sich nur hingeben, mißtrauisch gegenüber dem Heer der Geistlichen nur den quietistischen Priestern gehorchen, eine Lehre, die in keiner Weise dem früheren Naturell Christinas entsprach, eine veränderte, durch Erfahrungen gereifte Königin voraussetze, wohl auch nur eine Frau ansprechen konnte, die Sklavin sein wollte und nicht sein durfte, erst nach den persönlichen Enttäuschungen in ihrer Liebe zu Azzolino sich solchen Forderungen öffnen wollte.

Natürlich muß der Historiker überrascht hinterfragen, ob Molinos wirklich bei Christina ähnlicher Erfolg beschieden war wie bei der Vielzahl gläubiger Frauen Roms in allen Schichten, zweifelnd dem »Warum« nachspüren wollen. Kirchenhistoriker belegen, daß der Quietismus in vielen Nonnenklöstern bemerkenswerte Opposition auslöste, mancher Beichtvater verwirrt erfahren mußte, seine »Schwestern« lehnten sich gegen die Äußerlichkeiten des kirchlichen Zeremoniells auf, verachteten plötzlich Weihwasser und Hostien, verweigerten manchmal sogar die Beichte. Besonders erschreckte viele fromme Padres, daß manches ihrer Beichtkinder kaum noch Schuldgefühle empfand, selbst gläubige Nonnen Verstöße gegen die strenge Klostermoral als Eingebungen des Teufels abtaten, die Gott ihrer Seele gütig vergeben habe, Überzeugungen aussprachen, Gott liebe die reine Seele auch in einem schwachen, sündigen Körper.

Jahrelang bemühten sich Jesuiten und andere Priester vergeblich, Molinos zu stürzen. Schließlich türmten sich aber erschreckende Informationen über das absonderliche Privatleben des spanischen Heilslehrers im Sanctum officium, konnte die Inquisition nicht länger zögern, handelte gegen den Willen des Papstes, fürchtete mehr noch die gefährlichen Konsequenzen dieser religiösen Strömung für die römisch-katholische Kirche und deren Institutionen. Am 18. Juli 1685 wurde Miguel Molinos verhaftet, ein Ereignis, das vor allem Christina aufs höchste erregte, auch deshalb den Papst besonders beunruhigte.

In den folgenden Jahren studierte das höchste Kirchengericht nahezu 20000 Briefe des äußerst aktiven Priesters, fand auch 200 von Christinas Hand, »die man aber aus Rücksicht auf sie« angeblich nicht prüfte.[17] Molinos gestand ohne Folter freimütig »Küsse, Umarmungen, Liebkosungen, unzüchtige ›rasures‹, Umgang mit nackten Frauen«, »so etwas wie ein Sexualpathologe«,[18] der den Frauen eingab, folgten sie mit reiner Seele den Versuchungen des Leibes, begingen sie keine Sünden. Tatsächlich berief sich der Spanier während der Verhöre immer wieder auf die sündenfreie Seele, die für Verfehlungen des Körpers nichts könne. Gott triumphiere über den Teufel.

Molinos und andere prominente Quietisten sahen damals in Christina eine gewichtige Fürsprecherin, appellierten an sie, den Papst und die Kardinäle für die freie, ungehinderte Glaubensäußerung des Quietismus einzunehmen. Der »blinde Mystiker« Malaval schrieb wiederholt auch an die Königin, bat sie um Hilfe. Die Schwedin reagierte sofort, ließ einflußreiche Würdenträger des Vatikans wissen, sie sei von Molinos Unschuld überzeugt, tat das wieder einmal in gewohnter Entschiedenheit und Öffentlichkeit. Frankreichs Gesandter berichtete aus Rom, Kardinal Azzolino selbst habe Miguel Molinos als Christinas Beichtvater ausgewählt, unterstütze die Königin auch jetzt in ihrem Kampf, die quietistische Lehre zu verteidigen.

Im Archiv des Vatikans sind Berge von Protokollen und Verhörakten um den Prozeß gegen Molinos erhalten, Kopien aller

Befragungen lagen Christina vor, die auch diesmal durch Glossen Zustimmungen und Einwände ausdrückte, ein weiteres interessantes Dokument zur Bestimmung verinnerlichter Glaubenshaltungen der Schwedin. Sie schätzte den Spanier als Theologen, weniger als Beichtvater und geistlichen Führer, notierte unter anderem hier auch die Bemerkung, wer Gott suche, »braucht keinen Beichtvater«,[19] folgte damit in gewisser Weise Molinos selbst. Andererseits blieb der Spanier Christina fast bis zur Urteilsverkündung immer »unser Molinos«, »mein Molinos«.[20]

Diese Verbundenheit mit ihm hinderte die Königin keinesfalls, den Priester immer dann scharf zu kritisieren, wenn sie ihm nicht zustimmen wollte, er versuchte, sie nach seinen Grundsätzen zu lenken. Die Königin blieb, anders als viele seiner anderen Anhängerinnen und Schülerinnen, stets Herrscherin, akzeptierte den geistigen Ansatz, entschied die praktische Umsetzung dieser Grundsätze nach eigenem Gutdünken, wies jeden Versuch zurück, ihr Leben öffentlich nach diesen Konsequenzen zu gestalten. Molinos hatte beispielsweise in einem Brief am 1. November 1684, noch vor seiner Verhaftung, Christina gebeten, den Papst nicht öffentlich zu schelten, diesen Wunsch mit einer göttlichen Eingebung begründet, behauptet, als Sprachrohr des Herrn zu schreiben, kaum geeignet, Christina zu beeindrucken. »Gott gibt niemals einem Menschen ein, Dummheiten zu sagen«, mußte Molinos als Antwort entgegennehmen, seine Grenzen begreifen. Sie werde ihn als Theologen weiter ehren, bitte ihn aber, künftig solche Dummheiten zu unterlassen, ließ ihn die kluge Frau wissen. Er sei ein »Schafskopf«, der sie »schlecht kennt«, so der wenig beglückende Vergleich für Molinos, zweifellos zutreffend.[21] Christina war in der Tat keine abhängige Schülerin dieses Priesters, zweifelte göttliche Eingebungen Molinos ganz einfach an, wenn sie ihren Vorstellungen widersprachen.

Andererseits hat sich Christina mit jedem Anklagepunkt gegen Molinos detailliert auseinandergesetzt, mit theologischen und juristischen Ratgebern jeden Satz des Quietismus diskutiert. Sie bejahte die Erklärung des Spaniers, man solle die »Mysterien« in Gott selbst erkennen, »sie in ihm« verehren, eine

Seele, die Gott zugewandt sei, wäre aller Versuchungen und Verfehlungen sicher, auch das mit Christinas Zustimmung versehen.[22] Dabei scheint Christinas Kommentar zu Molinos Aussage vor der Inquisition besonders aufschlußreich, zwinge der Teufel den Menschen zur Sünde, sei auch das bedeutungslos, halte der Sünder an Gott fest. Die Königin bemerkte, der Mensch, der »wirklich in der Vereinigung mit Gott lebt, kann sicherlich nicht sündigen, solange er sich in diesem glücklichen Zustand befindet«, Gleichklang und Widerspruch zu Molinos.[23] Immerhin erlaubt diese Aussage auch die Deutung, der Sünder lebe folglich nicht in göttlicher Vereinigung.

Später notierte Christina mehrfach, sollte Molinos solche »Dummheiten wirklich gesagt« haben, »die man in den Protokollen liest, muß er ins Narrenhaus kommen«. Sie aber könne das nicht glauben, kenne ihren Molinos besser, denke, es handele sich um gefälschte Zeugenaussagen. Doch müsse sie eingestehen, manches in Molinos Lehre wende sich gegen die Heiligen und anerkannten Theologen der Vergangenheit, wenigstens könne man es so auslegen. Sie bleibe allerdings überzeugt, Molinos habe es nicht so gesagt und gemeint, die Protokolle scheinen ihr »frommes Priestergeschwätz«. Bemerkenswert in diesem Zusammenhang auch Christinas formulierte Ablehnung vieler Kirchengebete, die »ein unfehlbares Schlafmittel« wären, noch durch die Ironie gesteigert, das Neue Testament belege, selbst die Jünger seien auf dem Ölberg eingeschlafen.[24]

Solche verbrieften Äußerungen Christinas stimmen natürlich nachdenklich, provozieren neue Fragen nach der Tiefe ihres katholischen Bekenntnisses, verunsichern, drängen Vermutungen auf, sie habe sich auch in dieser Zeit noch ein sehr eigenes Religionsverständnis bewahrt, sicherlich vor allem einer theologischen Analyse die Antwort vorbehalten. Hier muß aber gerechterweise unterstrichen werden, die Schwedin habe in ihren Glossen Molinos' Auffassung abgelehnt, die Seele müsse ihrem freien Willen völlig entsagen, sei somit verantwortungslos. Ein Wille »ist notwendig«, kommentierte sie, Molinos habe wohl recht, daß der Mensch im Dialog mit Gott seinen eigenen Willen aufgeben müsse, doch dürfe man sich seiner Pflichten gegenüber den Mitmenschen keinesweg entäußern. Der Mensch habe sich nicht allein Gott zu widmen! Und fast schon selbstverständlich, verwarf Christina Molinos Forderung, die Messe mit Musik und Gesang auf das individuelle Gebet zu reduzieren, war es doch nicht zuletzt auch die Enttäuschung über das asketisch-nüchterne Kirchenritual ihrer protestantischen Kindheit, die sie zur Konversion trieb, die hier mitschwingt, schreibt sie überzeugt, die »Messen sind das Schönste auf Erden, ... geeignet, den Zuhörer gläubig zu machen«, meinte wohl nicht wenig die eigene Erfahrung, den Einfluß auf sich selbst.[25]

An anderer Stelle reflektierte Christina, nach wie vor bestimmten quietistischen Überlegungen verbunden, über verinnerlichte Glaubensgrundsätze, bemerkte, die »Vision Gottes erscheint aber nicht unseren körperlichen Augen, sondern ist mystisch und daher unbeschreiblich«. Sven Stolpe unterstrich in diesem Zusammenhang, Christinas Religion sei ein »Gottglauben«, der ohne Erlöserkult um Christi Menschwerdung lebte.[26] Auch das sicher ein Schlüssel für Christinas Glaubensverständnis in ihrer spätrömischen Zeit, wenngleich so auch keineswegs konventionellen katholischen Dogmen verpflichtet.

Die Dokumente um den Prozeßverlauf belegen durch die Fülle der Notizen aus Christinas Feder, daß sie allmählich von der überzeugten Verteidigerin zur Kritikerin »ihres« Theologen wechselte, schließlich auch die Gefährlichkeit dieses Bekenntnisses für die katholische Kirche als Institution nicht mehr bestritt, Molinos dann auch »als Scharlatan« verwarf, um die Erkenntnis reicher, erneut »einer Illusion« verfallen gewesen zu sein.[27]

Sie fehlte dennoch bei der Urteilsverkündung am 23. September 1687, obwohl selbst der Papst, zögerlich nur und bis zuletzt ebenfalls ablehnend, alle Kardinäle, die Diplomaten, Roms Oberschichten und vor der Kirche Santa Maria sopra Minerva, dem Ort des Geschehens, auch das römische Volk, sich einfanden. Sie wollte wohl Molinos kläglichen Widerruf nicht erleben, so sichtbar auch selbst des Irrtums bezichtigt werden, wußte natürlich, daß viele bei diesem Urteilsspruch an sie denken würden. Andere Anhänger Molinos selbst im Vatikan erlebten in der Folge Repressalien, mußten abschwören, sich vom Quietismus distanzieren. Christina blieb solches selbstverständlich erspart, sie mag persönlich still gebrochen haben mit vielem, was Molinos tatsächlich an »Entartungen des Quietismus« verschuldete,[28] vielleicht auch heimlich selbstkritisch vermerkt haben, daß ihr die theologischen Schwächen dieser Richtung des Katholizismus lange verschlossen geblieben waren. Verbunden fühlte sie sich manchen theologischen Reflexionen dennoch bis zum Tode, erkannte im Quietismus die Möglichkeit, das Gespräch mit Gott auf ihre sehr persönliche Weise zu suchen, ein Weg, der sich ihr in den offiziellen, formalisierten kirchlichen Übungen nicht öffnete, eine Hinwendung zum Schweigen in schwärmerischer Vertiefung in Gott.

Christinas eigentliche »Römische Berufung«

Gelehrte, Künstlerin und Schriftstellerin des Barock

Gemeinhin gelten die Jahre zwischen 1670 und 1689 als die ruhigen, glücklichen Jahre Christinas, sicher auch dies ein relativer Bezug, ruhig wohl nur, weil die »Reisekönigin« nun ständig in Rom weilte, im dortigen Alltag als Mäzenatin in Literatur, Kunst und Theater Erfüllung fand, sich selbst als Schriftstellerin historisch-philosophischer Essays und moraltheologischer Sentenzen versuchte, das kleine Glück, wo ihr die wirkliche, einst in Stockholm erträumte und eingeforderte europäische Anerkennung als Politikerin und geistige Universalherrscherin versagt blieb. Ruhig war dieses Leben trotzdem nicht. Ein beständiger Kampf um die Anerkennung der römischen Aristokratie, deren Ablehnung der lauten, merkwürdig unkonventionellen Lebensformen Christinas latent schwelte. Bestreben nach Lob und Ruhm der europäischen Gelehrtenwelt, auch ein immerwährendes Ringen mit dem Vatikan, manchmal weniger heftig, fast freundschaftlich akzeptiert, dann in offener Gegnerschaft. Nahezu alle Biographen der Königin berichten auch ausführlich von den Querelen Christinas mit Maria Mancini. Einst die große Liebe Ludwigs XIV., von Mazarin, dessen Nichte sie war, dennoch nach Rom verheiratet, triumphierte die schöne Frau auch in der Männerwelt der Kardinäle. Sie wetteiferte mit Christina, der häßlichen, Geist und Extravaganzen contra Charme und Schönheit, um die Hierarchie im Kulturleben Roms. Und Maria Mancini verfügte über ungleich umfänglichere Geldquellen. Wenigstens glaubten es die Besucher ihrer Theatervorstellungen, Bälle und anderen Vergnügungen.

So war es wohl nur die Ruhe des Alltäglichen, immer wieder gestört durch gelegentliche Versuche Christinas, so ihr Vorschlag an Karl XI., sich gegen die Türken einer vom Papst geführten Allianz zu unterstellen, doch noch an den europäischen

Höfen als »Schiedsrichterin«, als Mittlerin zwischen den Kronen und Ratgeberin der Herrscher bestätigt zu werden. In der Regel bedrückend erfolglos, beim Friedenskongreß zu Nimwegen 1679 nahezu nicht einmal beachtet, wandte sich die Königin in diesen Jahren vor allem ihrer eigentlichen »Berufung« zu, wurde die anerkannte kulturelle Richterinstanz, vor allem der »Literaturpapst« Italiens.

Es mag merkwürdig anmuten, daß die Schwedin als besonderes Anliegen ihrer 1674 gegründeten »Klementischen Akademie« die Pflege der Reinheit der italienischen Sprache apostrophierte, selbst ihrerseits einen der Forschung bis heute unbekannten Schriftsteller kritisierte, er habe vergessen, nicht mehr in der Zeit Boccaccios und Dantes zu leben, seine »toskanische Ausdrucksweise« wirke pedantisch und altertümelnd. »Unser Jahrhundert besitzt einen raffinierten Geschmack und die Sprache am Hof zu Rom ist reiner, natürlicher und unvergleichlich schöner.«[1] Fast überflüssig zu betonen, daß es für Christina nur einen »Hof« gab, den ihrigen, das Zentrum der Wissenschaften und schönen Künste Italiens, zumindest Roms.

Tatsächlich sammelte sie alle bedeutenden zeitgenössischen italienischen Literaten um sich, förderte sie großzügig, wenn Geld aus Schweden einging, empfahl ihre Dichter anderen italienischen Höfen, schrieb selbst in französischer Sprache kurze Essays über Cäsar und Alexander, denen sie sich nach wie vor seelenverwandt wähnte, eine häufig notierte Kritik der Historiker, eher Reflexion eigener Größenvorstellungen Christinas denn historisch bedeutsame Aufsätze, das um so betrüblicher, als ihre Quellenkenntnisse sicherlich bemerkenswert waren, ähnlich bedeutungslos ihre »lyrische und dramatische Poesie«, auch diese Versuche »ohne größeren Erfolg«.[2] Berühmter wurden ihre Maximen, auch sie manchem Historiker literarische »Durchschnittlichkeit«, »Binsenwahrheiten«.[3] Da findet sich neben »Die Könige besitzen souveräne Macht über alle ihre Untertanen. Wenn sie diese Macht mißbrauchen, sind sie nur Gott verantwortlich«, auch »Gewissensqualen sind Schwachheiten der Seele, von denen wir uns befreien müssen«, »Man wechselt Diebe, wenn man Minister wechselt«, und »Begabung ist alles, Geburt bedeutet nichts«;[4] merkwürdig aus der Feder der stets ihr königliches Herkommen über alles Stellenden, verwirrend auch in dieser Mischung. Sven Stolpe schränkte vorsichtig ein, dieses Genre in Christinas Erbe sei nie richtig verstanden worden, die Maximen »erschienen widerspruchsvoll und bizarr«,[5] ein Spiegelbild Christinas vermutlich.

Er hatte sich sehr bemüht, der Schwede, die wahllos gesammelten, in verschiedenen europäischen Archiven erhaltenen Maximen zu ordnen, stoische und quietistische Gedankengänge durch jene Sätze zu ergänzen, die die Königin schon frühzeitig an Buchränder schrieb, ursprüngliche Entwürfe und Formulierungen mit späteren Änderungen zu vergleichen, zu einer »inneren Chronologie« zu finden.[6] Ein solches Vorgehen ermöglicht allerdings eine differenzierte Wertung, frei solcher Gegenpole wie beispielsweise sie Alfred Neumann und Oskar von Wertheimer in der deutschen Christina-Literatur markierten. Letzerer würdigte auch in leidenschaftlichen Äußerungen Christinas Akademie, wunderte sich ein wenig über die übermäßig starke Erörterung des Themas »Liebe«, immerhin auf dem Diskussionskatalog »von siebenundfünfzig Themen . . . nicht weniger als achtundzwanzigmal« anberaumt.[7] Er glaubte dennoch, aus der fortlebenden Tradition dieser Gründung schließen zu dürfen, daß der schwedischen Königin damit besondere Verdienste um Italiens Kultur- und Wissenschaftsleben erwuchsen. Auch das eine Frage des Betrachterstandpunktes! Sicher kann erwartet werden, daß die Diskussionen über »Plato, Aristoteles und Demokritios«[8] das damalige Wissen reflektierten. Inhaltliche Probleme führte der Deutsche leider nicht an, belegt so seine wortgewaltigen Belobigungen Christinas nicht. Zweifel scheint folglich auch deshalb geboten, erinnert man sich an das Frage-und-Antwortspiel der Schwedin mit Descartes und anderen wirklichen Geistesgrößen des 17. Jahrhunderts. Einwände dieser Art sind natürlich nur Bedenken vor allzu bereitwillig gespendeter Glorifizierung! Auch Sven Stolpe folgerte, diese Akademie hatte »kein besonders hohes Niveau«.[9]

Natürlich läßt sich belegen, daß Christina bedeutende Summen für die Publizierung naturwissenschaftlicher und geisteswissenschaftlicher Erkenntnisse bereitstellte, Samuel von Pufendorf dort eine ausführliche Korrespondenz begann, um seinerseits Unterstützung für seine geplante Darstellung des Dreißigjährigen Krieges zu finden. Auch das unzweifelhaft eine sichere Dokumentierung dessen, was die zeitgenössische Gelehrtenwelt von Christina erhoffte, wohl auch manchmal erhielt.

Der Briefwechsel mit Europas Gelehrten und vielen Künstlern der letzten zwanzig Lebensjahre füllte zeitweise wieder Regale. Erneut beeindruckte die »Römerin« Europa als Universalinteressierte, diskutierte – wenigstens behaupten es die meisten Biographen – sowohl Fragen der Physik und Alchemie, der Astrologie und Psychologie, wie der Geisteswissenschaften. Gewöhnlich wird Christinas Brief an Otto von Guerickes Sohn zitiert, die Erklärung der Königin, sie wüßte, auch andere europäische Gelehrte hätten ähnliches versucht, doch gebühren dem Magdeburger immerhin »die Folgerungen und neuen Theorien, die er darauf aufbaut«, sie jedenfalls habe nie ähnliches gelesen,[10] besonders betont. Wohl kaum mehr als ein weiterer Beleg, daß die Schwedin mit enzyklopädischer Akribie alles zu registrieren suchte. Geistige Anregungen waren es aber doch kaum! So ist denn auch Kurt Pfister zuzustimmen, Christina sei »nicht vermöge ihres Werkes, sondern ihrer Gestalt Wesensausdruck der hochbarocken Zeit und Welt« gewesen, war »kein Schöpfer, sondern ein Repräsentant«.[11] Daher verliert denn auch Wertheimers jubelnde Zustimmung manches an Kraft!

Für die aktuellen publizistischen Auseinandersetzungen nach 1683 bedeutete Christinas mutige Ablehnung der »Dragonaden« Frankreichs gewichtige Ermunterung, gewann europäische historische Bedeutung. Als Christinas Brief vom 2. Februar 1680 an den früheren französischen Gesandten in Stockholm, Hugues de Terlon, veröffentlicht wurde, sie entschieden, übrigens auch in Einklang mit Papst Innozenz XI., gegen die grausamen Hugenottenverfolgungen protestierte, horchte die europäische Öffentlichkeit auf. »Kriegsleute sind eigenartige Apostel ... eher ... fähig, zu töten, zu rauben und zu vergewaltigen, als zu überzeugen«. Sie habe glaubwürdige Berichte erhalten, »daß sie ihre Mission ganz auf ihre Weise durchführen«. Sie persönlich beklage dieses Vorgehen, wolle deren Irrlehren nicht teilen, aber »auch nicht die Ursache ihres Unglücks sein«. Frankreich sei ein Patient, dessen Arme und Beine amputiert würden, um Krankheiten zu heilen, »die mit ein wenig Geduld und Sanftmut« besser kuriert werden könnten.[12] Zweifellos beeindrukkende Worte, recht geeignet, ein versöhnlicheres Bild der oft skrupellosen Politikerin zu zeichnen, und doch, auch hier bleiben Fragen! Christina wußte sich eins mit dem ansonsten heftig geschmähten Papst, daß Frankreich Ketzer verdamme, »im gleichen Augenblick so unverhohlen die Autorität der römischen Kirche antastet, die der unerschütterliche Grundpfeiler unserer Religion ist«.[13] So kann kaum ausgeschlossen werden, daß Christina zu anderen Zeiten und bei weniger Gefahren für Rom und dem nun sicherlich als Institution bejahten Stuhl Petri zurückhaltender reagiert hätte. Frankreich negierte in Europa das notwendige Gleichgewicht zwischen den katholischen Mächten, agierte gegen die vermittelnde Position des Vatikans, Christina war Teil des Kirchenstaats geworden. Ludwigs XIV. Forderung nach Mäßigung, Duldung der Hugenottenverfolgungen als französische innere Angelegenheit beantwortete Christina, wiederum bewundernswert offen, schrieb Terlon, man könne sie »nicht hindern, die Wahrheit zu sagen; ich wundere mich nur über die Mühe, die man aufwendet, um die Dragoner-Missionare zu rechtfertigen«.[14] Aber auch das war Teil ihres politischen Konzepts: ein Jahr später fand der neue französische Gesandte, Marquis de Lavardin, nur bei ihr freundliche Aufnahme, trotzte der Papst dem französischen Machtanspruch, verweigerten auch alle anderen Gesandten und der römische Adel den Empfang, boykottierten Ludwigs XIV. Botschafter. Christinas Alleingang so etwas wie eine Entschuldigung, ein neuer Versuch, europäische Politik doch noch als Mittlerinstanz zwischen der Krone Frankreichs und dem Vatikan mitzubestimmen? Für den Leser so ein weiteres Zeugnis nie ganz aufgegebener Hoffnungen selbst der alten Frau Christina.

In der Regel waren solche öffentlichen politischen Demonstrationen in Wort und Tat nur noch selten mit Christinas Namen verbunden, beschränkte sie sich jetzt vor allem auf den Kleinkrieg mit Innozenz XI., stritt um eigene Souveränitätsrechte für sich und ihren Hof, beherrschte dennoch die täglichen Diskussionen der Römer mehr noch als Theaterkönigin. Einig waren sich schon die Zeitgenossen, betonen auch die Historiker und Publizisten bis in unsere Tage, daß Christina dem italienischen Musikleben emotional sehr verbunden war, Pasquini, Corelli und Scarlatti auf die Unterstützung der Schwedin zählen konnten, für sie und das Musiktheater der Königin komponierten, Musikstücke und große Opern aufführten. Christina dominierte das »Theater- und Musikleben« Roms.[15] Besucher der Ewigen Stadt berichteten in Briefen und Büchern über bleibende Eindrücke bedeutender Musikerlebnisse in Christinas großem Theater und auf der kleinen Bühne im Palazzo Riario, in anderen Privattheatern der Freunde und Künstler der Königin. Christina regte Kompositionen an, unterstützte die Arrangeure ideenreich bei der Vorbereitung mancher Musikgeschichte prägenden Uraufführung, verpflichtete bedeutende Sänger und Schauspieler an ihre Theater, wehrte auch mit lautstarker Entschiedenheit Versuche anderer Höfe ab, ihre gefeierten Sänger dorthin abzuziehen. Sie drohte Willigen sogar mit Konsequenzen für Leib und Leben. Nein, auch jetzt ließ sie sich nichts nehmen, was ihr wichtig erschien!

In jenen Jahren beschäftigte sich Christina intensiv mit der Geschichte des antiken Roms, beauftragte selbst mehrfach »Archäologen« mit Grabungen, sammelte antikes Töpfergut, Münzen und Skulpturen, reihte um sich auch Bildhauer und Architekten, immer auch einzelne, später berühmt gewordene schwedische Künstler unter ihnen. Insbesondere verband sie tiefe künstlerische Zuneigung mit Roms großem Barockbildhauer Bernini, den sie überschwenglich einmal den bedeutendsten nannte, »den es jemals in seinem Fach gegeben« habe.[16] Ein wechselseitiges Verhältnis, denn auch der Bildhauer schätzte Christinas Urteil als Kunstkennerin. »Erst wenn man Christinas wissenschaftliche Interessen, ihre Bedeutung als Schöpferin von Akademien und als kulturelle Mäzenatin sowie ihre dominierende Stellung im Kunst-, Theater- und Musikleben« betrachtet, begreift man ihre Bedeutung im Rom dieser Jahre. »Mit vollem Recht hat man sie als die wichtigste Figur im kulturellen Leben Roms in den Jahren von 1660 bis zu ihrem Tode bezeichnet«,[17] eine Wertung, der kaum etwas hinzuzufügen wäre.

Glaubt man der Überlieferung einiger Quellen, so trat Christina in einem letzten großen »Drama« vom Roms »Bühne« ab;

auch das, selbst als unsichere Legende, die Ausstrahlung dieser Frau illustrierend, von einigen Zeitgenossen heimlich lebhaft ausgeschmückt, offenbar als Christinas Haltungen und Lebensformen angemessen empfunden, im folgenden Jahrhundert genüßlich publiziert. Mit Sorge hatte man überall im gebildeten Rom die neuerliche schwere Erkrankung der Königin Anfang 1689 verfolgt, den schweren Ohnmachtsanfall am 13. Februar als Vorboten des baldigen Todes gewertet. Hohes Fieber, unnatürlich geschwollene Beine, drei Tage später neuerliche tiefe Bewußtlosigkeit, Zeichen, die die Ärzte das schlimmste befürchten ließen. Die religiöse Salbung stimmte eine ruhige, bemerkenswert gefaßte Christina auf den nahen Tod ein.

Noch am 30. September 1687 hatte die Königin der berühmten Madame de Scudéry in einem Brief ihre Sorge mitgeteilt, sie könne sterben, bevor es ihr gelungen sei, »sich durch Verdienste und Tugend über alle Sterblichen zu erheben«,[18] ein typischer Christina-Wunsch, unmäßig in seinem Anspruch wie ihr gesamtes Leben. Gleichzeitig gestand sie der Französin, mehr noch als den Tod fürchte sie das Alter. Hätte sie zu entscheiden zwischen beidem, Alter und Tod, »glaube ich, daß ich zweifellos den letzteren gewählt hätte«. Doch frage sie niemand und so wolle sie denn »mit Freuden leben«. Der Tod »beunruhigt mich nicht. Ich erwarte ihn ohne ihn herbeizuwünschen und ohne ihn zu fürchten.«[19]

Nun, wieder bei Bewußtsein, diktierte sie am 1. März ein neues Testament, setzte Kardinal Azzolino zu ihrem Universalerben ein, formulierte einen versöhnlichen Brief an Innozenz XI., bat um Vergebung, ein selbst schwerkranker, ehrlich gerührter Papst sandte ihr sofort Antwort, verzieh all die Ärgernisse, die ihm die unruhige Frau noch in ihren letzten Lebensjahren beständig bereitet hatte, den Streit um die sogenannte Quartierfreiheit, die Tradition der Diplomaten und Christinas, in ihren Bezirken die Justizorgane des Vatikans zu behindern, eigenes Recht zu sprechen, Ursache vieler Zwistigkeiten, weil Verbrecher sich so der Strafe der Vatikanbehörden entzogen, einmal fast eine Kriegserklärung mit der Drohung, ihre Garde auf die Schweizer des Papstes schießen zu lassen ... Das alles nun auch für Innozenz XI. nur noch bittere historische Erinnerung. Der Papst bot sogar an, ihr einen berühmten Arzt aus Bologna holen zu lassen.

Tatsächlich erholte sich die Königin in kurzer Zeit wieder so, daß die Gefahr gebannt schien, glaubte auch selbst, so schrieb sie an viele Freunde, selbst an ihren Bankier, dem Leben zurückgegeben zu sein, hier nun »spielt eine Anekdote, die fast eine Novelle ist«, ein Ereignis, das »Carl Bildt sehr geschickt aus gedruckten und ungedruckten Quellen« zusammenstellte,[20] nahezu jede Deutung Christinas seitdem als letzten »Theaterdonner« der Königin anführt. Und in der Tat scheint es so treffend, Christinas Leben noch einmal in einem letzten typischen Wutausbruch zu kompromieren, eine allerletzte Momentaufnahme des Charakteristischen in Christinas Werdegang.

Die Königin beschäftigte damals unter anderem auch eine Sängerin, Angelina Georgini, offenbar eine strahlende Schönheit, um die viele Herren der römischen Gesellschaft warben, so aufdringlich, daß sich Christina schließlich als Beschützerin der jungen Dame annahm, ein Umstand, der manchen schreckte, die eifrigsten dennoch nicht entmutigte. Der Abbé Vanini, seinem geistlichen Amt vermutlich weniger verpflichtet als schönen Frauenbeinen, erwies sich als besonders einfallsreich, gewann die keineswegs kleinlich denkende Mutter, drang mit deren Hilfe in das Schlafzimmer der Schönen ein. Der folgende Tumult mit umstürzenden Stühlen und Schreckensschreien der von Vanini augenscheinlich wenig angetanen Angelina weckte die unter dem Schlafraum ruhende kranke Königin. Der Abbé entkam jedoch, die wiedergenesene Christina erfuhr den ganzen Umfang des versuchten Frevels, eine Ungeheuerlichkeit, die ihr stolzer Sinn nicht vergeben konnte. Sie beauftragte, auch das eine durchaus übliche Verfahrensweise in Rom Ende der achtziger Jahre, einen übel Beleumdeten aus der Schar ihrer Agenten, Vanini zu töten. Der hartgesottene, selbst des mehrfachen Mordes bezichtigte Neapolitaner nahm lieber Geld von dem Abbé und Vanini entkam. Die Königin, die bald erfuhr, daß sich der dreiste Eindringling noch immer bester Gesundheit erfreute, obwohl ihr dessen »Hinrichtung« vermeldet worden war, tobte in einem schrecklichen Wutausbruch, stürzte sich auf den pflichtvergessenen »Bravo«, wollte ihn eigenhändig erwürgen, da versagten die Kräfte. Christina erlitt am 14. April 1689 einen schweren Rückfall. Eine Legende, die selbst ein vorsichtiger Historiker gerne akzeptieren möchte, zumal die Königin in den letzten Lebensjahren auch einige ihrer Alchemisten in ihrem Laboratorium mit Stockschlägen strafte. Aber schon Liane von Gentzkow zweifelte, wandte berechtigt ein, Frankreichs Gesandter Lavardin habe kein Wort davon nach Paris berichtet, hätte sich eine »solche Skandalgeschichte ... schwerlich entgehen lassen«. Er schrieb nur lakonisch, Christina hätte am Morgen des 19. April »ein der Größe ihrer Geburt würdiges Ende genommen, das ebenso fest wie christlich gewesen ist«.[21]

Rom nahm Abschied von seiner Königin, wie es Christina nicht wollte und dennoch sicher immer erhoffte. Vier Tage lag der Leichnam aufgebahrt im Riario-Palast. Dann rollte ein offener Wagen im Fackelschein in feierlichem Zeremoniell die sterblichen Überreste in Azzolinos Kirche Santa Maria in Vallicella. Dort versammelten sich alle Kardinäle zur Trauermesse. Anschließend wurde Christinas offener Sarg in einem zeitgemäßen Trauerzug zum Petersdom gefahren, kilometerlang die Prozession der Trauernden, Kinder, römische Bürger aller Gesellschaftsschichten, die geistlichen Orden der Stadt, die Vatikanoberen, die Königin aufgebahrt mit Krone und Zepter in einem weißen, goldbestickten Kleid, von ihr selbst für das letzte Geleit ausgewählt. Die Schweizergarde mit dem Kommandanten, Christinas Hofstaat und Kleriker aller Grade beschlossen den Zug.

Christinas letzter Wunsch, still in der Kirche La Rotonda beigesetzt zu werden, wurde nicht erfüllt, ihr Verbot jedes Prunks und aller »Eitelkeiten«, im Testament ausdrücklich formuliert, hob Innozenz XI. auf, ließ Christina nahe der Gräber der Päpste Hadrian IV. und Paul II. beisetzen, neben der berühmten Markgräfin Mathilde von Toskanien, einer Gegenspielerin des großen deutschen Königs und späteren Kaisers Heinrich IV. im Kampf gegen das Papsttum, die einzige Frau in der Gruft. Innozenz XI. bestellte bei dem bedeutenden Bildhauer Carlo Fontana ein Epitaph, dessen Aufstellung 1702 Papst Clemens XI., selbst noch ein Bewunderer Christinas, in einem feierlichen Akt weihen konnte. Alessandro Guidi schrieb anläßlich dieses Augenblicks eine Ode. Christinas Erbe, Decio Azzolino, erlebte das alles nicht mehr. Nur wenige Monate später, noch bei der Durchsicht ihrer Papiere, folgte er Christina am 8. Juni 1689, konnte auch die Schulden der Königin nicht mehr abtragen. Die Sammlungen Christinas wurden wenig später, teilweise verschleudert, in Europa verstreut. Vieles erwarb glücklicherweise der Vatikan, anderes bereicherte Frankreichs Gemäldegalerien und Bibliotheken, wenig nur kam nach Schweden zurück.

Das Rätsel Christina

Ein neuerlicher Versuch der Deutung

Mit Christina starb in Rom eine Königin von Schweden, die den Zeitgenossen, selbst ihren Freunden, unzählige Rätsel aufgab, ein Erbe, das die Nachwelt bis heute nur unvollkommen löste. Inzwischen sind die Biographien um die gelehrte Herrscherin aus dem Norden, die »Königin des Barock«, wie sie gern und oft genannt wird, bereits Legion, kaum noch zu überschauen, prägen auch zahlreiche Romangestaltungen das Bild dieser eigenartigen Frau bis in unsere Tage aus der jeweiligen Autorenperspektive. Die besten wissenschaftlichen Bearbeitungen der Lebensbeschreibungen Christinas boten bemerkenswerte Erklärungen des ungewöhnlichen Lebensweges an. Restlos überzeugen konnten sie alle nicht, kann sich auch die vorliegende Biographie nur als ein weiterer Deutungsversuch verstehen, glücklich nur in der Möglichkeit, die anderen Überlegungen nutzen zu können.

Kein Historiker wird leugnen, daß Christinas Frühreife besondere Hoffnungen im damaligen Schweden bewirkte, man wahrhaft beeindruckt, gewöhnlich auch sehr befriedigt, Wissensdurst und Kenntnisstand des heranwachsenden Mädchens bewunderte, selbst der große Axel Oxenstierna Erwartungen hegte, Schwedens Größe und Macht durch die junge Königin, sein eigenes geistiges Produkt, glücklich gesichert sah. Früh dokumentierte Arroganz, Eigenbewunderung und auffallende Herrschsucht verringerten wohl die Zufriedenheit des Kanzlers und anderer einflußreicher Aristokraten. Die Zuversicht, Christina könne Schwedens Zukunft ganz im Geiste Gustavs II. Adolf, des bewunderten Vaters, weitergestalten, minderten solche gelegentlich unangenehm erfahrenen Erkenntnisse nicht. Sie blieb »des großen Gustavs Tochter«, mußte es bleiben. Man setzte, wie allgemein empfunden wurde, berechtigt auf das deutlich sichtbare Pflichtbewußtsein Christinas, gestand ihr, manchmal zähneknirschend, politisches Verständnis, unbegreifliches Arbeitsvermögen und ausgeprägte Entscheidungsbereitschaft zu, registrierte im übrigen beruhigt die Abneigung, bestehende Machtverhältnisse abrupt zu verändern, eine Taktikerin, die letztlich die Gefühlswelt des Hochadels offenkundig schonen wollte. Da konnte der laut verkündete, fast unmenschliche Anspruch der Königin an sich selbst schon beeindrucken, vergaß man Günstlingswirtschaft und jene neue, bisher in Schweden nahezu unbekannte Form des Luxus und der Verschwendung schon gelegentlich, bereit, darüber hinwegzusehen, da man ohnehin selbst neue Lebensformen auf dem Kontinent gelernt, nun auch nach ähnlichem Reichtum und Komfort strebte. Christina blendete zeitweilig auch manchen Gegner, überzeugte so Freunde um so leichter, den gewiß klugen französischen Diplomaten Pierre Chanut, dessen begeisterte Charakteristik ein erstes Zeitbild formte von dem jungen Mädchen, das seinen königlichen Aufgaben ernsthaft nachlebte.

Die Kluft, erwachsen aus dem tiefempfundenen philosophischen Bekenntnis zur stoischen Verleugnung menschlicher Grenzen und dem realen, von sich türmenden Pflichtbergen dominierten Leben stürzte die junge, grenzenlos selbstbewußte, sich göttlich legitimiert wähnende junge Königin bald in schwere innere Konflikte. Krankheiten deuteten Grenzen an, gegen die sich Christina verzweifelt auflehnte, ein Kartenhaus eigener Wünsche und Vorstellungen ahnte, das Eingeständnis ihrer Schwäche, die Kapitulation vor sich selbst aber entschieden verweigerte. Der persönliche Konflikt zwischen Liebe und Furcht, dem Wunsch nach Hingabe und Erfüllung und jenem eigenartigen Stolz und der Selbstbestätigung als einzigartiges Produkt göttlicher Schöpfung, niemandem untertan, frei aller quälenden Leidenschaften und menschlichen Schwächen, und doch von stetem wilden Verlangen gequält, eine ins Übermaß wachsende Neurose, neue Krankheiten, das Streben nach Anerkennung als europäische Philosophin, die nie eingestandene, doch sicher gespürte Ahnung, nicht mehr als eine wissensdurstige Lernende zu sein, die erschreckend wachsenden Schulden aus dem Anspruch als Herrscherin eines prunkvollen europäischen Großmachthofes, den wohl früh verstandenen Widersprüchen zwischen Wollen und Sein Schwedens, dies und manches weniger bedeutsame engten die Königin in einer Weise ein, ließen sie schließlich von einer lichten, pflichtfreien Zukunft träumen, das Dasein in Stockholm als trist, entsetzlich, unerträglich belastend empfinden, der einzig wirklich rettende Ausweg die Flucht aus den heimatlichen Bindungen.

Die persönliche Krise wuchs durch das Bewußtsein, in ihrer eigenen Suche nach Erkenntnis der Welt, den Daseinsformen und Gesetzen menschlicher Entwicklung in Stockholm auf beständige Grenzen, religionstheoretischer und naturwissenschaftlicher Natur, auch und vor allem aus der peripheren Lage des Landes, dem wissenschaftlichen Nachholbedarf seiner Lehr- und Forschungszentren erwachsen, zu stoßen, besonders am Widerspruch der lutherischen Orthodoxie zu ersticken. Stolz auf die Goten konnte dem Drang, die klassischen Stätten antiken Lebens als Quell allen Wissens zu atmen, nicht entsprechen, das gebildete frei geglaubte Europa des Südens und Westens stand gegen das provinziell und dümmlich empfundene Heimatland mit langatmigen, ewiggleichen, uralt anmutenden Predigten der schwedischen Geistlichkeit, ein Beharren auf gestrigen Positionen und Erkenntnissen. Die Alternative erwuchs Christina scheinbar in der libertinischen Gedankenwelt der Zweifler und Sucher nach wissenschaftlichen Antworten auf erkenntnistheoretische Fragestellungen der Zeit, im Kontakt mit den geistigen Größen Frankreichs, von ihr irrtümlich dem Katholizismus zugeschrieben, zu dem sich die übergroße Mehrheit ihrer höfischen Gelehrten und welterfahrenen Diplomaten bekannte. Wohl hatte sie kaum Gelegenheit, sich mit einem der bedeutendsten Naturwissenschaftler und Philosophen der Zeit, René Descartes, über Religionsprobleme zu verständigen. Zu kurz und zu beschäftigt waren die wenigen Monate, in denen Christina andere Wünsche trieben. Doch stand auch er für die weite Toleranz dieses Bekenntnisses, war Frankreich, seine Heimat, damals noch bikonfessionell, duldete seine Hugenotten.

So scheint es heute der Mehrheit der Biographen Christinas erwiesen, daß der Thronverzicht 1654 eine Folge ihrer heimlichen Konversion bzw. der Forderung des Papstes nach dem öffentlichen Bekenntnis zur römisch-katholischen Kirche war. Das muß schon deshalb angezweifelt werden, als das entsprechende schwedische Grundgesetz bereits 1593 bekräftigt, dennoch der katholische Vasa Sigismund von den Ständen 1594 als König in Schweden bestätigt wurde, man ihn nur die Sicherheit der evangelischen Religion beschwören ließ. Bedenkt man, wie offensichtlich Christina mit den Jesuiten in Stockholm verkehrte, wie frühzeitig Priesterschaft und vielen Reichsräten ihre Neigung zum Bekenntniswechsel bekannt war, sind ernsthafte Einwände gegen diese vertraute Lesart geboten. Es bleibt offen, ob Christina nach einem öffentlich bekannten Glaubenswechsel tatsächlich entthront worden wäre, war sie doch die im Namen Gottes gesalbte Erbkönigin, und im übrigen die Tochter Gustavs II. Adolf. Immerhin haben die Stände und der Reichsrat zu keiner Zeit gedroht, die vereinbarten Unterhaltszahlungen einzustellen, auch nicht, nachdem Christina ihre Konversion bekannte.

Ist schon dieser, vielen Publizisten, weniger den Historikern, scheinbar logische Zusammenhang von Konversion und Thronverzicht in seiner Folgerichtigkeit umstritten, so erwachsen besondere Widersprüche aus der durch die heutige historische Forschung gesicherten Erkenntnis, Christina habe lange zielstrebig auf die Abdankung hingewirkt, die Thronfolge nach ihrem Verständnis geregelt, hier offenbar auch persönliche Verbindlichkeiten gegenüber Karl Gustav, dem Pfalzgrafen, eingelöst, die Berufung zum Generalissimus der schwedischen Truppen in Deutschland, zum Thronfolger, schließlich zum Erbprinzen durchgesetzt in einer Zeit, als sie noch keine Konversionsabsichten beherrschten, sie eine lutherische Reformkirche unterstützte, auf keinen Fall ernstzunehmende Schritte eines Glaubenswechsels unternommen hatte. Erste Gespräche über das katholische Bekenntnis und seine Glaubenssätze begannen erst mit Chanuts Wirken zu Beginn des Jahres 1646, Christina bekundete wohlwollendes Interesse. Weitergehende Absichten bemerkte der Diplomat nicht, vermeldete sie auch nicht verschlüsselt nach Paris. Und auch das können die Historiker belegen: selbst 1654, als sie ernsthaft die Abdankung betrieb, suchte sie noch nach Herrscheralternativen selbst in protestantischen

Ländern, vielleicht schon mit dem Gedanken an ein Bekenntnis zum Katholizismus, das entscheidende war es offenbar damals nicht. Diesbezügliches Zögern, Verunsicherungen blieben, wohl selbst noch auf der Reise nach Flandern, sie war eher eine Freidenkerin als eine bekennende Katholikin.

Wäre demnach vor allem zu fragen, warum ihr die Heimat so verhaßt, sie ein neues Zuhause suchte? Summiert man die schwedischen Probleme Christinas im persönlichen und ökonomischen Bereich, gesteht ihr, der wirklich klugen weitsichtigen Politikerin, die Erkenntnis zu, daß dem Lande eine schwere Zukunft, neuerliche Kriege ins Haus standen, Schweden, der Räuber, sich gegen die Ansprüche der Nachbarn, Beraubte und selber Räuber, wehren mußte, das Land eines Roi Connétables, eines Kriegerkönigs, bedurfte, nicht nur ein zweckdienliches Argument Christinas vor den Reichsräten, damals auch überzeugt geglaubt, dann wären viele Antworten parat. Nicht zuletzt trieb sie aber auch die nordische Sehnsucht nach dem Süden, gewachsen noch aus der Lust, die liebgewordenen Studien frei und unbelastet betreiben, der königlich-schwedischen Herrscherpflichten ledig, zwischen Rom, Paris, Flandern und vielleicht auch Madrid wechseln zu können, sich überall ungezwungen der eigenen Selbstverwirklichung hingeben zu dürfen. Es bleibt ein sehr persönlicher Glücksanspruch Christinas, der sie aus der verhaßten Pflichtbindung trieb, nicht ohne sich vorher die könglichen Souveränitätsrechte und Einkommen zu sichern.

Insofern war der Wechsel zum Katholizismus eine Voraussetzung zu jener grenzenüberschreitenden Unabhängigkeit, öffneten sich ihr Roms Tore nur unter dieser Bedingung. Es wäre dennoch falsch, wollte man Christinas Bekenntniswechsel nur oder vor allem solchen Überlegungen zuschreiben. Ihre zahlreichen Äußerungen, das Verhalten in Flandern, Rom und Frankreich, die Kritiken ihrer oft strenggläubigen Begleiter dokumentieren, daß die Königin jahrzehntelang das formale katholische Bekennntis mit seinen Äußerlichkeiten, ja sogar wesentliche Dogmen, ebenso verwarf wie die lutherische Frömmelei, ihre eigene religiöse Erfüllung suchte, allmählich von libertinischen Positionen, Zweifeln an der Existenz Gottes, der

Berechtigung religiöser Bekenntnisse überhaupt, zur Mystik der vorreformatorischen Periode fand, sich den Reflexionen Katharinas von Genua aufschloß, die Erfüllung in der reinen Liebe zu Gott entdeckte, in der quietistischen Hinwendung zu einem tiefempfundenen unkonventionellen katholischen Bekenntnis Lösungen ihrer eigenen religiösen Krise ahnte. Die Identifikation mit Rom ließ sie dann, während der Enthüllungen um Molinos, zu jener römisch-katholischen Position wechseln, die sie früher ablehnte, in der Auseinandersetzung mit Ludwigs XIV. Machtanspruch verteidigte, als Säulen der bestehenden, gottgewollten Ordnung für berechtigt hielt, auch hier nicht wenig persönliche Reaktion auf den Einfluß Decio Azzolinos, des Kardinals an ihrer Seite, ihres Hoffnungsträgers auf die Tiara, dessen langer, geduldiger, Christina oft provozierender, nicht allezeit überzeugender, schließlich doch erfolgreicher Bewußtseinsformung.

Der Katholizismus mit seiner auch religiösen Bestätigung der göttlichen Legitimation des Herrscheramtes mußte, da es nun nicht mehr der Protestantismus sein konnte, glücklicher als Freidenkertum oder gar Atheismus, Christinas Überzeugungen ihrer Einzigartigkeit entsprechen. Sie starb in der Gewißheit, über die Mehrheit der Menschheit erhoben zu sein, der Welt ein unvergeßliches Beispiel gegeben zu haben. Sie, Christina, ein Meisterwerk Gottes, dem sie im Dialog als Tochter, demütig zwar, aber dennoch als ein Lieblingskind, verbunden blieb. Auffallend, daß sie auch in ihrer Selbstbiographie eines Christus als Erlöser und Mittler zu Gottvater nicht bedurfte; dennoch eine Enttäuschte, die an ihrem Lebensabend den lange nachgelebten Trugbildern von Freiheit, Ehre, Selbstverwirklichung als menschlichen Wachträumen absagte, dem Tod als Erlösung entgegensah, im persönlichen Aufgehen in Gott nun die wirkliche Erfüllung aller Wünsche wußte, in Rom, der Ewigen Stadt, Gott sich näher wähnte als im ketzerischen Stockholm.

Hat sie selbst auch gerne betonen wollen, sie habe die Krone dem einzig wahren Bekenntnis geopfert, sagte solches schon in Flandern und auf dem Wege nach Rom, überzeugt mag sie es erst in den letzten Jahren, vielleicht am Ende des siebenten

Jahrzehnts empfunden haben, dann als Gewißheit verkündet, nun wirklich in Rom angekommen, müde geworden, weniger wißbegierig, nicht mehr so kritisch und an allem zweifelnd wie einst, keine Suchende mehr, eher eine Resignierende, nun Glaubende, wirklich ein Kind Roms.

ZEITTAFEL DER PERSÖNLICHEN DATEN CHRISTINAS

8. Dezember 1626	Geburt Christinas als drittes und einzig überlebendes Kind Gustavs II. Adolf und Maria Eleonores von Brandenburg
4. Dezember 1627	Anerkennung Christinas als Erbprinzessin durch die schwedischen Stände
19. Mai 1630	Abschiedsrede Gustavs II. Adolf in Stockholm vor der Abreise in den Deutschen Krieg
seit Sommer 1630	Christina verbringt fast drei Jahre bei der Tante, Katharina von der Pfalz, auf Schloß Stegeborg in Östergötland
6. November 1632	Tod Gustavs II. Adolf auf dem Schlachtfeld bei Lützen
Frühjahr 1633	Christina repräsentiert als minderjährige Königin beim Empfang einer großen russischen Gesandtschaft
Sommer 1633	Rückkehr Maria Eleonores mit der Leiche Gustavs II. Adolf und Leben Christinas am »Trauerhof« der Königinwitwe
27. August 1635	der Theologe Johan Matthiäe wird als Lehrer Christinas bestimmt
25. August 1636	Entscheidung der Stände, Christina von der Mutter zu trennen
Dezember 1638	Tod Katharinas, der »wahren Mutter« Christinas
seit Jahreswechsel 1643	Teilnahme Christinas an den Reichsratssitzungen
Herbst 1644	Beginn des Aufstiegs des Grafen Magnus de la Gardie am Hofe Christinas
7. Dezember 1644	Mündigkeitserklärung Königing Christinas
Frühjahr 1645	Ebba Sparre wird Hofdame Christinas
13. August 1645	Friedensvertrag von Brömsebro zwischen Dänemark und Schweden
Januar 1647	erste offene Auseinandersetzungen Christinas mit Axel Oxenstierna
10. April 1647	strenge Weisung Christinas an die Delegierten in Osnabrück, den Friedensprozeß zu beschleunigen

März 1649	Bestätigung Karl Gustavs von der Pfalz als Nachfolger Christinas durch die Stände
7. April 1651	Christinas erste Abdankungserklärung
2. August 1651	Christina informiert den Jesuiten Antonio Macedo über ihre Konversionsabsichten und sendet ihn zum Jesuitenorden
Anfang 1652	Pierre Bourdelot, der Libertiner, wird Leibarzt Christinas
März 1653	Brief Christinas an Philipp IV. von Spanien über die Absicht, zum Katholizismus zu konvertieren
11. Februar 1654	Christina eröffnet den Reichsräten die neuerliche Absicht abzudanken
11. Mai 1654	Bekanntgabe der Abdankungsabsicht vor den Ständen in Uppsala
6. Juni 1654	Abdankungszeremoniell und Krönung Karls X. Gustav in Uppsala
24. Dezember 1654	heimliche Konversion Christinas in Brüssel
3. November 1655	öffentlicher Bekenntniswechsel Christinas in Innsbruck
20. Dezember 1655	Ankunft Christinas in Rom
Sommer 1656	Reise Christinas nach Frankreich
22./23. September 1656	Geheimvertrag Christinas mit Mazarin über Neapel
Spätfrühling 1657	neuerliche Reise Christinas nach Frankreich
10. November 1657	Hinrichtung des Grafen Monaldesco als Hochverräter durch Christina in Fontainebleau
Frühjahr 1658	Rückreise Christinas nach Rom, Beginn der Materialsammlung für die Memoiren
13. Februar 1660	Tod Karls X. Gustav in Göteborg
12. Oktober 1660	Ankunft Christinas in Stockholm
20. Juni 1662	Rückkehr Christinas nach Rom
25. Mai 1666	Christina verläßt Rom, Reise nach Hamburg und Schweden
Sommer 1667	neuerlicher Schwedenaufenthalt Christinas
5. Juni 1967	Christina verläßt Schweden für immer
26. Juli 1667	blutiges Fest Christinas anläßlich der Papstwahl Clemens IX. im protestantischen Hamburg
1668	Bemühungen Christinas und Kardinal Azzolinos um die polnische Krone für Christina
Frühjahr 1670	Christinas diplomatische Aktivitäten im Konklave an der Seite Azzolinos
2. Februar 1680	Veröffentlichung der brieflichen Ablehnung der Hugenottenverfolgungen durch Christina

1680–1681	Christina arbeitet intensiv an ihren Memoiren
18. Juli 1685	Verhaftung Miguel Molinos durch die Inquisition
23. September 1687	Widerruf Molinos vor der Inquisition
19. April 1689	Tod Christinas in Rom

Anmerkungen

Christina von Schweden. Legende durch Jahrhunderte. Einführung.

1 Kurtze Beschreibung des Lebens Der Königin Christinen, aus Schweden. 1656, A I.
2 Fritsch, Thomas, Leben der weltberühmten Königin Christina von Schweden, nach denen geheimsten intriquen und merkwürdigsten umständen mit möglichstem fleiße entworffen, Leipzig 1705, S. 2.
3 Ebd., S. 374.
4 Gadebusch, Thomas Heinrich, Briefwechsel zwischen Sr. Königl. Hoheit, dem Prinzen Gustav von Schweden, und Sr. Exellenz, dem Herrn Reichsrath Grafen von Scheffer, Greifswald 1772, S. 172.
5 Ebd., S. 198–199.
6 Ebd., S. 202.
7 Ebd., S. 202–204, 241.
8 Zit. nach Stolpe, Sven, Königin Christina von Schweden, Frankfurt/Main 1962, S. 13.
9 Ebd.
10 Fritsch, S. 380.
11 Stolpe, S. 59.
12 Hjortsö, Carl-Herman, Drottning Christina. Gravöppningen i Rom 1965, Lund 1967, S. 83, 92, 98, 101.
13 Ebd., S. 98.
14 Den svenska historien, Bd. 6, Stockholm 1988, S. 139.
15 Stolpe, S. 17.
16 Den svenska historien, 139.
17 Ebd.
18 Zit. nach Gentzkow, Liane von, Christine Wasa. Das Lebensbild einer nordischen Frau, Berlin u. Leipzig 1935, S. 18.
19 Ebd.
20 Ebd.
21 Ebd.
22 Ebd., S. 19.
23 Ebd.
24 Ebd., S. 21.
25 Stolpe, S. 18.

26 Zit. nach Stolpe, S. 21.
27 Ebd.
28 Ebd., S. 23–24.
29 Ebd., S. 25.
30 Ebd.
31 Zit. nach Stolpe, S. 24–25.
32 Bülow, Wilhelm von, Das Weiberregiment am Hofe der Königin Christina von Schweden, 1900, S. 172.
33 Gentzkow, S. VI.
34 Zit. nach Stolpe, S. 26. Siehe auch Wertheimer, Oscar, Christine von Schweden. Abschied vom Thron, Rastatt 1981, S. 12.
35 Stolpe, S. 31.

Im Schatten eines großen Vaters. Christinas Kindheit und Mädchenjahre.

1 Grimberg, Carl, Svenska folkets underbara öden, Bd. 2, Stockholm 1924, S. 109.
2 Ebd.
3 Christina. Självbiografi och aforismer, av Marianne Rappe och Magnus von Platen, Stockholm 1957, S. 20–21; Pfister, Kurt, Königin Christina. Mensch, Staat und Kultur der Welt des Hochbarock, München 1949, S. 23.
4 Christina. Självbiografi, S. 30.
5 Ebd., S. 29.
6 Zit. nach Pfister, S. 22.
7 Christina. Självbiografi, S. 45.
8 Ebd., S. 45.
8 Neumann, Alfred, Königin Christine von Schweden, Leipzig u. Wien 1936, S. 12.
10 Christina. Självbiografi, S. 23.
11 Georgina Masson, Christina von Schweden. Königin zwischen Stolz und Tragik, München 1983, S. 17.
12 Stolpe, S. 38.
13 Peder Svart, Gustav Vasas Krönika, utg. av Gunnar T. Wessin, Stockholm 1964. S. 25.
14 Den svenska historien, Bd. 4, Stockholm 1987, S. 28, 36.
15 Christina. Självbiografi, S. 24–25.
16 Stolpe, S. 48.
17 Christina. Självbiografi, 24.
18 Neumann, S. 10.
19 Stolpe, S. 45.
20 Christina. Självbiografi, S. 24.

21 Ebd.
22 Stolpe, S. 57.
23 Christina. Självbiografi, S. 25.
24 Ebd.
25 Ebd., S. 29.
26 Stolpe, S. 56.
27 Ebd.
28 Christina. Självbiografi, S. 68.
29 Zit. nach Pfister, S. 27.
30 Ebd.
31 Christina. Självbiografi, S. 69.
32 Ebd., S. 29.
33 Ebd., S. 70.
34 Ebd.
35 Ebd.
36 Ebd.
37 Zit. nach Pfister, S. 24.
38 Christina. Självbiografi, S. 72,76.
39 Zit. nach Pfister, S. 28; Stolpe, S. 60.
40 Zit. nach Pfister, S. 28.
41 Ebd., S. 29.
42 Stolpe, S. 55.
43 Christina. Självbiografi, S. 58.
44 Zit. nach Pfister, S. 32–33.
45 Christina. Självbiografi, S. 57.
46 Ebd., S. 114.
47 Ebd., S. 114–115.
48 Ebd., S. 115.
49 Ebd.
50 Zit. nach Pfister, S. 31.
51 Zit. nach Gentzkow, S. 10–11.
52 Zit. nach Neumann, S. 39–40.
53 Ebd., S. 55.
54 Zit. nach Zahn, Leopold, Christine von Schweden. Königin des Barock, Köln u. Berlin 1953, S. 58.
55 Neumann, S. 53–54.
56 Historiska Handlingar, T. 27, Stockholm 1924/25, S. 209.
57 Ebd., S. 210.
58 Ebd., S. 215.

Schweden. Ein Reich im Umbruch.

1 Olaus Magnus, Historia om de Nordiska folken, Malmö 1982, S. 178.
2 Ebd., Vorwort.
3 Ebd., S. 266.
4 Ebd., S. 107.
5 Ebd., S. 276.
6 Kan, A. S., Geschichte der skandinavischen Länder (Dänemark, Norwegen, Schweden), Berlin 1978, S. 50; Peters, Jan, Die alten Schweden. Über Wikingerkrieger, Bauernrebellen und Heldenkönige, Berlin 1981, S. 47.
7 Peters, S. 47.
8 Ebd.
9 Bulstrode Whitelockes Dag-Bok öfver dess Ambassade till Sverige åren 1653 och 1654, oversatt ifran Engelskan, Uppsala 1777, S. 556–557.
10 Grimberg, Carl, Die wunderbaren Schicksale des schwedischen Volkes (gekürzte dt. Ausgabe), München 1938, S. 437.
11 Bulstrode Whitelocke, S. 620.
12 Grimberg, Carl, Die wunderbaren Schicksale, S. 437.
13 Pufendorf, Samuel von, Continuirte Einleitung zu der Historie der vornehmsten Reiche und Staaten von Europa, worinnen deß Königreichs Schweden Geschichte und dessen mit auswertigen Kronen geführte Kriege insonderheit beschrieben werden, Frankfurt a. Main 1699, S. 1.
14 Zit. nach Zahn, S. 35.
15 Pufendorf, Samuel von, Historische Nachlese, Zur Einleitung seiner Schwedischen Historie, Hamburg 1722, S. 45.
16 Meiers Großes Taschenlexikon in 24 Bd., Mannheim 1987, Bd. 17, S. 351.

Auf dem Wege zum souveränen Königtum.

1 Den svenska historien, Bd. 5, Stockholm 1988, S. 190.
2 Ebd., S. 199.
3 Ebd.
4 Ebd., S. 201.
5 Ebd., S. 202.
6 Arkenholtz, Johannes, Historische Merkwürdigkeiten, die Königin Christina von Schweden betreffend, zur Erläuterung der Geschichte ihrer Regierung und insonderheit ihres Privatlebens ..., T. 1, Leipzig u. Amsterdam 1751, S. 60–61.
7 Ebd., S. 62–63.

8 Ebd., S. 64.
9 Grimberg, Carl, Die wunderbaren Schicksale, S. 420.
10 Arkenholtz, S. 68.
11 Berner, Felix, Gustav Adolf, der Löwe aus Mitternacht, Stuttgart 1985, S. 491–492.
12 Zit. nach Neumann, S. 100.
13 Arkenholtz, S. 109–112.
14 Ebd., S. 110.
15 Ebd., S. 112.
16 Ebd., S. 106; Neumann, S. 96.
17 Zit. nach Neumann, S. 96.
18 Reinken, Lieselotte von, Deutsche Zeitungen über Königin Christine. 1626–1689 (Studien zur Publizistik, Bremer Reihe, Bd.6), Münster 1966, S. 46.
19 Arkenholtz, S. 104.
20 Ebd.
21 Ebd., S. 145.
22 Neumann, S. 71–72.
23 Arkenholtz, S. 126, 131.
24 Masson, S. 136.
25 Zit. nach Gentzkow, S. 27.
26 Den svenska historien, Bd. 6, S. 119.
27 Ebd.
28 Ebd., S. 125.
29 Ebd., S. 126.
30 Ebd.
31 Ebd.
32 Ebd.
33 Ebd, Bd. 3, Stockholm 1987, S. 207.
34 Ebd., Bd. 6, S. 126.
35 Ebd., S. 127.
36 Ebd.
37 Ebd.
38 Christina. Självbiografi, S. 62.
39 Den svenska historien, Bd. 6, S. 128.
40 Ebd.
41 Ebd., S. 129.
42 Ebd.
43 Ebd., S. 130.
44 Ebd.
45 Ebd., S. 132.
46 Neumann, S. 61.
47 Christina. Självbiografi, S. 35,48,50,51,60.
48 Bulstrode Whitelocke, S. 255.
49 Ebd., S. 279.

Das mütterliche Erbe, die »heiße, trockene Frau«. Reifejahre zwischen Liebe und Verzicht.

1 Stolpe, S. 51.
2 Ebd.
3 Ebd.
4 Ebd., S. 53.
5 Ebd.
6 Ebd.
7 Ebd., S. 50.
8 Christina. Självbiografi, S. 25,59,62.
9 Stolpe, S. 63.
10 Zahn, S. 65.
11 Ebd.
12 Stolpe, S. 63–64.
13 Schultze, Johannes, Die Mark Brandenburg, Berlin 1989, S. 248.
14 Ebd., S. 281.
15 Ebd., S. 283.
16 Ebd., S. 305.
17 Ebd., S. 306.
18 Zahn, S. 61.
19 Christina. Självbiografi, S. 62.
20 Ebd., S. 63.
21 Stolpe, S. 69.
22 Arkenholtz, S. 164.
23 Stolpe, S. 71.
24 Ebd., S. 85.
25 Gentzkow, S. 15.
26 Arkenholtz, S. 89.
27 Ebd., S. 90–91.
28 Stolpe, S. 86.
29 Ebd.
30 Neumann, S. 183.
31 Ebd.
32 Ebd., S. 81.
33 Stolpe, S. 92–93.
34 Ebd., S. 93.
35 Ebd., S. 89.
36 Ebd., S. 89–90.
37 Ebd., S. 92.

Wachsende persönliche Probleme der Königin. Ebba Sparre.

1 Christina. Självbiografi, S. 58.
2 Ebd., S. 60.
3 Ebd., S. 75.
4 Ebd., S. 75–76.
5 Masson, S. 77.
6 Goldsmith, Margareth, Drottning Christina. En psykologisk biografi, Stockholm 1933, S. 57.
7 Ebd., S. 60.
8 Ebd., S. 61.
9 Neumann, S. 15,79.
10 Goldsmith, S. 61.
11 Stolpe, S. 26–28.
12 Gentzkow, S. 11.
13 Pfister, S. 82.
14 Ebd., S. 90.
15 Zahn, S. 41–42.
16 Masson, S. 78.
17 Stolpe, S. 73.
18 Ebd., S. 96.
19 Bulstrode Whitelocke, S. 348.
20 Ebd.; siehe auch Stolpe, S. 74.
21 Christina. Självbiografi, S. 56.
22 Stolpe, S. 71.
23 Ebd., S. 75–76.
24 Ebd., S. 83.
25 Ebd.
26 Ebd., S. 77.
27 Christina. Brev fran sex decennier. Urval och översättning av Sven Stolpe, Stockholm 1960, S. 35.
28 Ebd., S. 40.
29 Ebd., S. 47.
30 Stolpe, S. 78–79.
31 Ebd., S. 79.
32 Ebd., S. 80.
33 Ebd., S. 82.
34 Goldsmith, S. 176.
35 Ebd., S. 186.
36 Stolpe, S. 293.
37 Ebd., S. 65.
38 Ebd., S. 82.

Wissenschaft, Sinn des Lebens? Die gelehrte Christina.

1 Bulstrode Whitelocke, S. 757–758.
2 Pfister, S. 52.
3 Ebd., S. 74–75.
4 Ebd., S. 54.
5 Ebd., S. 52.
6 Den svenska historien, Bd. 6, S. 143.
7 Grimberg, Carl, Die wunderbaren Schicksale, S. 428.
8 Stolpe, S. 144.
9 Pfister, S. 34.
10 Stolpe, S. 145.
11 Ebd., S. 138.
12 Ebd., S. 140.
13 Ebd., S. 141.
14 Ebd., S. 143.
15 Neumann, S. 117.
16 Gentzkow, S. 41.
17 Ebd.
18 Neumann, S. 136.
19 Pfister, S. 58.

Auf der Suche nach Erklärung der Welt. Der lange Weg der Christina vom Luthertum zur Konversion.

1 Christina. Självbiografi, S. 118.
2 Stolpe, S. 105.
3 Ebd.
4 Ebd., S. 106.
5 Ebd., S. 33.
6 Ebd., S. 107.
7 Ebd., S. 108.
8 Christina. Självbiografi, S. 72.
9 Stolpe, S. 112–113.
10 Ebd., S. 112.
11 Ebd., S. 114.
12 Christina. Självbiografi, S. 115.
13 Pfister, S. 79.
14 Meyer, Jean, Frankreich im Zeitalter des Absolutismus. 1515–1789 (Geschichte Frankreichs, 3), Stuttgart 1990, S. 382–384.
15 Stolpe, S. 149.
16 Ebd., S. 149.
17 Ebd., S. 150.

18 Ebd.
19 Ebd., S. 153.
20 Ebd.
21 Ebd.
22 Kurtze Beschreibung, Bl. 3–8.
23 Stolpe, S. 158.
24 Ebd., S. 159,160.
25 Ebd., S. 162.
26 Ebd.
27 Zit. nach Weibull, Curt, Drottning Christina. Studier och forskningar, Stockholm 1934, S. 105.
28 Reinken, S. 53.
29 Stolpe, S. 165.
30 Ebd.
31 Zit. nach Weibull, S. 115.
32 Stolpe, S. 186.
33 Weibull, S. 115; Stolpe, S. 188.
34 Neumann, S. 230–231.
35 Weibull, S. 124.
36 Masson, S. 159.
37 Bulstrode Whitelocke, S. 328.
38 Pfister, S. 84.
39 Stolpe, S. 212.
40 Ebd., S. 213.

Der große Verzicht. Eine Krone steht zur Disposition.

1 Neumann, S. 167.
2 Alla Riksdagens och Möttens Beslut, samt Arrföreningenar, Regements-Former, Försäkringar och Bewillningar. Som, pa allmenna Riksdagar och Möten, ifran ahr 1682 intill ahr 1731 gjorde, stadgade och bewiljade äro, med the för hwart och ett Stand unfärdade allmenna Resolutioner, utg. af Anton Stierman, T. 1–3, Stockholm 1728–1733, T 2, S. 1063–1064.
3 Den svenska historien, Bd. 6, S. 92.
4 Ebd., S. 92.
5 Ebd., S. 99.
6 Ebd. und S. 101.
7 Andersson, Ingvar, Sveriges historia, Stockholm 1982, S. 207.
8 Den svenska historien, Bd. 6, S. 120.
9 Ebd., S. 122.
10 Stolpe, S. 123.
11 Ebd., S. 130.

12 Den svenska historien, Bd. 6, S. 123.
13 Stolpe, S. 133–134.
14 Ebd., S. 137.
15 Den svenska historien, Bd. 6, S. 140.
16 Neumann, S. 157.
17 Den svenska historien, Bd. 6, S. 142.
18 Ebd.
19 Ebd.,S. 147.
20 Stolpe,S. 169.
21 Ebd., S. 181.
22 Ebd., S. 182.
23 Weibull, S. 122.
24 Zit. nach Neumann, S. 171.
25 Stolpe, S. 183.
26 Ebd., S. 194.
27 Zit. in deutscher Übersetzung bei Stolpe, S. 196.
28 Neumann, S. 200.
29 Stolpe, S. 212.
30 Bulstrode Whitelocke, S. 429.
31 Ebd., S. 194.
32 Masson, S. 173.
33 Widl, Robert, Königin Christine von Schweden, eine Frau erobert den Vatikan, Mühlacker 1989, S. 106–107.
34 Bulstrode Whitelocke, S. 674.
35 Stolpe, S. 115.
36 Ebd.
37 Bulstrode Whitelocke, S. 601.
38 Ebd., S. 413.
39 Ebd., S. 320–323.
40 Zahn, S. 84–85. Siehe den Originalbrief bei Bulstrode Whitelocke, S. 788–789.
41 Bulstrode Whitelocke, S. 391.
42 Ebd., S. 516.
43 Ebd., S. 539–540.
44 Ebd., S. 603.
45 Ebd., S. 651.
46 Ebd., S. 652.
47 Ebd., S. 656.
48 Ebd., S. 656–658.
49 Neumann, S. 208.
50 Ebd., S. 220.

Im Kampf um neue europäische Positionen. Christinas Ringen um Selbstverwirklichung.

1 Neumann, S. 202.
2 Stolpe, S. 209.
3 Ebd., S. 211.
4 Ebd., S. 212.
5 Ebd., S. 215.
6 Neumann, S. 241.
7 Stolpe, S. 215.
8 Zit. nach Stolpe, S. 214.
9 Ebd., S. 216. Siehe auch Lacombe, Jacques, Geschichte der Königin von Schweden, Christina, Leipzig 1761, S. 133.
10 Stolpe, S. 215.
11 Ebd., S. 216.
12 Ebd., S. 217.
13 Ebd., S. 218.
14 Neumann, S. 249.
15 Stolpe, S. 214.
16 Reinken, S. 68.
17 Stolpe, S. 223–234. Siehe den Wortlaut des Briefes auch bei Lacombe, S. 138.
18 Stolpe, S. 225.
19 Ebd., S. 227.
20 Fritsch, S. 116.
21 Copey eines Schreibes so die Königin Christina auß Schweden wegen ihrer Bekehrung an den König in Schweden auß Innsbrük gethan, den 8. Novemb., Anno 1655.
22 Zit. nach Stolpe, S. 232.
23 Ebd., S. 252.
24 Ebd.
25 Pfister, S. 113.
26 Zit. nach Stolpe, S. 254.
27 Stolpe, S. 287.
28 Weibull, S. 182.
29 Ebd., S. 185.
30 Ebd., S. 192.
31 Stolpe, S. 262.
32 Ebd., S. 263.
33 Weibull, S. 203.
34 Stolpe, S. 265.
35 Weibull, S. 209.
36 Ebd., S. 212.
37 Ebd., S. 213–214.

38 Ebd., S. 214.
39 Ebd., S. 229.
40 Ebd., S. 235.
41 Ebd., S. 240–241.
42 Stolpe, S. 255.
43 Ebd., S. 283.
44 Ebd., S. 284–285.
45 Ebd., S. 287.
46 Ebd., S. 288; Meyer, S. 276, 281.
47 Zahn, S. 194.
48 Neumann, S. 374.
49 Zahn, S. 195.
50 Pfister, S. 144.
51 Ebd.
52 Christina. Brev. S. 63–64.
53 Ebd., S. 65–66.
54 Ebd., S. 68.
55 Goldsmith, S. 239.

Auf dem Tiefpunkt. Das Leben präsentiert eine Rechnung.

1 Paul Guth, Mazarin. Frankreichs Aufstieg zur Weltmacht, Frankfurt/Main 1973, S. 578.
2 Neumann, S. 312.
3 Guth, S. 654.
4 Neumann, S. 326.
5 Gentzkow, S. 154.
6 Stolpe, S. 299.
7 Ebd.
8 Ebd., S. 300.
9 Ebd., S. 301.
10 Ebd., S. 303.
11 Pfister, S. 147.
12 Gentzkow, S. 209.
13 Pfister, S. 147.
14 Gentzkow, S. 216.
15 Neumann, S. 384.

Zurück in Rom. Ein Licht am Ende des Weges.

1 Gentzkow, S. 237.
2 Stolpe, S. 302–303.
3 Ebd., S 309.
4 Wertheimer, S. 255.
5 Christina. Självbiografi, S. 76, 86; Stolpe, S. 313–315.
6 Stolpe, S. 348.
7 Ebd., S. 350.
8 Ebd., S. 353.
9 Ebd., S. 354.
10 Ebd., S. 355.
11 Christina. Självbiografi, S. 103.
12 Gentzkow, S. 285.
13 Stolpe, S. 357.
14 Ebd.
15 Ebd., S. 358.
16 Ebd., S. 363.
17 Ebd., S. 371.
18 Ebd., S. 371, 389.
19 Ebd., S. 377.
20 Ebd., S. 378.
21 Ebd., S. 378–379.
22 Ebd., S. 379.
23 Ebd., S. 380.
24 Ebd., S. 382.
25 Ebd., S. 383.
26 Ebd., S. 384.
27 Ebd., S. 385.
28 Ebd., S. 389.

Christinas eigentliche »römische Berufung«. Gelehrte, Künstlerin und Schriftstellerin des Barock.

1 Stolpe, S. 392.
2 Christina. Berv, S. 5.
3 Neumann, S. 309.
4 Christina. Självbiografi, S. 81, 82, 110; Zahn, S. 238.
5 Stolpe, S. 392.
6 Ebd.
7 Wertheimer, S. 268.
8 Ebd.
9 Stolpe, S. 354.

10 Pfister, S. 180.
11 Ebd.
12 Ebd., S. 172.
13 Ebd.
14 Ebd., S. 179; Wertheimer, S. 281–282; Masson, S. 382.
15 Stolpe, S. 318.
16 Ebd., S. 320.
17 Ebd., S. 345.
18 Christina. Brev, S. 96.
19 Ebd.
20 Stolpe, S. 405.
21 Gentzkow, S. 294.

AUSWAHLBIBLIOGRAPHIE

Arkenholtz, J., Historische Merkwürdigkeiten, die Königin Christina von Schweden betreffend, zur Erläuterung der Geschichte ihres Privatlebens, Bd. 1, Leipzig, Amsterdam 1751.
Ds., Memoires concernat Christine Reine de Suede, Bd. 1–5, Amsterdam 1751–1760.
Andersson, I., Sveriges historia, Stockholm 1983.
Ds. u. Weibull, J., Schwedische Geschichte im Abriß, Stockholm 1989.
Berner, F., Gustav Adolf, der Löwe aus Mitternacht, Stuttgart 1985.
Beschreibung, Kurtze ... des Lebens Der Königin Christinen, aus Schweden, (o. O.) 1656.
Beslut, Alle Riksdagens och Möttens ... samt Arfföreningenar och Bewillingar. Som, pa allmenna Riksdagar och Mötten, ifran ahr 1682 intill ahr 1731 gjorde, stadtgade och bewiljade äro, med the för hwart och ett Stand utfärdade allmenna Resolutioner, utg. af Anton Stierman, Bd. 1–3, Stockholm 1728–1733.
Bildt, C., Christine de Suede et le Cardinal Azzolino. Lettres inédites, Paris 1899.
Ds., Drottning Kristinas sista dagar, Stockholm 1897.
Ds., Pensees de Christine, Reine de Suede, Stockholm 1906.
Bonsdorff, C., Om donationerna och förläningarna samt frälseköp i Finland under drottning Kristinas regering, Helsingsfors 1886.
Bülow, W. v., Das Weiberregiment am Hofe der Königin Christina von Schweden, (o. O.) 1900.
Busson, A., Christine von Schweden in Tirol, Innsbruck 1884.
Carlsson, S. u. Rosén J., Svensk historia, Bd. 1–2, Stockholm 1983.
Christina. Brev fran sex decennier. Urval och översättning av Sven Stolpe, Stockholm 1960.
Ds. Självbiografi och aforismer, av Marianne Rappe och Magnus von Platen, Stockholm 1957.
Christina von Schweden. Memoiren, Aphorismen, München 1967.
Correro, Angelo, Relation de la Cour de Rome, Leyden 1663.
Danmarks Historie, Bd. 2–3, Copenhagen 1980 u. 1989.
Den svenska historien, Bd. 5–6, Stockholm 1988.
Descartes R., Briefe 1629–1650, Hrg. v. M. Bense, übersetzt v. F. Baumgart, Köln, Krefeld 1949.
Friis, H. H., Königin Christine von Schweden. 1626–1689, Leipzig 1899.
Fritsch, T., Leben der weltberühmten Königin Christina von Schweden,

nach denen geheimsten intriguen und merkwürdigsten Umständen mit möglichstem fleiße entworffen, Leipzig 1705.
Gadebusch, T. H., Briefwechsel zwischen Sr. Königl. Hoheit, dem Prinzen Gustav von Schweden, und Sr. Excellenz, dem Herrn Reichsrath Grafen von Scheffer, Greifswald 1772.
Gentzkow, L. v., Christine Wasa. Das Lebensbild einer nordischen Frau, Berlin u. Leipzig 1935.
Goldsmith, M., Drottning Christina. En psykologisk biografi, Stockholm 1933.
Grauert, W. H., Christina, Königin von Schweden und ihr Hof, Bd. 1–2, Bonn 1837 u. 1842.
Grimberg, C., Die wunderbaren Schicksale des schwedischen Volkes (gekürzte deutsche Ausgabe), München 1938.
Ds., Svenska folkets underbara öden, Bd. 2, Stockholm 1924.
Gustafsson, C. H., Bidrag till historien om drottning Kristinas afsägelse och riksdagen 1654, Stockholm 1887.
Guth, P., Mazarin. Frankreichs Aufstieg zur Weltmacht, Frankfurt/M. 1973.
Hagberg, K., Av Vasarnas ätt, Stockholm 1929.
Heckscher, E., Sveriges ekonomiska historia fran Gustav Vasa I, Bd. 1, Stockholm 1935.
Heiberg, S., Christian 4. Monarken, Mennesket og Myten, Köbenhavn 1988.
Historie de la vie de la Reyne Christine de Suede, Stockholm 1677.
Historika Handlingar, T. 27, Stockholm 1924–1925.
Hjortsö, C.-H., Drottning Christina. Gravöppningen i Rom 1965, Lund 1967.
Hocks, E., Christina Alexandra, Leipzig 1936.
Immich, M., Papst Innocenz XI., Berlin 1900.
Kan, A. S., Geschichte der skandinavischen Länder (Dänemark, Norwegen, Schweden), Berlin 1978.
Königin Christine von Schweden. Gedanken über Religion und Leben, Düsseldorf 1929.
Lacombe, J., Geschichte der Königin von Schweden, Christina, Leipzig 1761.
Lövgren, B., Standstridens uppkomst. Ett bidrag till Sveriges innre politiska historia under drottning Kristina, Uppsala 1915.
Lozisnkij, C. G., Istorija papstva, Moskva 1986.
Marelle, L., Königin Christine von Schweden, Berlin 1932.
Masson, G., Christina von Schweden. Königin zwischen Stolz und Tragik, München 1983.
Memoires des Intriques politiques et galantes de la reine Christine de Suede et de sa cour, Leiden 1710.
Meyer, J., Frankreich im Zeitalter des Absolutismus, 1515–1789 (Geschichte Frankreichs, 3), Stuttgart 1990.

Montpensier, Mademoiselle de, Memoires, Paris 1858/59.
Neumann, A., Königin Christine von Schweden, Leipzig u. Wien 1936.
Olaus Magnus, Historia om de Nordiska folken, Malmö 1982.
Olofsson, S. I., Drottning Christinas tronavsägelse och trosförändring, Uppsala 1958.
Pallavicini, S., Vita di Allesandro VII, Prato 1924.
Peters, J., Die alten Schweden. Über Wikingerkrieger, Bauernrebellen und Heldenkönige, Berlin 1981.
Pfister, K., Königin Christine. Mensch, Staat und Kultur der Welt des Hochbarock, München 1949.
Pufendorf, S. v., Continuirte Einleitung zu der Historie der vornehmsten Reiche und Staaten von Europa, worinnen deß Königreiches Schweden Geschichte und dessen mit auswertigen Kronen geführte Kriege insonderheit beschrieben werden, Frankfurt am Main 1699.
Ds., Historische Nachlese. Zur Einleitung seiner Schwedischen Historie, Hamburg 1722.
Ranke, L. v., Geschichte der Päpste, Bd. 3, Leipzig 1915.
Reinken, L. v., Deutsche Zeitungen über Königin Christine. 1626–1689 (Studien zur Publizistik, Bremer Reihe, 6), Münster 1966.
Schwede, A. O., Gustav II. Adolf von Schweden. Ein Lebensbild, Berlin 1982.
Scocozza, B., Christian 4, Köbenhavn 1987.
Ds., Danmarks historie. Ved afgrundens rand. 1600–1700, Köbenhavn 1989.
Schultze, J., Die Mark Brandenburg, Berlin 1989.
Stolpe, S., Königin Christine von Schweden, Frankfurt/M. 1962.
Ds., Drottning Kristina, Bd. 1–2, Stockholm 1960–1961.
Svart, P., Gustav Vasa Krönikan, utg. av Gunnar T. Wessin, Stockholm 1964.
Szasz, H., Christine von Schweden, Freiburg 1929.
Weibull, C., Drottning Christina. Studier och forskningar, Stockholm 1934.
Wertheimer, O., Christine von Schweden. Abschied vom Thron, Rastatt 1981.
Widl, R., Königin Christine von Schweden, eine Frau erobert den Vatikan, Mühlacker 1989.
Whitelocke, B., Dag-Bok öfver dess Ambassade till Sverige åren 1653 och 1654, oversatt ifran Engelskan, Uppsala 1777.
Wittrock, G., Regering och allmoge under Kristinas formyndare. Studier rörande allmogens besvär, Uppsala 1948.
Ds., Regering och allmoge under Kristinas egen styrelse. Riksdagen 1650, Uppsala 1953.
Zahn, L., Christine von Schweden. Königin des Barock, Köln u. Berlin 1953.
Zernack, K., Die skandinavischen Reiche von 1654 bis 1772. Schweden,

in: Handbuch der europäischen Geschichte, Bd. 4, Stuttgart 1968, S. 511–525.

Personenregister

Ortsregister